DARIO LISIERO

EL VICARIO APOSTOLICO

JACINTO VERA

LUSTRO DEFINITORIO EN
LA HISTORIA DEL URUGUAY
(1859-1863)

Segunda Parte

Dario Lisiero
El Vicario Apostólico Jacinto Vera, Lustro Definitorio en la Historia del Uruguay (1859-1863), Segunda Parte
ISBN 978-0-6151-4409-2

Mons. Jacinto Vera (1813-1881)

CAPITULO VII

Lucha diplomática

¿Hacia el cisma?

Desgraciadamente Berro no había sabido guardar una neutralidad prudente, en la querella nacida entre los masones y los católicos por la remoción del senador Brid como párroco interino de la catedral.

Con el pretexto de mantener su derecho de patronato, que no había sido lesionado, y que por otra parte nunca había sido sancionado en ningún concordato con la Santa Sede, Berro, como ya se dijo, "mal aconsejado o mal cuidado por sus ministrejos"[1], se arrebató hasta el punto de anular por un decreto del 4 de octubre el *exequátur* concedido al nombramiento de vicario apostólico de Jacinto Vera, el 13 de diciembre de l859.

"Este arrebato le salió mal. El nuevo párroco nombrado por el prelado no ha podido instalarse, es cierto; pero el antiguo, mantenido por la fuerza material, no se atreve y no puede funcionar más que como barrendero de la Iglesia, que permanece cerrada y aun no se abrirá canónicamente para los fieles sino después de haber sido purificada"[2].

El clero oriental a una y el delegado apostólico Marini se declararon a favor de Jacinto Vera. ¿Qué hará –se preguntaba Maillefer- el presidente Berro? Los que lo aprueban le aconsejan apelar a Roma, que ciertamente no decidirá de manera distinta a sus enviados.

El único camino que se le abre, por tanto, es desafiar en este caso el juicio de la Santa Sede, instituir personalmente otro vicario, cuya autoridad no reconocerá ningún católico, cayendo así en el cisma, sin provecho para nadie, y faltando a su juramento de sostener la religión del Estado.

Y todo esto "por ligereza y vanidad de carácter, por una pueril obcecación de amor propio, o para complacer a una muchedumbre de pasiones mezquinas atrincheradas tras un mal sacerdote, de quien se hubiera podido hacer un buen director de ópera"[3].

Cuando los diversos informantes enviaban estas y otras noticias, la capital presentaba una actitud amenazante por la alarma de todos los buenos y el esforzado empeño de las logias en precipitar al gobierno en medidas violentas.

---

[1] In.d., Ibíd., 347
[2] Ibíd.
[3] Ibíd.

Todos los sacerdotes de celo y de buena conducta estaban designados para el destierro y las cartas y notas que habían llegado a Vera, le fueron interceptadas.

Derechos de estola reclamados por Brid

Se pretendió pedir cuenta por el gobierno a solicitud del ex cura Brid, de los derechos de estola, a los curas encargados por la vicaría apostólica de atender a los fieles de la parroquia de la Matriz[4].

Brid le había manifestado al ministro Arrascaeta, con fecha 15 de octubre, que la duración del *statu quo*, traía consigo en primer lugar la ilegal e indebida percepción de las rentas parroquiales de la iglesia Matriz por los curas de San Francisco y del Cordón –según una determinación no autorizada por el gobierno que había tomado por sí solo el que fuera vicario apostólico-, y, en segundo lugar, le causaba erogaciones particulares en el pago de los tenientes que debían custodiar el templo[5].

El fiscal de gobierno y hacienda había creído conveniente que se pidiera informe al provisor sobre lo que exponía el cura de la Matriz, pero éste, considerando inhabilitado a Eustaquio Tomé para dictaminar en ese asunto, por ser hermano político del cura párroco de San Francisco (que, como era de notoriedad, había tomado una parte muy activa en el caso de su destitución), logró, por la causal manifestada, que todo el material pasara al fiscal de lo civil y del crimen.

Frente a la respuesta de Martín Pérez, párroco incriminado, y muy probablemente por la actitud del presidente, la causa no prosperó.

El mencionado párroco había consignado que hallándose competentemente autorizado, desde la destitución de Brid, no había debido negarse a prestar los socorros espirituales a los fieles que los solicitaban.

En cuanto a la forma perceptiva de los *derechos de estola*, consideraba, salvo los respetos debidos, que no era "del resorte del Superior Gobierno la enunciación, que tan sólo por deferencia podía prestar a su superior eclesiástico", de quien inmediatamente dependía[6].

Posición jurídica de Conde

A consecuencia del evidente trastorno en el gobierno eclesiástico, indefinida quedaba la posición del provisor Conde. Con fecha 17 de octubre, el ministro Enrique de Arrascaeta le pedía, informara al gobierno, a la mayor brevedad, si continuaba ejerciendo las funciones que le correspondían en su

---

[4] ASV, ss ae, a 1863, R 251, 95
[5] AGN, mg. c 1135
[6] Ibíd.

calidad de juez de primera instancia para las causas civiles que eran del resorte de los tribunales eclesiásticos.

Al acusar recibo de la expresada nota, Conde tenía el honor de informar al ministro que aunque en lo relativo a la jurisdicción voluntaria y facultades espirituales que envolvía el carácter de vicario general se consideraba *cesante de hecho*, como ya se lo había manifestado al mismo ministro, en cuanto a la jurisdicción contenciosa que le correspondía *como provisor* estaba ejerciendo sus funciones en los casos ocurrentes.

Esclarecida la situación en estos términos, era lógico que el Ministro de Gobierno previniese a la contaduría general, que habiendo cesado Jacinto Vera en el ejercicio de las funciones de vicario apostólico, habían cesado por el hecho, el secretario de la curia, y el ordenanza, no debiendo incluir tampoco en la lista civil lo asignado a gastos de oficina[7].

Conde, por tanto, seguía ejerciendo sus funciones de provisor y percibiendo el sueldo correspondiente; se consideraba cesante de hecho sólo como vicario general. En el carácter oficial de provisor actuará de una manera anormal y con la tácita aprobación gubernamental, al frente de la iglesia uruguaya, hasta el extrañamiento de Vera.

Calma después de la tormenta

Después de un mes, el clima de amenaza reinante en la capital había cesado; por contraorden del gobierno, las cartas y notas fueron entregadas a Vera. Seguía, sin embargo, vigente el decreto del 4 de octubre, y apoyada por el poder civil la rebelión que se había apoderado de la iglesia Matriz, encabezada por los sacerdotes Juan José Brid y Francisco Mayesté, quienes persistían en su obstinación contra las órdenes del prelado[8].

En presencia de tantos disgustos, había también algún consuelo para el vicario. Mucho lo alegraba, como también a Marini, que el presbítero Santiago Estrázulas y Lamas fuera uno de los más firmes defensores de su causa[9].

No faltaban sacerdotes que con valor evangélico y coraje cristiano predicasen con frecuencia. El mes de María se celebraba en todas las iglesias y capillas con entusiasmo religioso. Los periódicos titulados *La República* y *La Revista Católica*, con libertad y denuedo defendían la causa de la religión.

Del segundo diario Marini le escribía a Requena el 21 de febrero de 1862: "Juntamente con su citada he recibido algunos números del interesante periódico *La Revista Católica* que Ud. ha tenido a bien remitirme. Le agradezco sumamente este obsequio, que Ud. suele hacerme, porque el referido periódico

---

[7] Ibíd.
[8] ASV, Ibíd., 95v
[9] AyB pba, Ibíd.

es de mi completa satisfacción, y presta, especialmente en la actualidad, tan importantes servicios a la Iglesia"[10].

Los pueblos de la campaña se mostraban disgustados por la conducta del gobierno y la mayoría del país vecino, con su digno prelado Mons. Mariano José Escalada[11], reprobaban tales procedimientos gubernativos, dirigiendo felicitaciones a los sacerdotes y periódicos que sostenían los derechos de la Iglesia[12].

Actividad del Vicario

Mons. Vera, impedido por el decreto de ejercer libremente sus funciones vicariales, atendía a las necesidades espirituales de los fieles con reserva y precaución y, no obstante el ambiente oficial adverso, no se descubría medida alguna que tendiese a la averiguación de sus disposiciones mandadas ejecutar por su provisor[13].

Si bien el gobierno no impedía, cuando menos en parte, el ejercicio de la jurisdicción en el vicariato, con todo la situación precaria y escandalosa, para muchos, de la desgraciada iglesia de Montevideo, tenía bastante afectado a Mons. Marini que le instaba a Requena con una marcada presión moral, para que los buenos católicos siguiesen sosteniendo a cara descubierta al vicario apostólico.

El gobierno, en efecto, sabiendo que ellos eran numerosos, no se hubiera animado a cometer otra violencia[14].

Ofensiva de Marini

Con anterioridad, el nuncio había quedado sumamente contristado con la conocida medida, porque, además de ser en extremo injusta y violenta, hubiera acarreado, en concepto del diplomático pontificio, males de la mayor trascendencia a la Iglesia.

Sin dilatar posibles soluciones de la cuestión, moviendo los múltiples resortes de su arte, conocimiento y amistades, emprendió una vasta ofensiva, que merecerá más de una vez el elogio y el aplauso del propio Vera.

Este, en un informe a Antonelli, asegurará que dentro del panorama de adhesiones, muy digna había sido la actitud asumida por el delegado Marini, quien había reprobado y había hecho frente al proceder del gobierno, según el

---

[10] Ibíd.
[11] ASV, Ibíd., 93
[12] Ibíd., 95v
[13] Ibíd., 96
[14] AyB pba, Ibíd.

testimonio de los mismos que rodeaban la potestad civil y se empeñaban en precipitarla a excesos[15].

Estimadas las circunstancias concretas y la costumbre de Berro de no contestar a las cartas que se le dirigían, nada fácil se preveía la labor del nuncio, quien no había dejado naturalmente, bajo insinuación de Roma, de escribirle una carta, mostrándole la injusticia del mencionado decreto.

Lo de volver a la carga no le inspiraba ninguna confianza, por haber quedado sin efecto todas las prácticas realizadas.

De no ser así las cosas, Marini estaba dispuesto a escribirle confidencialmente, como lo había hecho en otras ocasiones y con otros mandatarios, para demostrarle la necesidad que había de declarar sin efecto el mencionado decreto; pero debía abstenerse de hacerlo para no quedar desairado.

Unica dirección de Berro

Berro, según lo aseguraba una persona ilustre de Montevideo, reconocía el mal paso dado, y por esta razón dejaba que el vicario apostólico ejercitara en parte su jurisdicción, actuando en las restantes cuestiones especialmente en las que el gobierno pretendía intervenir, el provisor, pero por un falso punto de honor no retrocedía[16].

Además de considerar que podía afectar su dignidad la casación de su decreto, lo retenían los masones que lo rodeaban. Siendo éstos muy poderosos,

---

[15] ASV, Ibíd., 95v-96
[16] ASV, Ibíd., 72

De este período parecería la siguiente carta de Berro a Vera: "Sor. Vic.io Ap.co D. Jacinto Vera.

S.or de toda mi estimación y respeto

Agradezco mucho la manifestación que me hace V. Ill.ma en su confidencial de ayer. No siendo regular que en asuntos en que esté interesado el Gobierno sea yo solo y privadamente quien entienda, no puedo contestar a V. Ill.ma otra cosa sino que el Gobierno no ha pretendido ni pretende despojar a V. Ill.ma de su dignidad y poderes, por la razón de que ha sido su Santidad quien los ha conferido; y lo que ha hecho, y sostendrá a todo trance, es retener a V. Ill.ma la venia otorgada para ejercer esos poderes en lo que dicen relación a la gobernación y jurisdicción eclesiástica en la República. V. Ill.ma podrá sacar fácilmente las consecuencias de esta declaración. Dios sabe si hay en mí o ha habido algún mal designio. El nos juzgue a todos por el bien y por el mal que hagamos a la religión y a la patria..." (AyB pba, Ibíd).

De parejas afirmaciones se puede deducir qué valor tiene el reconocimiento del mal paso que se le atribuía.

como ya varias veces se dijo, los temía, faltándole el coraje de hacer alguna cosa que les desagradara[17].

Pese a lo aparentemente tolerable de la situación, tal estado de cosas no podía continuar por más tiempo. Berro, por ser un hombre cuerdo, debía buscar el medio de salir bien del apuro, en el que él mismo se había puesto con su desatinado decreto del 4 de octubre. Si esperaba una decisión de Roma a favor suyo se equivocaba rotundamente. Era mejor que abriese los ojos y evitase de este modo un choque funesto o una mayor turbación[18].

Pero, ¿qué medio hubiera resultado eficaz? Una marcha atrás era impensable en el estatólatra Berro. Un prolongado *statu quo* irritaba a los masones y se volvía insoportable para el delegado de Paraná.

Si se sometía, por parte del presidente, la cuestión del vicario apostólico a la discusión de las cámaras, no era improbable, en opinión de algunos, que inficionadas éstas de masonería, le impidiesen totalmente el ejercicio de su jurisdicción, amenazándolo también con el destierro.

Se esperaba que la catástrofe final no abortase inesperadamente, porque si el partido de los masones era fuerte, el de los buenos católicos no lo era menos. Pero el segundo procedía con lealtad, mientras que el primero hacía un uso indiscriminado de todos los medios. Con esta radical diferencia de métodos estaba sucediendo desde algún tiempo atrás que el primero prevalecía sobre el segundo[19].

El presidente Berro, mal aconsejado por sus ministros y por su orgullo, parecía haber optado por un camino, cuya única dirección señalaba: adelante.

Pareceres para solucionar el conflicto

No menos rígida se presentaba la senda a seguirse por Paraná, a pesar de los varios pareceres en propósito.

El respetable jurista Requena opinaba que el representante pontificio debía trasladarse a Montevideo, para resolver *in loco* el delicado conflicto, calificando de indispensable esa presencia en el lugar de los desórdenes.

La misma sugerencia había sido formulada en ocasión de la cerrada oposición al nombramiento de Vera, y la misma negativa de entonces con su atinada explicación recibirá ahora.

Marini sentía mucho no estar conforme a este respecto con la opinión de su apreciado amigo Requena. Como ya se lo había indicado en una carta anterior, de fecha 28 de octubre, no tenía seguridad de conseguir un feliz resultado con su viaje. El confidente debía convenir con él, que en su calidad de delegado apostólico no debía exponerse a un desaire, que en su persona se haría

---

[17] ASV, Ibíd., 71v-72
[18] AyB pba, Ibíd.
[19] ASV, Ibíd., 72v

a la Santa Sede. Debía comprender, sin embargo, que desde Paraná no se omitían ni medios ni ocasiones para arribar a una solución satisfactoria, valiéndose de la interposición de amigos de prestigio y de eficacia, entre los cuales primaba el mismo Requena[20].

Algunos habían hecho asomar la idea de que el presbítero Brid diese su renuncia a las pretensiones que tenía sobre el curato de la Matriz, siempre que la renuncia la fundase exclusivamente en el deseo que lo animaba, de procurar el bien de la Iglesia. En ella no se debía hacer alusión alguna al decreto del gobierno del 4 de octubre, ni menos expresar conceptos que pudiesen ofender, aunque remotamente al vicario apostólico o que fuesen contrarios a los derechos y prerrogativas de la Santa Sede.

Dando esta renuncia, Brid se rehabilitaría ante los buenos católicos, pues mediante ella haría cuanto estaba de su parte, para que cesara el conflicto que él mismo había originado. En seguida se darían los pasos necesarios a fin de restablecer el orden perturbado.

Tal idea no desagradaba al nuncio, quien para precaver de cualquier equivocación aclaraba, desde luego, que asintiendo a esa fórmula no reconocía en Brid, como nunca había reconocido ningún derecho sobre el curato de la Matriz, porque en realidad no lo tenía, sino que únicamente manifestaba su empeño en remover toda especie de obstáculos, que pudiesen impedir que se llegase a un arreglo pacífico, sin menoscabo del decoro del vicario apostólico.

Para que esta propuesta tomase cariz de viable, debía contar con la anuencia del protagonista de los hechos deplorables; pero considerando **su pertinacia** y el **respaldo de sus hermanos**, las posibilidades de éxito disminuían considerablemente[21].

Una tercera posición, muy emparentada con la primera, era la del protonotario Domingo Ereño, quien, en una carta de contenido bien fuerte, pero respetuosa y atenta en la forma, le decía al nuncio que él y nadie más debía afrontar la cuestión.

Puesto que las debilidades y condescendencias de Berro con los titulados masones habían complicado el panorama, agregaba que una misión a Roma con facultades de iniciar un concordato hubiera sido lo más conveniente. Requena se presentaba como el exponente más destacado, por sus conocimientos en derecho canónico, para encabezar la misión[22].

Este hombre que afirmaba obrar en conciencia, porque convencido de tener la verdad, no daba muestras de haber afinado, en su larga familiaridad con Marini, sus categorías diplomáticas, limando sus impulsos sinceros, pero no por eso ilustrados. Desconocía, además, a lo menos crítica y reflexivamente, el tortuoso historial de los conatos fallidos para el concordato.

---

[20] AyB pba, Ibíd.
[21] Ibíd.
[22] AEM, va 21, c 5-6, 6269-15

Los enemigos, para que la oposición a Vera se consolidara, vociferaban que con el dinero lograrían sus intentos.

No extrañaba a Marini este desenfadado alarde, porque en ocasión del nombramiento de Vera, los mismos habían propagado que él para conseguirlo había gastado "un saco de onzas"[23]. "¡Abyectos! –exclamaba el delegado- juzgan por sí mismos a los demás"[24]. Esta misma insulsa insinuación se oficializará en las negociaciones de Buenos Aires.

En el pleno hervor de la lucha, completando el panorama privadamente opuesto, Salvador Ximénez escribía, bajo la inspiración –según Marini-, de algún poderoso enemigo del vicario apostólico, una carta a Roma, en la que pintaba con colores más bien fuertes el estado de cosas de Montevideo, por el enfrentamiento del vicario Vera con el presidente de la República.

Después de referir la excitación de los ánimos, divididos en dos facciones, de las que la contraria a Vera, por estar apoyada por la prensa liberal, era más audaz, concluía por la necesidad de una providencia para sosegar la efervescencia cada vez más creciente, tanto más porque, en concepto del mismo, no transcurriría mucho tiempo sin que se originara un cisma.

Para facilitar la vía de algún acuerdo, el corresponsal se decía buen conocedor de las cualidades personales del presidente, pudiendo llegarse a una conciliación.

Por otra parte, aseveraba que el carácter de Vera adolecía un poco del puntillo y lo quería demostrar relatando que poco antes de la publicación del decreto que revocaba el *exequátur* concedido al mismo, una persona, amiga del presidente y de Vera, se había allegado a este último, invitándolo a una entrevista con el presidente. En el coloquio, en efecto, hubieran podido darse explicaciones capaces de conciliarlo todo. Pero frente a esta propuesta Vera se había mantenido siempre firme en su negativa, de la que Ximénez hacía derivar los males que se deploraban.

La conclusión de dicha carta era, que la Santa Sede encargara al delegado Marini para que fuera a Montevideo, en donde, con la autoridad de su representación y con las buenas disposiciones del presidente, de común acuerdo hubieran podido hallar el expediente para hacer cesar un dualismo que no podía producir sino pésimos frutos[25].

La secretaría de Estado –para la que Ximénez parecía resultar un desconocido al escribir *"un tal Salvatore Ximénez"*, no recordando, quizás, que pocos años antes había encabezado la última misión oficial uruguaya ante la misma para solicitar arreglos-, enviaba a Marini la mencionada carta, dejando a su conocida prudencia el usarla según la conveniencia.

---

[23] AyB pba, Ibíd.
[24] Ibíd.
[25] ASV, Ibíd., 138-138v

Su cercanía, pues, al lugar de los hechos lo ponía en condiciones de valorar todas las circunstancias que podían suministrar una justa idea del estado de las cosas y de los temperamentos a tomarse[26].

La simple lectura de esa carta, comunicaba Marini a Roma, era suficiente para demostrar su inconsistencia y parcialidad. Si Ximénez hubiese estado bien informado del estado de la cuestión y de cuanto había hecho la delegación apostólica para conducirla pacíficamente a un término honroso, no hubiera ciertamente escrito aquella carta, que por los falsos conceptos que vertía sobre el patronato, y por las exageraciones que contenía, demostraba que era un sujeto fácil a engañarse y a dejarse engañar[27].

Todos estos medios, fundamentalmente concordantes en su contenido, pero antagónicos por su procedencia, ventilados por la buena o mala voluntad de la iniciativa privada, carecían en general de realismo y tino.

Senda escogida por Marini

Puntualmente informado de todo y al margen de los diversos pareceres, Marini multiplicará "sus esmerados esfuerzos"[28].

El 15 de octubre el Ministro de Relaciones Exteriores Enrique de Arrascaeta, le había dirigido una nota informándolo minuciosamente sobre la cuestión suscitada entre su gobierno y el vicario apostólico, con motivo de haber éste separado a Brid del curato de la Matriz, sin previo acuerdo con el gobierno, cuyo resultado había sido el decreto del 4 de octubre, por el cual el gobierno había desconocido la autoridad del referido vicario.

El ministro, al hacerle considerar los graves males que se seguirían de tal desconocimiento, le pedía que proveyese lo conveniente a fin de hacer cesar la acefalía en que se encontraba la iglesia de la República[29].

Marini en su contestación, sin acceder al pedido del ministro, había tratado la cuestión de una manera que el gobierno oriental pudiese quedar satisfecho[30].

Dejando a un lado la cuestión sobre la separación del presbítero Brid de la iglesia Matriz, que él servía interinamente, Marini lamentaba más bien amargamente, a la par que el ministro, las funestas consecuencias que podían derivarse de la medida tomada por el gobierno con el citado decreto. Con él se ponía un obstáculo al libre ejercicio de la jurisdicción espiritual, que el vicario Vera había recibido de Su Santidad, para ejercerla en el territorio de la República Oriental del Uruguay.

---

[26] Ibíd., 137
[27] Ibíd., 232-232v
[28] Ibíd., 144v
[29] Ibíd., 99-99v
[30] AyB pba, Ibíd.

Suponiendo, como lo suponía Arrascaeta, que la iglesia de la República se hallase acéfala, el delegado sentía no estar en su poder hacer cesar la supuesta acefalía, según se lo solicitaba el magistrado oriental; pues dicha acefalía, sería única y exclusivamente el efecto del expresado obstáculo.

Pero como ese obstáculo no había sido puesto por Paraná, ni se podía remover por él, sino por el gobierno de la República, autor del decreto, causa del sobredicho obstáculo, al mismo gobierno y no al diplomático paranaense correspondía proveer lo conveniente a fin de hacer cesar la acefalía, en que, como se suponía, se encontraba la iglesia oriental.

Marini, delimitando claramente responsabilidades y facultades, interesaba encarecidamente al ministro, para que, haciendo uso de su poderosa influencia, consiguiese de su gobierno, que el vicario apostólico volviese al libre ejercicio de la jurisdicción espiritual, que le había sido confiada por Pío IX, quien no podría mirar con indiferencia el desconocimiento que se había hecho de una autoridad constituida por él en virtud del primado de jurisdicción, que le competía sobre la iglesia universal por disposición de su divino Fundador.

Esgrimiendo una argumentación peculiar, que debía hacer meditar, el delegado agregaba que, si el gobierno de la República Oriental se había considerado ofendido, porque habiendo sido puesto interinamente con su acuerdo en el curato de la Matriz el presbítero Brid por el provicario Fernández, había sido separado después de dicho curato sin igual acuerdo por el prelado Vera, ¿Cómo no podría y no debería Su Santidad considerarse ofendido, y considerar también ofendidos sus derechos y prerrogativas por el decreto del 4 de octubre, con el que se desconocía al vicario apostólico, nombrado por él de acuerdo con el gobierno, según lo declaraba el mismo ministro en su nota?

Este era un motivo más que el delegado tenía para esperar que Arrascaeta hiciese cuanto estaba de su parte para que se reparara el desaire que se había hecho a Su Santidad.

Todo el mundo debía comprobar que el gobierno de la República Oriental cumplía con el deber de respetar y proteger la religión católica y que veneraba y acataba al Jefe Supremo de ella y sus paternales disposiciones[31].

Marini en su respuesta esquivaba, por tanto, la cuestión referente a la remoción del sacerdote Brid del curato de la Matriz, porque tacándola podía agriarse mayormente. Se limitaba a demostrar el estricto deber que tenía el gobierno de revocar el conocido decreto, haciendo uso de razones fáciles y casi podría decirse comunales.

Se vio llevado a elegir esa senda, para no dar lugar a una discusión de principios, que podía volverse escandalosa, y para no obstruir la mediación, que personas competentes, rogadas por él, reservadamente interpondrían ante el gobierno oriental, para alcanzar el fin sosegada y pacíficamente y sin hacer estrépito.

Con todo no estaba muy seguro de sus prácticas[32].

---

[31] ASV, Ibíd., 99-100v

Colaboración de personas caracterizadas

Una de las personas autorizadas, que mucho había trabajado a favor de la Iglesia, y en la que Marini, al paso que le daba las más expresivas gracias, confiaba que continuaría en su empeño digno de todo elogio, era **Requena**.

Esperaba que siguiese cooperando, para que la iglesia oriental saliese de la penosa situación en que se encontraba. La influencia que dicho personaje ejercía en Montevideo podía servir poderosamente al efecto.

En un arranque de aprecio y agradecimiento Marini le escribía el 11 de noviembre: "¡Ojalá en Montevideo se encontraran otros muchos de los sentimientos cristianos y de la eficacia de Ud.! En este caso la Iglesia no sufriría tantas vejaciones; **aunque ha habido siempre y habrá lucha entre el bien y el mal**"[33].

Una segunda persona que estaba trabajando, por encargo especial del nuncio, era el párroco de Concepción del Uruguay. Cumpliendo solícitamente con el encargo recibido, le había escrito a Berro, sobre el consabido asunto.

El primer magistrado le había contestado en términos muy decorosos hacia Vera, pero, como podía preverse, sin entrar en la cuestión.

Atanasio Aguirre, Manuel Errazquin, Bernabé Caravia y otros, quienes eran considerados amigos de influencia del presidente, al pedido de funcionar como intermediarios discretos y prudentes, respondían que esa cuestión, por decisión personal de Berro, no se resolvería sino en la cámara, y que **tenían poca confianza de que sería favorable al vicario**; adelantaban por tanto, como sugerencia, que se debía trabajar con tesón entre los componentes del expresado cuerpo[34].

Nota de Marini al Ministro de Gobierno

Después de una larga espera de cuatro meses, que ya de antemano se consideraba sin éxito, por la infranqueable y hermética posición de Berro, contra la que se estrellaron las múltiples gestiones de carácter privado pero de influencia, Paraná, con fecha 4 de marzo, le manifestaba al Ministro de Relaciones Exteriores que hubiera esperado un mejor resultado de su última nota, pero le era muy sensible ver que la cuestión a la que se refería, seguía aún en el mismo estado.

El deber que tenía la delegación apostólica, de procurar que se conservasen incólumes los derechos y prerrogativas de la Iglesia y de la Santa Sede en la República Oriental, que se restableciera la paz y unión en la misma

---

[32] Ibíd., 97v-98
[33] AyB pba, Ibíd.
[34] AEM, va 21, c 5-5, 6270-6

iglesia y se tranquilizasen las conciencias de los católicos de la expresada República, la impulsaban a dirigirse nuevamente al ministro.

Le pedía quisiese tomar en consideración los motivos expuestos, para hacer que se llevase de una vez a un término satisfactorio la mencionada cuestión, que infelizmente se había suscitado por la remoción de un cura interino. Esta decisión podía ser decretada por el Vicariato en conformidad a los cánones. La cuestión, por otra parte, no merecía la pena de promoverse bajo cualquier aspecto que se la mirara, y sin embargo, podía traer las más funestas consecuencias.

El Papa, previendo aquellas consecuencias, había experimentado el más profundo sentimiento. En el decreto del 4 de octubre había visto gravemente ofendida su alta dignidad en la persona del vicario apostólico, quien tan sólo por su delegación había recibido la jurisdicción eclesiástica, para ejercerla libremente en el territorio de la República.

Pero Su Santidad, confiado en la notoria prudencia y religiosidad del presidente, abrigaba la certeza de que él hiciese cesar lo más prontamente posible los deplorables efectos del referido decreto, para que de ese modo volviesen a estrecharse las buenas relaciones entre la Iglesia y el Estado, tan necesarias para la prosperidad de ambos[35].

Una persona bien informada le había hecho concebir a Marini la esperanza de que Berro estaba buscando un medio para salir honradamente del embarazo en el que se había colocado, *salvando sin embargo su* **conveniencia**; pero lo cierto era que dejaba al vicario que ejercitara su jurisdicción, aunque oficialmente no lo reconociese como tal[36].

Respuesta del ministro Arrascaeta

De la respuesta de Arrascaeta aparecía claro que no sólo Berro quería salvar su **conveniencia**, sino que los **masones** estaban dispuestos a sostener el decreto del 4 de octubre.

El gobierno oriental –se decía en dicha respuesta- debía esperar con justicia que Su Santidad, a cuyo conocimiento el delegado apostólico llevaría todos los antecedentes del asunto, sabría hallar los medios convenientes para hacer cesar lo más pronto posible la situación de la iglesia de la República.

El mismo derecho que se invocaba a favor de Su Santidad asistía al presidente de la República.

El deber que tenía la Santa Sede de cuidar los intereses de la Iglesia, lo tenía también el Gobierno de conservar intactos los derechos y prerrogativas que la constitución acordaba a la Nación sobre la iglesia de la República, no permitiéndole asentir a lo que Marini le proponía.

---

[35] ASV, Ibíd., 82-82v
[36] Ibíd., 81-81v

El mismo interés de que se restableciese la paz y la unión y se tranquilizasen las conciencias de los católicos, había sido el que lo había guiado para dirigirse en tiempo al delegado en solicitud de medidas que previniesen las consecuencias que necesariamente debían sobrevenir, y ese mismo interés lo impulsaba ahora a pedirle al representante pontificio, que quisiese tomar en consideración los motivos expuestos en la nota del 15 de octubre.

El gobierno de la República había sentido y sentía, a la par de Su Santidad, las consecuencias presentes, y también como ella había visto gravemente ofendida su dignidad de patrono de la iglesia del Estado, porque si era cierto que los obispos y vicarios tan sólo por delegación de Su Santidad recibían la jurisdicción eclesiástica, cierto era también que para poderse ejercer libremente esa jurisdicción en el territorio de la República, por las leyes de ésta, era necesaria la previa autorización del patrono.

El delegado apostólico había tenido ocasión de apreciar esto, llenando el deseo del gobierno que había concurrido al nombramiento del vicario.

Guardando silencio, entonces, ante los trámites jurisdiccionales de la potestad civil tanto para el *pase* del breve, como para la expedición gubernativa del *exequátur*, que autorizaba el ejercicio de la jurisdicción espiritual del vicario, había reconocido cuando menos implícitamente la legalidad de esos actos, y el derecho de que emanaban[37].

A la simple lectura de semejantes conceptos, no podía caber la menor duda en el ánimo del delegado, que **el gobierno** de Montevideo estaba **dispuesto a sostener su decreto**, y que exigía de Su Santidad el **nombramiento de un nuevo vicario apostólico**, admitiendo de esa manera las funestas consecuencias de su arriesgada medida y **reconociendo a la Iglesia como sierva del Estado**.

Nueva nota de la delegación de Paraná

Marini, que se había enterado de la respuesta de Arrascaeta por los diarios de Montevideo, en una carta confidencial le avisaba al ministro que aún no le había llegado la nota oficial, haciéndole, además, algunas observaciones sobre determinados puntos de la misma y especialmente sobre el pretendido patronato.

No obstante sus laudables esfuerzos, el delegado dudaba del buen éxito de aquella espinosa controversia, y, lo que más lo hacía recelar y sospechar, era la manera equívoca del presidente, quien al paso que hablaba bien con todos del vicario apostólico, mantenía por otra parte su decreto[38].

En la suposición de que la nota del Ministro de Relaciones Exteriores se hubiese extraviado, la delegación le rogaba tuviese a bien mandarle un duplicado.

---

[37] Ibíd., 133 134
[38] Ibíd., 132-133

Aprovechando aquella oportunidad, y refiriéndose a las ideas consignadas en la expresada contestación, Paraná se permitía observar que la Santa Sede hasta la fecha no había reconocido ni explícita ni implícitamente, en el gobierno del Uruguay, el derecho de patronato, que tan sólo ella podía acordarle, sino el deber que el mismo poder político tenía de proteger la Iglesia y respetar y hacer respetar sus leyes y disposiciones.

Pero aun en el supuesto caso de que la República Oriental hubiese tenido el derecho de patronato, éste no podía extenderse al caso del presbítero Brid; pues el nombramiento, y, con más razón, la remoción de los curas interinos, según los cánones y las mismas leyes españolas, no estaban comprendidos en el derecho de patronato, y por consiguiente el obispo o prelado de igual jurisdicción, podía nombrarlos y removerlos sin intervención del patrono.

En realidad el provicario apostólico Fernández había nombrado a Brid, cura de la iglesia Matriz, sin guardar los trámites substanciales que prescribía el derecho para la válida colación de las parroquias en propiedad, a saber el examen por oposición en concurso abierto ante los examinadores sinodales o pro sinodales, que no existían en el vicariato oriental. No podía su nombramiento, por tanto, considerarse jamás de cura colado, o propietario, sino solamente de cura interino.

Debía persuadirse el ministro que esto era lo que clara y terminantemente disponía el derecho sobre el particular, y se convencería con su buen criterio, que el decreto del 4 de octubre estaba mal fundado, y que de las consecuencias no podía hacerse responsable sino a la autoridad que lo había expedido[39].

La cuestión eclesiástica acababa de despertarse con pasión redoblada. El Papa, como debía esperarse, había aprobado solemnemente la conducta de Vera[40].

Palabras de aliento para Vera y satisfacción del mismo

A Marini, en efecto –al llenar el encargo que el card. Antonelli le había hecho en una nota oficial, con fecha 20 de diciembre de 1861, le era muy satisfactorio manifestarle a Vera que el Santo Padre, aplaudiendo la firmeza con que había sostenido las prerrogativas de la Iglesia, había hallado digna de todo elogio la conducta guardada por él en ese particular.

El delegado, al felicitarlo por ese consuelo que le venía del Jefe de la Iglesia, estaba seguro de que cobraría más aliento en defender los derechos del alto puesto que ocupaba.

Al animarlo, en los últimos renglones de su escrito, a que se mantuviese firme[41], Marini estaba convencido de que el antiguo párroco de

---

[39] Ibíd., 135-136
[40] In. d., Ibíd., 359

Canelones no necesitaba de sus consuelos, porque estaba *"dotado de bastante firmeza"*, y no cedería nunca a la pretensión del gobierno, de que el sacerdote Brid volviese a ser párroco de la Matriz[42].

Si bien el Vicario de Montevideo no necesitaba estímulo, sin embargo, precisaba imperiosamente una palabra oficial que le disipara la duda e inquietud que lo preocupaban.

Demasiado afligente se había vuelto el estado del vicariato, y si nadie podía quedar indiferente, mucho menos Vera, que había sido uno de los actores principales del drama.

El aviso paranaense llegó como una verdadera bendición, llenando el corazón abatido del prelado de consuelo y satisfacción.

"Bastó tan plausible noticia –escribía Vera a Antonelli el 29 de abril de 1862- para que del todo quedasen llenas todas mis aspiraciones, y se aquietase completamente mi conciencia, a la vez que se robusteció mi ánimo y resignación"[43].

No pequeña resignación se necesitaba, para soportar los continuos y acres insultos[44], con que una parte de la prensa "impíamente licenciosa" ajaba a los defensores de las prerrogativas de la Iglesia[45].

La mayoría del clero de la capital, encabezada por Vera y Conde, no pudiendo soportar ese estado escandaloso, el 1º de mayo, dirigía una súplica al presidente, para que reprimiese los escandalosos avances de un escritor anónimo, que, con el título de colaborador, estaba vomitando, hacía días, "en las columnas del periódico *La Discusión*, el veneno mortífero del error, de la

---

[41] AyB pba, Ibíd.
[42] ASV, Ibíd., 71v
[43] Ibíd., 143
[44] El capuchino Gaspare d'Alatri, sobre la situación, escribía: "Le calunnie poi, e le satiriche caricature inventate e spacciate negli empi giornali contro questo rispettabile Prelato, e contro chiunque sia a lui fedele, non si possono nè descrivere, e nè contare ad orecchio casto e religioso. Di più, perchè venne da Roma (credo) una decisiones favorevole alla condotta tenuta in questa causa del medesimo Vicario Apostolico, si è preso motivo di bestemmiare contro i preti contro i religiosi dell'uno e dell'altro sesso, contro la Chiesa Romana, contro i suoi dogmi più sacrosanti, e contro il suo Capo. I preti e i frati trattati come fanatici impostori ed ipocriti. La Chiesa di niuna infallibilità, di niuna autorità per obbligare i fedeli. I dogmi favole, cose vecchie dei secoli passati. Il Papa Pio IX, successore de' despoti e tiranni, è chiamato anco l'antico *carbonario*. Si legge altresì nei pubblici diari (che restano ad eterna memoria dell'odierna empietà) attaccato il dogma della Inmacolata Concezione di Nostra Madre Maria Santissima; havvi riprodotte ed esagerate all'infinito le inquisizioni di Spagna e minacce e progetti di riformare il clero alla protestante con moglie e figli, ed altre di simili sozzure ed eresie che fa orrore a narrare (ASV, ibíd., 81v).
[45] ASV, Ibíd., 143-143v

calumnia, de la blasfemia e impiedad contra las verdades sacrosantas que todo verdadero católico venera y profesa, atacando de un modo intolerable la autoridad del Jefe Supremo de la Iglesia, insultando su venerable persona, predicando la rebelión y la anarquía religiosa[46].

Era indudable que la licencia escandalosa de la prensa por una parte, y por otra los procedimientos del gobierno, ofrecían un fuerte obstáculo para las conciencias timoratas.

El gobierno no sólo sostenía con su autoridad la sublevación y rebelión clerical, que seguía apoderada de la Iglesia principal, encabezada por los mismos individuos, o sea por Brid y Mayesté, sino que también la atendía con subvenciones pecuniarias y le prestaba toda clase de auxilios, continuándose así autorizado el escándalo.

Tal insubordinación oficializada tenía lastimosamente divididas las familias, de las que muchas, alucinadas por la seductora elocuencia del padre Mayesté, sufrían un sensible extravío.

Todo esto constituía una verdadera piedra de escándalo que tenía que arrostrar el clero sensato, que no obstante estar apoyado de casi todos los habitantes de la campaña y una gran parte de la capital, necesitaba de un poderoso sostén, cual era la voz del Papa, tan oportunamente transmitida a ese vicariato, que afianzara a los vacilantes y reanimara a los pueblos afligidos con las invasiones de la impiedad.

Vera confesaba que nunca había dudado de un tal resultado y lo manifestaba así continuamente a los buenos católicos, quienes no acostumbrados a esa clase de cuestiones y no conocedores del recto proceder, que en todos los tiempos había observado la Santa Sede en casos análogos, se mostraban recelosos de una buena resolución.

Ahora estaban satisfechos y animados de firme decisión, porque habían visto sostenida la dignidad de la Iglesia y porque, a pesar de la situación amarga que acibaraba al Santo Padre, no por esto había dejado de dirigir una mirada de consuelo a esos hijos tan lejanamente separados de su paternal presencia.

Situación invariada

Vera, a pesar de todo, podía desempeñar sus deberes con alguna mayor libertad. En el lento transcurso de los meses, la situación se mantuvo invariada.

No obstante "los esmerados esfuerzos de Monseñor Marini"[47] a nada había podido arribarse, porque el gobierno seguía inseparable de su primera línea de conducta. Con todo, el vicario no se veía hostilizado en lo más mínimo, aun cuando sus procedimientos se hiciesen con bastante publicidad.

---

[46] Rev. C., may. 4 de 1862
[47] ASV, Ibíd., 144v

Había una bien fundada persuasión, en opinión de Vera, que no empeorarían las circunstancias, aunque ya bastante anormales del país.

Empero, si hubiesen fallado aquellas esperanzas, levantándose nuevos conflictos, Vera esperaba en Dios que le daría a él y a sus compañeros nuevas fuerzas y firme resignación para sostener los derechos de la Iglesia y la religión, que era el verdadero blanco contra el cual asestaban sus tiros los prosélitos de la impiedad[48].

Una moción parlamentaria, condenando la del Poder Ejecutivo, exigía el destierro del jefe de la iglesia oriental. Si Berro cedía a esos clamores, la República caería en pleno cisma; si resistía, dando razón a Roma, se enemistaba irremediablemente con los masones, los garibaldinos y los filósofos[49].

Vera, que conocía de cerca la rabiosa hostilidad de la oposición y la **fatal encrucijada en la que se hallaba el presidente**, seguía escrutando esperanzado el futuro. En el caso de presentarse adverso, **Vera y sus colegas asumirían la actitud de perseguidos y mártires, sin pensar en la otra**, igualmente necesaria y fundamental, **de negociadores inteligentes**, respaldándose en la sagaz cooperación de la delegación apostólica de Paraná, más que en elogios genéricos y aprobaciones de forma.

Diplomacia de Marini

Marini hasta el momento había procedido con suma moderación, manifestando, sin embargo, clara y terminantemente sus sentimientos conforme al derecho, sobre el patronato, que creía tener el gobierno, y la cuestión de Brid. Pero infelizmente no se había llegado a nada positivo.

Considerando la realidad, el delegado no se hubiera admirado si sólo hubiesen sido seglares los que habían promovido y estaban sosteniendo la tan desatinada oposición a Vera y a su autoridad, pero se irritaba sobremanera al ver que entre ellos había también eclesiásticos que se tenían por sabios y que estos mismos hostilizaban abiertamente a su legítimo prelado, y fomentando un cisma continuaban celebrando el santo sacrificio. Todo esto era insoportable y, sin embargo, se toleraba[50].

Contrariamente a sus sentimientos, el delegado no abandonará oficialmente, ni por un instante, la senda de la diplomacia y de la amistad conciliadora, sin ambigüedades y compromisos; no así Vera, que en medio de las dificultades que lo rodeaban no lograba dar con el camino que lo llevase al término deseado del conflicto.

Pretensiones del ministro Arrascaeta

---

[48] Ibíd., 143v-144v
[49] In. d., Ibíd., 359
[50] AEM, va 21, c 5-6 6269-9

En vista de la persistencia del arzobispo de Palmira, el Ministerio de Relaciones Exteriores se veía en extremo obligado, y con fecha 2 de mayo de 1862 contestaba a la nota de Paraná del 21 de abril.

El gobierno oriental manifestaba que lo preocupaban vivamente los riesgos que habían venido acumulándose contra los intereses de la Iglesia de la República, desde el principio de ese desgraciado asunto.

Al presente los ponían en gravísimo peligro **la irracional intolerancia** de las sociedades profanas y religiosas, intolerancia manifestada de la manera más inconveniente por sus órganos en la prensa periódica.

El gobierno, a entender de Arrascaeta, harto había hecho en medio de los graves cuidados que lo rodeaban, propendiendo con todo empeño a contener el desborde de pasiones insensatas, atrayendo a los espíritus a una prudente expectativa, hasta que un arreglo entre el gobierno y el Santo Padre, por medio de mons. Marini, diese solución a la cuestión.

Era indudable que el delegado haría justicia al prudente empeño que el gobierno había puesto en prevenir la situación que se lamentaba, proponiendo a Vera, en presencia del conflicto que se acercaba, el **mantenimiento de un prudente *statu quo***, con el propósito de entrar a discutir, luego, con la serenidad y placidez convenientes, las cuestiones de derecho que el conato de remoción de Brid había promovido, "empeño prudente que hubo de estrellarse ante **la inflexible obstinación e imprudencia del Padre Vera**"[51].

En presencia de una situación en extremo gravísima, y que no era difícil prever ya adónde podían conducirla los intereses exagerados, puestos en acción; en presencia de tal situación que el gobierno era el primero en lamentar, como había sido el primero en esforzarse para prevenirla, instado a ello por intereses tan trascendentales, era deber suyo adoptar la misma forma confidencial de mons. Marini, prelado lleno de piedad y sabiduría, y apresurarse a contestarle.

Muy gustoso, por tanto, le manifestaba con toda franqueza que **antes de procurar** la solución a las cuestiones de derecho, que había hecho surgir el conato de destitución de Brid, **era urgentísimo**, para los intereses de la Iglesia, y también del Estado, **poner un pronto remedio** a la situación ya creada, entrando luego a la discusión y solución de las cuestiones que habían provenido de esa situación.

Una discusión por ambas partes tan extensa y erudita de las cuestiones pendientes, dejando abandonada a sí misma la situación presente ¿traería por ventura el remedio que a gritos pedía la situación, alejaría las nubes que agrupadas sobre el cielo de la iglesia oriental la amenazaban con una terrible borrasca? "¡No por cierto!", se contestaba el ministro.

La situación que todos lamentaban no derivaba del desconocimiento de ningún dogma. Las causas que la habían producido y la mantenían, eran lo más mezquino que podía existir en la tierra, eran los hombres.

---

[51] ASV, Ibíd., 150v

"El P. Vera –se permitía afirmar el ministro-, **sin la ilustración y saber de sus antecesores**, porque no estaba como ellos preparado para la dignidad y la prelacía con que fue investido, desde su nombramiento, mal aconsejado sin duda, no ha cesado de ser un obstáculo a la conservación de la armonía que debe reinar entre las dos potestades, espiritual y civil"[52].

El ministro, como católico y miembro del gobierno, aspiraba a participar con todos sus esfuerzos en la conservación de los fieles, y esperaba muy confiadamente que el delegado apreciara en su verdadero valor, las reflexiones que, contando con su benevolencia, se había permitido hacer.

En esta primera parte de su respuesta, el Dr. Arrascaeta daba la sensación de portarse a la manera de uno que está persuadido de patrocinar una mala causa, pero se avergüenza confesarlo.

En efecto, después de haber deplorado los males ocasionados por la controversia entre su Gobierno y el Vicario Apostólico, se atrevía afirmar que a esa altura de la situación ya no hacían falta discusiones, sino más bien soluciones.

De tales palabras parecía deducirse que aludía al **nombramiento de un nuevo vicario apostólico**, sin arriesgarse a hacer claramente la propuesta al respecto[53].

En cuanto a las cuestiones tocadas por Paraná en su última nota – consignaba luego el ministro-, cuya solución debía dejarse para más adelante, atendiendo a remediar con preferencia el mal del momento, el magistrado oriental se limitaba a decir que si bien era cierto que la constitución sancionaba que el presidente debía proteger la religión del Estado, la misma constitución sancionaba también el derecho de la posesión del patronato.

El Poder Ejecutivo, mero ejecutor de la voluntad nacional, sosteniendo el patronato obedecía a la nación, como lo hacía protegiendo la religión, a la cual no había dejado ni por un momento de prestarle su protección.

En cuanto a la cuestión del carácter y condición de los curas del vicariato, se encontraba de parte del gobierno la opinión de ilustrados juristas y canonistas uruguayos, de la Confederación Argentina y Chile. Sobre todo en este último país, se veía con frecuencia proponer al gobierno la provisión de los curas interinos por medio de su ministro el obispo de La Serena.

Sobre esta cuestión, mientras la delegación de Paraná no convenciese al ministro con la discusión, **que las tradiciones nacionales, que los hechos**, en el caso de la provisión de Brid, carecían de exactitud, que el gobierno oriental no había dado una exacta inteligencia y no había aplicado con justicia e imparcialidad el derecho, éste se mantendría en sus opiniones anteriores.

---

[52] Ibíd., 151v
[53] Ibíd., 146-146v

Por más sensible que le fuese a Arrascaeta, como realmente lo era, el encontrarse en divergencia, esperaba confiado que el nuncio se dignara excusarlo[54].

El ministro, en esta segunda parte de su nota, no acordándose, o fingiendo no acordarse de lo que había enunciado poco antes, invitaba a Marini a discutir los principios de derecho por él enunciados escuetamente en su carta confidencial, y a convencerlo de la exactitud de su aplicación al caso del sacerdote Brid, motivo de todo el grave altercado[55].

Extensa disertación de Marini sobre los puntos de derecho discutidos

Marini, que se había abstenido de desarrollar con alguna extensión los principios de derecho, únicamente para no ofender el amor propio del ministro, aceptó de buena gana su invitación. Le mandó una respuesta que podía llamarse *disertación*, en la que explicaba y demostraba los predichos principios, aplicándolos luego rigurosamente a la cuestión del sacerdote Brid.

No obstante el carácter de disertación y por cuanto se lo permitía la materia, el delegado había procurado ser conciso y compendioso, para que el destinatario leyera todo su escrito. Además, para no despertar la menor sospecha, con una buena metodología, se había basado, en sus argumentaciones, solamente en el concilio de Trento y en las antiguas leyes españolas vigentes en la República Oriental, citando únicamente aquellos autores que no podían ofrecerle reparos, por ser casi todos típicamente regalistas.

Puesto que el principal, más aún, el único argumento, con el que creía hacerse fuerte el gobierno, era su pretendido patronato, el delegado se vio obligado a probar su absoluta insubsistencia bajo todo aspecto.

Concluía luego que el vicario apostólico, removiendo sin el concurso o previo aviso del gobierno al sacerdote Brid de la Matriz, por él servida interinamente como párroco, de ningún modo había violado las leyes del patronato, en la hipótesis que el mismo gobierno lo poseyera, pero que de hecho no poseía[56].

Para valorar mejor la magnitud de esta lucha diplomática, se entresacarán sólo los puntos básicos de la extensísima disertación, la más extensa, sin duda, que la delegación apostólica dedicó al Uruguay, durante la misión diplomática de Marini.

El delegado empezaba por sentar tres proposiciones que demostraría sucesivamente:

---

[54] Ibíd., 151v-152v
[55] Ibíd., 146v
[56] Ibíd., 146v-147v

"La primera: que el derecho ha prescrito los trámites que deben seguirse para la provisión y colación de los curatos vacantes, so pena de ser nula la colación, si no se guardan.

Segunda: que los curas interinos pueden nombrarse y removerse por los obispos, o prelados de igual jurisdicción sin la intervención del patrono, cuando las iglesias parroquiales son de patronato.

Tercera: que el presbítero Brid era solamente cura interino de la Iglesia Matriz de Montevideo, y que el Vicario Apostólico al removerlo, obró conforme a derecho"[57].

Entrando, pues, en la demostración de la primera, prevenía que los curatos eran, "o de libre colación del ordinario diocesano, o de patronato, y éste o eclesiástico, o laical"[58].

El concilio de Trento, cuidando que la provisión de las iglesias parroquiales vacantes, tanto de libre colación, como de patronato, recayese siempre en las personas más aptas e idóneas para tan importante y delicado ministerio, había establecido para su colación una forma peculiar en el capítulo 18 de la sesión 24 *De Reformatione*, cuya sustancia puede enunciarse de esta forma: la colación de los curatos vacantes debe efectuarse siempre previo examen ante tres examinadores sinodales, a saber, nombrados en el sínodo diocesano, presidido por el obispo o vicario general.

Este examen, si los curatos vacantes son de libre colación, o de patronato eclesiástico, debe además verificarse por oposición entre los aspirantes en concurso abierto, de suerte que omitiéndose el *examen* o el *concurso*, la colación sería nula.

Consiguientemente, el *examen* y *concurso*, atendida la calidad de los curatos vacantes, constituían los trámites sustanciales o forma esencial de la colación de ellos.

Esto mismo afirmaban Frasso[59], y Vélez Sársfield[60].

---

[57] Ibíd., 154v-155
[58] Ibíd., 155
[59] "El oidor de la Audiencia de Lima, Pedro Frasso, en su obra de 1671-1679 *De regio patronatu indiano*, prohibido en Roma en 1688, afirma el regio vicariato llamando al rey cuasicomisario o delegado de la Santa Sede, a quien ella confió la gobernación eclesiástica o espiritual en Indias. El énfasis con que desarrolla este pensamiento hizo que su influjo creciera en América, donde ya se iba creando una tradición literaria vicarialista más o menos declarada, repitiendo los mismos argumentos con algunas variantes y con aplicaciones a casos concretos" (LOPETEGUI-ZUBILLAGA, Historia…, 151).

Dicho autor, en su obra *De regio patronatu indiano*, cap. 31, n. 24, sobre el examen y concurso, afirma textualmente: "In ómnibus beneficiis examen esse necessarium agnoscimus: pro forma tamen de solis parochialibus requiri receptissima scribentium resolutio tenet" (ASV, Ibíd., 156v).

De todo esto se infería que siendo nula la provisión de un curato vacante, fuera de libre colación o de patronato, hecha de otro modo que el prescrito por el concilio de Trento, el curato debía considerarse como no conferido, quedando vacante hasta que no se proveyera válidamente, porque lo que era nulo, no podía producir ningún efecto.

Los Reyes Católicos, como patronos de todas las iglesias de las Indias occidentales sujetas a su dominio, por concesión de Julio II, podían presentar a su arbitrio para los curatos vacantes existentes en las mismas, a clérigos que juzgasen idóneos, debiendo éstos tan sólo rendir el examen prescripto por el concilio de Trento.

Con todo, para el mejor acierto, quisieron que la provisión de los mencionados curatos se hiciera *por oposición*, en concurso abierto, del mismo modo que el concilio de Trento lo había determinado para los curatos de libre colación o de patronato. Se reservaban el derecho de presentar uno de la terna, formada y propuesta por el obispo con los aprobados por los examinadores sinodales, como se dice expresamente en la *Recopilación de Indias*, libro 1, título 6, ley 24.

Esta ley se cumplió exactamente en las regiones americanas en todo el tiempo que permanecieron bajo el dominio de los Reyes Católicos.

Suponiendo ahora, sin concederlo, que el presidente de la República Oriental del Uruguay tenga el patronato sobre todas las iglesias parroquiales de ella, como lo tenían los Reyes Católicos, o la citada ley de la *Recopilación* está todavía en vigencia en la misma República, o no.

En el primer caso, en las provisiones de los curatos vacantes de la República Oriental, debe guardarse lo que disponía aquella ley; y en el segundo caso debe observarse lo que estableció el concilio de Trento acerca de las parroquias de patronato laical; y en ambos casos serían siempre nulas las provisiones practicadas diversamente[61].

Pasaba luego a probar la segunda proposición: que los curas interinos podían nombrarse y removerse por los obispos o prelados de igual jurisdicción sin la intervención del patrono, cuando las iglesias parroquiales eran de patronato.

Un curato quedaba vacante por renuncia, destitución o muerte del cura que lo poseía en virtud de la colación o institución hecha canónicamente en su favor por el obispo. Para que durante la vacante hubiese quien lo administrara, y los feligreses fueran atendidos en sus necesidades espirituales, el concilio de Trento, previendo tal caso, determinó que el obispo, luego que

---

[60] El regalista argentino Vélez Sársfield en su obra *Derecho Público Eclesiástico*, cap. 17, enseña: "El examen de los opuestos al curato, es de forma esencial, en términos, que sin él, la colación e institución canónica es nula, y de ningún efecto, como lo ha declarado el Concilio de Trento que para nosotros tiene la fuerza de una ley civil" (ASV, Ibíd., 156v).

[61] ASV, Ibíd., 154-158

tuviese noticia de la vacante, en caso de necesidad, estableciese en ella un vicario capaz. Con una congrua suficiente de frutos a su arbitrio, debía cumplir todas las obligaciones de la misma iglesia, hasta que el curato se proveyera. Estos vicarios eran los que se llamaban comúnmente *curas interinos*.

De esta prescripción del concilio se deducía terminantemente que correspondía tan sólo al obispo nombrar los vicarios o curas interinos, en las vacantes de los curatos, fueran éstas de libre colación o de patronato, porque el concilio no había hecho distinción, y cuando había querido hacerla, la había expresado en el mismo capítulo.

Se deducía igualmente, que dichos vicarios debían durar hasta que los curatos que administraban fueran conferidos en la forma explicada en la primera proposición demostrada, y hasta que los curas, que habían recibido la colación canónica, tomasen posesión de los mismos.

Habiendo el concilio dejado al arbitrio y voluntad de los obispos el nombramiento de los curas interinos por todo el tiempo de la vacante de las parroquias, aunque éstas fueran de patronato, se seguía que el patrón no tenía intervención ninguna en estos nombramientos, de lo contrario los obispos no podrían hacerlos a su arbitrio y voluntad.

Las leyes de Indias daban por asentado que el nombramiento de los curas interinos pertenecía exclusivamente a los obispos, como aparece en la ley 48, libro 1, título 6 de R.I., y en la ley 10, libro 1, título 13 de la misma Recopilación de Indias.

Marini citaba nuevamente la autoridad de Frasso[62], se refería luego a la de Solórzano (Política Indiana, libro 4, cap. 15, n. 31) cuyas opiniones eran muy respetadas en las Repúblicas hispanoamericanas, a la de Donoso, obispo de La Serena (Derecho Canónico, libro 2, cap. 9, n. 3), y a la de Vélez Sársfield (Derecho Público Eclesiástico, cap. 17)[63]. Solórzano reconocía en los obispos el derecho exclusivo de nombrar curas interinos, pero les aconsejaba que, al hacer estas provisiones interinas, permitiéndolo el tiempo, diesen cuenta de las mismas y de las causas, al virrey o gobernador, que, en nombre de su majestad, ejercían el patronato real.

La sugerencia se fundaba en "el decoro y respeto que por este título se les debe conforme a derecho, y porque se ha de acudir luego a ellos para que les manden pagar sus sínodos o salarios"[64].

---

[62] Dicho autor, hablando de los vicarios, o curas interinos, en su obra *De Regio patronatu indiano,* cap. 14, n.33 y 39 aseveraba: "Quod in Indiarum Ecclesiis, et Provinciis ad interinarii nominationem, et constitutionem patroni consensus non spectatur", y más adelante concluía diciendo: "Unde sequitur hujus Vicarii deputationem ad solum Episcopum seu Praelatum spectare"; cfr. también n. 41 de la misma obra y capítulo (ASV, Ibíd., 160).
[63] ASV, Ibíd., 160-161v
[64] Ibíd., 161v

Este consejo de Solórzano, tan prudente y oportuno para conservar la buena armonía entre las dos potestades eclesiástica y civil, se seguía practicando en Argentina y Chile.

Donoso afirmaba: "Se acostumbra dar cuenta al Supremo Gobierno, o a los intendentes respectivos de los nombramientos de interinos que hacen los Prelados para la administración de las Parroquias vacantes"[65].

Dejando los obispos de participar a los gobiernos el nombramiento que hacían de los curas interinos, no hubieran faltado a un deber de justicia, ni hubieran desconocido el patronato que ellos pretendían tener, sino a las reglas de una política previsora.

Era cierto que las leyes de Indias o cédulas reales establecían que el interinato no pasara de cuatro meses, ni se prorrogara, bajo pena de no pagarle ningún salario al cura interino, rebasado el plazo fijado. Se limitaban sólo a imponer una pena en el caso que el interinato excediese el tiempo señalado. No declaraban, ni hubieran podido declarar, que, transcurrido el término de cuatro meses, los curas interinos se considerasen en adelante como colados y propietarios de los curatos, que administraban interinamente, porque la institución canónica necesaria para ello, y la potestad espiritual que emanaba de la misma, no podía darse por el rey, sino por el obispo.

Si, pues, dentro de dicho término, el obispo no hubiese llamado a concurso para la provisión en propiedad, el cura interino cesaba de percibir el salario, pero continuaba ejerciendo legítimamente las funciones parroquiales como tal, hasta que hubiese cesado también la vacante.

La razón que habían tenido los Reyes Católicos, para imponer la pena indicada, no había sido otra, que la de obligar a los obispos para que procediesen a la pronta provisión de los curatos vacantes. Quitándose, en efecto, a los curas interinos el estipendio, no era fácil que los obispos encontrasen a clérigos que sirviesen gratis los mismos curatos.

Empero, esta disposición no había estado en observancia por graves dificultades, nacidas especialmente de la escasez del clero, como decía el propio Donoso, en el lugar citado; lo declaraba también el decreto del gobierno peruano del 11 de setiembre de 1834, que el mismo autor registraba en una nota agregada a continuación.

La cédula real del 30 de mayo de 1648, que tenía Frasso en el capítulo 68, n. 53 de su citada obra, suponía y reconocía en el obispo la potestad de remover a los curas interinos, diciendo que *"no los mude fácilmente el prelado"*, o sea, que cuando el prelado, usando de la potestad que tenía, quisiera mudarlos, lo hiciera "con causa legítima que para ello haya", como lo declaraba más abajo la misma cédula; pero ni en ésta, ni en ninguna otra cédula, ni ley, se atribuía al patrono intervención alguna en la remoción de los curas interinos, dejándola tan sólo al discreto juicio del obispo[66].

---

[65] Ibíd.
[66] Ibíd., 162-163

Se concluía el segundo punto, haciendo una aplicación a la autoridad del vicario uruguayo.

La potestad para poner y remover curas interinos –se afirmaba- era una de las jurisdicciones ordinarias que tenían los obispos; por lo mismo, la tenía también el Vicario de la República Oriental, a quien Su Santidad, al nombrarlo, por conducto de la delegación apostólica de Paraná, le había comunicado todas las facultades ordinarias jurisdiccionales de los obispos.

Aunque la tercera proposición, que el presbítero Brid era solamente cura interino de la iglesia Matriz de Montevideo, y que el Vicario Apostólico al removerlo, obró conforme a derecho, no necesitara de pruebas, porque ya estaba demostrada en la primera y segunda, con todo, para mayor claridad se hacía la aplicación a ella de los principios de derecho expuestos[67].

Desde que había fallecido el último cura que había obtenido la iglesia Matriz, previo examen en concurso abierto, hasta el presente, dicho curato se debía considerar vacante, y los curas que lo habían administrado posteriormente, no habían sido sino interinos.

En el número de ellos debía contarse a Brid, porque el provicario Fernández lo había nombrado cura sin examen y concurso en la forma establecida por el concilio de Trento; ni podía conferírselo en propiedad, aunque hubiese querido, porque no existían en Montevideo los examinadores sinodales y pro sinodales, con especial dispensa de la Santa Sede, cuya intervención era una condición *sine que non*, para el examen canónico y válida colación de los curatos. Por consiguiente, no habiendo podido conferirse en propiedad a Brid el curato de la Matriz, por defecto de forma esencial, el nombramiento que se le había hecho, no había podido ser sino de cura interino.

No obstaba que en el nombramiento no se hubiese expresado la palabra *interino*, porque el derecho, por cuya disposición Brid no podía ser cura colado, sino interino, corregía esa falta por su propia virtud, dejando sin efecto la resolución del provicario, si al nombrarlo había tenido la errada intención de que fuese colado.

Siendo, pues, el presbítero Brid cura interino, como se había demostrado, y dependiendo su permanencia en el curato del prudente arbitrio del Vicario Apostólico, podía éste removerlo en uso de la autoridad que le daba el derecho, sin que por esa remoción, hecha sin la intervención del gobierno, pudiese imputarse al Vicario el haber desconocido el patronato en la suposición de que el gobierno lo tuviese.

Marini, al concluir esta labor no indiferente, se declaraba siempre dispuesto a satisfacer los deseos del ministro, y, como retribución, se permitía solicitarle que hiciera cuanto estaba de su parte, para que se arreglara de una vez aquella cuestión, que además de ser ya bastante molesta, era sumamente

---

[67] Ibíd., 163

perjudicial a la Iglesia y al Estado, ante cuyo bienestar debía ceder todo otro sentimiento[68].

La delegación de Paraná, en sus persistentes esfuerzos diplomáticos, había elegido la vía confidencial, para hablar con mayor franqueza y evitar las disgustosas consecuencias, que solían derivar de la discusión oficial de materias tan delicadas[69].

Pero, pese a la delicada e ilustrada manera de actuar y a todas las razones aducidas, Marini temía que el ministro, por un punto de honor mal entendido, no se declararía convencido, y que, por el contrario, seguiría sosteniendo el error cometido por su gobierno, haciendo uso, como se acostumbraba, de sofismas y cavilaciones.

Por otra parte, había que hacerle justicia al dr. Arrascaeta, recordando que en ocasión de un discurso violento contra el vicario apostólico, pronunciado en la cámara de diputados por uno de sus miembros, en el que se pedía furiosamente el extrañamiento de Vera, había tomado con calor su defensa, obteniendo que la proposición del fanático diputado fuera rechazada por una mayoría muy considerable de votos y con elogio y aplauso general[70].

Explicación de Marini sobre algunos principios de derecho

El nuncio, habiendo advertido que el ministro tenía falsas nociones sobre la naturaleza de la Iglesia y sus prerrogativas esenciales, como las tenían comúnmente los gobiernos americanos, intensificando con un empeño admirable sus escritos confidenciales, en una nota del 30 de junio había creído necesario, para refutar sus opiniones erróneas y perniciosas, explicarle brevemente algunos principios, que había simplemente enunciado en sus dos primeras notas del 5 de noviembre de 1861 y del 4 de mayo de 1862[71].

Sobre la potestad soberna, o soberanía de la Iglesia, recordaba que Jesucristo, al fundar la Iglesia, había establecido en ella una potestad para gobernarla, soberana en su orden, e independiente de cualquier otra, de orden diverso.

La potestad soberana, siendo un medio con respecto al fin de la sociedad que ella gobierna, contiene esencialmente todas aquellas facultades o derechos que se precisan para que sea medio conducente a dicho fin.

Faltándole, pues, una de esas facultades o derechos, la soberanía vendría a ser inútil, y dejaría de existir, porque medio y fin son términos relativos y conexos necesariamente entre sí, de suerte que no es medio lo que no puede llevar al fin.

---

[68] Ibíd., 163-164v
[69] Ibíd., 166v-167
[70] Ibíd., 147v-148
[71] Ibíd., 166v

Pero, sea que la soberanía resida en un hombre, o en un cuerpo moral, es absolutamente imposible que el soberano desempeñe él sólo todas las atenciones que demanda el gobierno de una sociedad. Necesita, luego, asociarse ministros, con los que reparta las obligaciones de la difícil y pesada carga del gobierno. Por consiguiente, tiene derecho para elegirlos y nombrarlos.

Estos ministros, reciben del soberano una parte de su autoridad para ejercerla sobre personas y cosas sujetas a ella, y del modo prescripto por el mismo soberano.

Puesto que en la Iglesia existe una potestad soberana, ésta por lo mismo tiene el derecho, propio de toda soberanía, de elegir y nombrar sus ministros, comunicándoles más o menos autoridad, según juzgue conveniente para llenar el objeto de su divina institución.

Pero, si la potestad civil tuviese de suyo el derecho de intervenir en la elección y nombramiento que hace de sus ministros la potestad eclesiástica, o impedir a éstos el ejercicio de sus funciones, en este caso a la potestad soberana eclesiástica faltaría la independencia en el uso de uno de sus derechos esenciales, y no sería potestad soberana. Pero, como es dogma católico que ella es tal, se sigue de esto que la potestad civil no tiene, ni puede tener de suyo el derecho para intervenir en la elección y nombramiento de los referidos ministros, ni para poner obstáculos al ejercicio de sus facultades, del mismo modo que la potestad soberana civil cesaría de ser independiente y soberana, si no pudiese nombrar sus empleados sin el consentimiento o intervención de la potestad eclesiástica.

Si, pues, la potestad soberna eclesiástica tiene el derecho libre, como lo tiene todo soberano, para elegir y nombrar sus ministros, la potestad civil, que pretendiese tomar parte en las mencionadas elecciones y nombramientos, o pusiese óbice al ejercicio de las funciones eclesiásticas de dichos ministros, inferiría a aquélla una enorme injuria por impedirle el uso del propio derecho.

Con todo, la potestad civil podía intervenir a veces en las elecciones y nombramientos de los ministros de la Iglesia, presentando a clérigos idóneos para los beneficios eclesiásticos vacantes menores, y aun mayores, *pero no por derecho propio y originario*, sino por derecho adquirido únicamente por concesiones de la potestad soberana eclesiástica, y del modo que ésta determinaba; y en esto consistía principalmente lo que se llamaba derecho de patronato.

Aplicando estos principios al referido decreto del 4 de octubre, resaltaba, hasta la evidencia, la grave ofensa que con él se bahía inferido al derecho que tenía la potestad soberana de la Iglesia de nombrar libremente sus ministros.

La ofensa que con el preindicado decreto se había irrogado al sumo pontífice, era tanto más grave, cuanto que el gobierno oriental tenía la obligación por la constitución política del Estado, de proteger la religión católica, o sea sostener y defender con su autoridad tutelar, en la esfera de sus atribuciones, los dogmas y los derechos de la Iglesia Católica, a fin de que quedasen ilesos y se respetasen y acatasen por todos.

El Vicario Apostólico no tenía, además, ningún punto de semejanza con los cónsules de las naciones extranjeras, y, sin embargo, con la medida del gobierno, había sido nivelado con aquéllos, casándole el *exequátur*, como si hubiese sido necesario para el ejercicio de sus funciones eclesiásticas.

Tal procedimiento aumentaba la ofensa inferida al Sumo Pontífice, porque se había mirado como soberano extranjero, mientras que en realidad no lo era.

La Iglesia Católica, esparcida en todo el mundo, siendo una, aunque compuesta de todas las iglesias parciales, fundadas en los diversos países, no podía considerarse extranjera en ningún país. Asimismo su jefe, investido de la potestad soberana para gobernarla, no podía mirarse como extraño donde las iglesias parciales, que la componían, se hallaban establecidas.

Cerraba Marini su escrito, rogando encarecidamente al dr. Arrascaeta para que buscara el modo de hacer cesar los efectos del malhadado decreto del 4 de octubre.

Podía ser que encontrase repugnancia en dar un paso que algunos indiscretos reprobaban; pero era siempre honorífico para las personas sabias reconocer la verdad y la justicia[72].

También en esta oportunidad, el delegado se había valido de la forma confidencial para demostrar al ministro, indirectamente, la injusticia y sinrazón de las pretensiones de su gobierno de intervenir en asuntos eclesiásticos de exclusiva competencia de la Iglesia.

Por una especie de fatalidad, muy común por otra parte durante la presidencia de Berro, el dr. Enrique de Arrascaeta dejaba en junio el Ministerio de Gobierno y Relaciones Exteriores, ocupándolo el día 23 Antonio María Pérez[73].

Propuesta del ministro Pérez

Con apremio, el nuevo ministro, en dos notas confidenciales de fecha 3 y 24 de julio, esquivando poco caballerosamente toda discusión sobre los principios de derecho amplia y satisfactoriamente desarrollados por Marini, y deplorando con exageraciones el estado de la iglesia oriental, proponía el expediente de nombrar un provicario apostólico, para hacer cesar la situación afligente del vicariato[74].

El nuncio, en un informe a Roma, el 5 de setiembre escribía: "Conociendo yo el carácter de esta gente, no me ha causado ninguna maravilla la extravagante propuesta del Ministro, quien convencido del error cometido

---

[72] Ibíd., 168-171v
[73] ODDONE, Tablas..., 42-43
[74] ASV, Ibíd., 168-171v

por el Gobierno, busca todos los medios para encubrirlo y evitar la vergüenza de una derrota"[75].

En su respuesta, el arzobispo de Palmira, con el mayor sentimiento, le manifestaba que no le era posible aceptar tal expediente, porque admitiéndolo se vendría a reconocer la validez del decreto del 4 de octubre, cuando él había demostrado, hasta la evidencia, en sus dos mencionadas confidenciales, que el mismo decreto carecía de fundamento, y, además, era nulo por defecto de autoridad competente.

La única causa de la afligente situación deplorada por el ministro, había sido y seguía siendo el referido decreto, y, por consiguiente, no podía considerarse responsable de ella ni a la Santa Sede, ni a la delegación apostólica de Paraná, ni tampoco al vicario Jacinto Vera.

Siendo, pues, dicha situación exclusivamente el efecto del expresado decreto, el medio más fácil y natural para que ella cesara, era remover la causa que la había originado, y que la hacía continuar.

Concluía abrigando la esperanza de que el gobierno, con su sabiduría y prudencia, encontraría el modo de hacerlo dignamente y de que el ministro, con su valiosa cooperación, contribuiría a que la iglesia oriental recobrara cuanto antes su paz y tranquilidad, llamando así sobre su tan respetable persona las bendiciones de todo el pueblo uruguayo, eminentemente católico[76].

A la sombra de este esperanzado optimismo diplomático, el delegado abrigaba otros sentimientos; le manifestaba, pues, su verdadero pensar al card. Antonelli, al escribirle que temía con fundamento que el gobierno oriental, guiado por un falso punto de honor, no se decidiera a revocar su decreto[77].

Marini solicita instrucciones de Roma

Después de esta imponente lucha diplomática[78], en que había esgrimido sus mejores armas con paciencia y prudencia, defendiendo competentemente los derechos de la Iglesia, Marini tomaba la última decisión.

---

[75] Ibíd., 172-172v

[76] Ibíd., 178-178v

[77] Ibíd., 172v

[78] El mismo Sallaberry escribe: "La actuación del Nuncio fue brillante y más fluida que la de Don Jacinto. Pero su carácter de confidencial le quitó gran eficacia y dio todas las ventajas al Gobierno, que sin comunicar al público las contestaciones del Nuncio, las explotaba para hacer correr a su gusto y paladar todo género de rumores, **que dejaron muy mal parada la situación del Delegado Pontificio ante la opinión católica del país**" (SALLABERRY, La Personalidad..., 43).

No siendo conveniente que se retardara por más tiempo la solución de la conocida controversia, que estaba dividiendo y exasperando los ánimos cada día más, rogaba a la Secretaría de Estado se dignara darle las oportunas instrucciones, para llevar a un término decoroso aquel conflicto tan desagradable[79].

Antes de que llegasen las instrucciones solicitadas, la situación se precipitará hacia el **desenlace planeado e impuesto por los masones**, exigiendo un esfuerzo aún superior del delegado, que al fin saldrá airoso, superando incólume los múltiples escollos de una solución honrada.

El vicario Vera, **confiando quizás excesivamente en la aprobación de Roma, y en la firme actitud de Marini**, no aprovechará con todo el tacto y la diplomacia, necesarios en ese momento de alta tensión, las negociaciones previas al destierro, para imponer con altura y convicción, aun contra la tenaz oposición del iracundo Estrázulas, **una solución de compromiso**, que apaciguara las iras de los masones, suavizara el orgullo herido del presidente, superando el conflicto de la Matriz y volviendo a ejercer con la aprobación civil sus funciones de jefe de la iglesia oriental.

No se sabe en qué se basa dicho historiador para hacer parejas afirmaciones, **por cierto muy atinadas**, puesto que nunca cita la correspondencia confidencial del nuncio con el gobierno.

[79] ASV, Ibíd., 172v-173

CAPITULO VIII

Segundo decreto de octubre

Situación de la Iglesia de Montevideo según un observador anónimo

Un observador anónimo dejaba el 1° de agosto de 1862 las playas orientales, con destino a Europa. No tenía comisión alguna para hablar sobre la cuestión eclesiástica uruguaya, porque al salir de Montevideo no pensaba llegar a Roma; su intención, además, era de no volver a aquella parte de América.

Pero, al hallarse en la Ciudad Eterna, creía gravar su conciencia si no hacía algunos pasos a favor de aquella iglesia.

Dicho señor parecería hallarse en el caso de hablar con toda exactitud sobre aquella desgraciada cuestión, y su informe, sobre la *Situación crítica de la Iglesia del Uruguay*, daría la impresión de poseer los mejores fundamentos. Había estado, en efecto, unido en íntima amistad con el "dignísimo Sr. Vicario Apostólico Don Jacinto Vera"[80], había vivido algunos meses en su misma casa, comido en la misma mesa, habiendo sido honrado con su ilimitada confianza.

Con todo, las sugerencias finales, a favor de algunos miembros del clero montevideano, revelan una falta notable de imparcialidad, engendrada quizás por interés, por ingenuidad, o fácil sentimiento de admiración.

Pedía que se hiciesen protonotarios apostólicos dos o uno siquiera de los sacerdotes más ejemplares y que más se habían distinguido en la defensa de la causa de Dios. Ellos eran: el provisor Victoriano A. Conde, los hermanos Inocencio y Rafael Yéregui "ángeles custodios del Sr. Vicario, de una vida angelical y de instrucción nada común"[81], el cura de San Francisco Martín Pérez, los tres sacerdotes italianos Luis Graffigna, Luis Taddei y Juan Bautista Bollo, sacerdotes ejemplares, celosos y muy queridos por Vera.

No obstante este innegable favoritismo y los desmedidos elogios para algunos de los mencionados curas, el relato no deja de poseer elementos valiosos, desde un punto de vista crítico, para la reconstrucción del agitado ambiente.

A su paso por Paraná, con dirección a Montevideo, el mismo anónimo había sido comisionado confidencialmente por el delegado apostólico Marini, para dar algunos pasos, a fin de zanjar el diferendo.

Conservaba todavía en Roma la correspondencia con que el nuncio lo había favorecido en todo el tiempo de su permanencia en la capital oriental.

Después de esfuerzos supremos con los clérigos disidentes, había existido algún momento en que llegó a lisonjearse de un feliz resultado; pero al

---

[80] ASV, Ibíd., 175
[81] Ibíd., 177

fin pudo comprobar que, aunque no habían sido inútiles sus esfuerzos, no resultaron suficientes para inducir nuevamente a todos a retomar la senda del deber y reducirlos a la obediencia a su prelado.

Después de casi un año, el conflicto continuaba, la situación se agravaba, amenazando la ruina total de la iglesia, si no se acudía inmediatamente en ayuda de la misma.

Presentados, breve pero exactamente, los antecedentes del conflicto, se evidenciaba el singular contrasentido proveniente de la ignorancia o necesidad de reconocerse al provisor por parte del poder civil, desconociéndose al vicario de quien recibía la autoridad y las órdenes.

En algunos casos de apuro, el gobierno se dirigía oficialmente al provisor, como a cabeza de la iglesia, y éste con mucha serenidad le contestaba que tal cosa no estaba en sus atribuciones, sino en las del Vicario.

La iglesia Matriz, mientras tanto, se había convertido en un foco de rebelión y en un objeto de escándalo; el gobierno estaba sumamente interesado en conservarlo, porque sólo con ese vano aparato de culto, que sostenía en aquella iglesia, podía mantener la difícil posición en que se había colocado frente al pueblo. Este, en su gran mayoría de sentimientos católicos, no hubiera podido ver con paciencia la iglesia principal cerrada y lo hubiera obligado a volver sobre sus pasos.

A primera vista, consignaba el mismo informante –recogiendo brevemente las reflexiones y posiciones del partido de Vera-, se advertía que el Vicario debía haber suspendido en el acto a Brid y a sus colegas rebeldes.

Dado ese paso, la cuestión hubiera sido resuelta prontamente. Todavía, después de tantos meses, esa medida parecía proporcionar un arreglo infalible, porque el gobierno, no teniendo otra base para sostener su desvarío que ese núcleo de rebeldía sacerdotal, desistiría de su pretensión.

El Vicario no lo había hecho al principio, no ciertamente por falta de previsión o de energía, sino por un **exceso de prudencia y bondad.**

Malograda tan oportuna ocasión, *ya no debía hacerlo*, porque ese acto hubiera sido mirado como una venganza o un desahogo de un corazón resentido, produciendo una mayor exacerbación de los ánimos, descontando, además, que los curas rebeldes –que ya trataban irrespetuosamente al Vicario, pisoteando su autoridad- no hubieran respetado aquella disposición.

El arzobispo de Palmira afirmaba que esa resolución drástica debía tomarse, ***pero que no debía tomarla el vicario***. El tampoco podía hacer algo al respecto por falta de facultades.

La única esperanza, por consiguiente, que quedaba, era la de Roma, siendo su autoridad muy respetada y venerada en los países americanos. Sus disposiciones no podían ser miradas, aun por los más preocupados, como desahogos o venganzas, sino como medicinas saludables y medidas de salvación[82].

Todo el pueblo tenía los ojos vueltos hacia Roma, esperando un remedio, y era un pueblo que estaba amenazado de un próximo y casi inevitable cisma.

Unica solución del conflicto según el observador anónimo

En concepto del anónimo, por tanto, la solución de Vera, del clero fiel y de todo el pueblo de buen sentido, era que en el acto y sin demora alguna Roma suspendiera *in totum* a Brid y a sus compañeros de causa.

Esto era de suma necesidad, no solamente para facilitar la solución de la cuestión, sino también para poner un pronto remedio a los tantos males que estaba causando el tal escándalo.

Si parecía oportuna y justa la medida represiva, no menos conveniente se imponía una publica retribución y aprobación para los buenos. A los títulos para los sacerdotes arriba recordados, se proponía la elevación a la categoría de obispo *in partibus* del virtuoso prelado Vera[83].

Roma no aceptaría una semejante solución del problema, siendo ella, sin lugar a duda, la única que a esa altura de los acontecimientos debía decir la última palabra.

Actitud diversa en Vera y Marini

Lo mejor para Vera, como para el delegado apostólico, era esperar las instrucciones.

Este último, aun dentro de un comprensible nerviosismo por la larga espera, y, sobre todo, por lo explosivo de la situación, aguardó diplomáticamente la decisión solicitada, esforzándose en interpretar la mente de

---

[82] Estas mismas ideas eran vertidas por el capuchino Gaspare d'Alatri en su carta de fecha 16 de junio de 1862 al card. Antonelli. Decía en efecto: "Si conosce e si dice da tutto il clero, che il rimedio ormai più efficace a tanto male saria *una sospensione per ordine di Roma al ex-curato interino e suoi pochi sacerdoti aderenti* (ribelli ambiziosi e fautori degli empi bestemmiatori) *anche dalle funzioni sacerdotali*.Si dice *per ordine di Roma*, perchè havvi molta probabilità che sia più rispettato; perchè degli ordini dei Prelati di qua i detti Sacerdoti ormai si ridono, avendo già promulgato nei diari *che non si può più togliere ad essi la facoltà di celebrare essendo facoltà di ordine*, ecc., ecc.

Per le quali cose con tutta la effusione del mio cuore prego Vostra Eminenza affinchè voglia interessarsi in questo assunto così sacrosanto per un rimedio efficace" (ASV, Ibíd., 82 extra).

[83] ASV, Ibíd., 175-177v

la Secretaría de Estado en los movimientos que, previa y tácticamente, debió realizar, para no exasperar a los comisionados uruguayos.

Vera, por el contrario, interpretando según sus categorías la probable actitud de Roma, y sin esperar la palabra oficial, emprendió el camino que un año antes no se había animado a recorrer, precipitando, si bien no unilateralmente, los hechos.

Interposición de Requena

Al margen de toda oficialidad otros habían trabajado y estaban trabajando. Tanto Salvador Ximénez como el dr. Requena habían intentado el acercamiento de Mayesté con la curia.

El 22 de junio el fiscal eclesiástico, que ya poco antes había desoído no muy cortésmente el llamado de su ex amigo Marini, escabulléndose como anguila de la definición clara de su posición, le agradecía a Ximénez su interés para terminar del mejor modo posible la desagradable situación.

Lo autorizaba, además, para que pudiese manifestar a cualquiera que hasta la fecha, 22 de junio, y máxime en la cuestión que se agitaba, no había desobedecido a ningún mandato de sus superiores eclesiásticos. Estaba dispuesto, asimismo, a acatar y obedecer a los mismos en lo que podían y querían ordenarle como a sacerdote católico[84].

Con la mejor buena voluntad, Requena, después de una entrevista con el fiscal, le aseguraba que a la curia le constaban sus buenas disposiciones, pero que en lugar de un intermediario prefería tratar directamente con él[85].

Parecía, en efecto, que a Conde no le gustaban las bases de un probable entendimiento, avanzadas por la parte interesada. El primero de julio le comunicaba a Vera, que se encontraba enfermo: "Anoche hablé con el Dr. Requena sobre el asunto de Mayesté, y lo veo muy inclinado a darle un sesgo que en mi humilde opinión, y a mérito de las circunstancias no me parece prudente, por más, que merezcan toda veneración las opiniones de aquel Señor"[86].

Mayesté, retribuyéndole los buenos oficios a Requena, sentía mucho que no se procediese según lo convenido, pues el asunto era para él muy grave, y un día necesitaría un documento fehaciente de su subordinación a sus superiores eclesiásticos, para desmentir la odiosa nota de **rebelde** con que se le insultaba[87].

El problema Mayesté, central con el de Brid para la curia, quedó durmiendo, por lo menos oficialmente, hasta setiembre, resolviéndose otros concomitantes.

---

[84] Pr. O., set 17 de 1862
[85] Ibíd.
[86] AEM, va 32, c 7-6, 6312-49
[87] Pr. O., set. 17 de 1862

Medida de la curia contra Aguirreche y reacción del gobierno

Contrariamente a la convicción común, tanto de Paraná como de Montevideo, de no adoptar medidas extremas, como la suspensión para los insubordinados, porque no serían obedecidas –considerándose a más como una venganza personal de ánimos resentidos- la **curia eclesiástica mudó de parecer.**

Por miedo, quizás, a ser tildada de indulgente e incapaz, y para no representar un papel ridículo, eligió la línea dura de una acción directa contra los curas escandalosos.

El día 17 de junio se le hizo una intimación a Nicolás Aguirreche (que hacía parte del grupo de los rebeldes) para que se abstuviese de celebrar el sacrificio de la misa en la Matriz. Este continuó en su lamentable extravío. Conde, entonces, en virtud de las facultades que investía como provisor y vicario general, con fecha 20 de junio, lo declaraba suspenso en el ejercicio de todas sus órdenes, hasta que volviendo sobre sus pasos, por medio de esa medicina saludable, obtuviese de su prelado la absolución de esa censura[88].

El gobierno que, probablemente, no esperaba una tal decisión oficial de la curia en daño de uno de sus favoritos, en un acuerdo de fecha 27 de junio, explicaba que la mente del decreto que había retirado el *pase* concedido al breve de institución del vicario apostólico, *importaba una prohibición de ejercer toda y cualquiera jurisdicción eclesiástica gubernativa en la República*. Añadía que había motivos fundados para creer que se intentaba inducir a individuos del clero y otras clases a actos que, menoscabando la dignidad de la autoridad civil, perturbarían el sosiego público con grave daño de la religión y del Estado, y que era deber del gobierno evitar esos perniciosos efectos.

En virtud de todo lo cual, estaba dispuesto a mantener su anterior resolución en el sentido indicado, para que no fuera burlada por nadie ni en modo alguno[89].

Conde explica su actuación

En respuesta a la mencionada nota, Conde sentía la necesidad de decirle al ministro interino de gobierno Antonio María Pérez, que, por lo que se refería a la interpretación que el gobierno creía deber dar al retiro del *pase* concedido al breve de institución del vicario Vera, no le tocaba a él entrar en cuestión, por no estar para ello autorizado.

Respecto al otro punto: que se trataba de inducir a individuos del clero y de otras clases a actos que, menoscabando la dignidad de la autoridad civil, perturbarían el sosiego público, como la nota no precisaba quiénes eran los que

---

[88] Ibíd., jul. 3 de 1862
[89] Rev. C., jul. 3 de 1862

se hacían objeto de tamaño desacato, no podía Conde suponer, ni por un momento, que fuera la mente del gobierno dirigir a su persona aquella advertencia que, por lo demás, protestaba no corresponderle[90].

Intimación de la curia a Mayesté y su equívoco proceder

En vísperas del primer aniversario de la destitución del cura Brid, la curia manifestaba claramente, con una nota al presbítero Mayesté, su línea de acción.

Los pasos que daría la curia estaban motivados por el comportamiento de los cabecillas Brid y Mayesté. El primero, apoderado de la iglesia Matriz, titulándose cura rector de la misma, hacía hasta alarde de su impunidad; el segundo sostenía la rebelión de aquél con la habilidad, que desgraciadamente poseía, en la prédica, haciendo de la misma un lamentable y simulado uso.

Vera creyó que ni su condescendencia, ya demasiado larga, ni los "laudables esfuerzos de Monseñor Marino Marini, Delegado Apostólico", hubieran puesto un término al desagradable conflicto. Consideró, pues, un deber suyo imperioso, la aplicación de la pena de que la reprobada conducta de esos sacerdotes los hacía dignos; pensaba, además que si hubiese tardado por más tiempo, se hubiera hecho represible. Así lo reclamaba no sólo la gravedad del caso, sino también los justos reclamos de la población "sensata y verdaderamente católica", contraria a esa escandalosa impunidad[91].

"Previo el parecer de personas competentes"[92], escribía Vera, se comenzó con *los avisos y moniciones*.

Por medio de su provisor, el 10 de setiembre, Vera le comunicaba al fiscal, que lo sorprendía y extrañaba mucho la conducta irregular observada desde la destitución de Brid, enteramente opuesta a la que debía distinguir a todo sacerdote de conciencia en casos análogos.

Era ciertamente extraño, que el fiscal eclesiástico permaneciese unido por tanto tiempo a un sacerdote que desconocía las órdenes de su prelado, siendo un intruso en la iglesia Matriz. En esa iglesia ejercía sus funciones el señor fiscal.

Había más, le constaba a la vicaría que el dr. Mayesté había representado la persona y hecho las veces de aquel desgraciado sacerdote en su ausencia.

A pesar de todo esto se hallaba todavía en posesión de su empleo. Empero, era preciso que terminara ya el tiempo de la condescendencia. Se le ordenaba, por tanto, que luego de recibir la nota se separara inmediatamente del

---

[90] AEM, va 30, c 7-3, 6815-30
[91] ASV, Ibíd., 254
[92] Ibíd.

templo de la Matriz y prometiera completa abstención de prestar su cooperación a los actos insubordinados de Brid[93].

Por toda contestación, Mayesté afirmaba que jamás había desobedecido las órdenes de sus prelados, y que en consecuencia acataba y obedecía en todas sus partes el mandato superior, que *por primera vez* se le intimaba.

La premura con que debía contestar, no le permitía dar los descargos correspondientes a las inculpaciones que se le hacían, y los difería para mejor oportunidad[94].

Cuando, un mes después, las suertes estaban echadas para Vera y Conde, o sea, eran expulsados por el gobierno del país, Mayesté se dignaba, con un oportunismo desleal, justificar los cargos que se le habían hecho.

Respondiendo al primer cargo, anotaba que hacía más de un año que Conde había podido y debido evitar el supuesto escándalo, pues hacía más de un año que debía abrigar la seguridad de ser obedecido, del mismo modo que lo había hecho al separarse del templo de la Matriz.

Conde había llamado su conducta irregular, pero esa irregularidad la había provocado la irregular conducta que desde un principio se había guardado con él; al llamar, en efecto, a todos los curas de campaña y demás del clero, no se había dignado hacerle la más ligera insinuación "ni como fiscal eclesiástico... ni como sacerdote"[95].

¿Qué le restaba hacer en ese caso? Retirarse al rincón de sus estudios, atendiendo únicamente a los asuntos de fiscalía cómo y cuándo se hubiera querido ocuparlo.

Cualquiera hubiera comprendido que existía alguna fuerte prevención contra él por parte de sus superiores[96].

La citada intervención de la curia estaba siendo mal interpretada por los liberales de la capital.

Le interesaba mucho, por tanto, a Mayesté que se desmintiera en *La Prensa Oriental* "la idea o especie calumniosa"[97], que se estaba propalando, para poner la verdad en su lugar.

Le escribía al redactor de dicho periódico, Isidoro De María, que era falso, falsísimo que hubiera solicitado, ni mucho menos echado empeño de ninguna clase para que la curia le pasara la nota ordenándole la separación de la iglesia Matriz[98].

---

[93] Pr. O., set. 16 de 1862
[94] Ibíd.
[95] Ibíd., oct. 7 de 1862
[96] Ibíd.
[97] Ibíd., set. 13 de 1862
[98] Ibíd.

Con la primera maniobra el ex jesuita quería justificarse frente a la curia, y con la segunda frente a los masones. Los dirigentes eclesiásticos ya no necesitaban muchos otros elementos para comprender el proceder del fiscal[99].

Pedido del gobierno y explicación de Conde

Era de suponerse, que el gobierno pediría a Conde por orden de quién había dictado la resolución que afectaba a Mayesté.

El provisor, aclarando una vez más su posición, le repetía que no ejercía ni había podido ejercer acto alguno, desde que había sido expedido el decreto gubernativo del 4 de octubre de 1861, "empezando por el primer acuse de recibo de la nota en que se le comunicó aquella medida, sin previa delegación expresa, para cada uno de ellos, del Revmo. Sr. Vicario Apostólico"[100]. De su autoridad, en efecto, dependía inmediatamente, porque era de él de quien dimanaba su investidura eclesiástica, de él de quien la había recibido y a propuesta de él de quien el Gobierno mismo la había aceptado y reconocido.

En el caso de Mayesté la curia procedía con plena delegación y autoridad de su prelado, como lo estaba haciendo en el esclarecimiento de un delito grave, cometido por un sacerdote a petición del Gobierno. Este por el hecho reconocía la jurisdicción gubernativa eclesiástica, del provisor, y en el caso de la intimación hecha al dr. Mayesté, parecía negarla.

No dejaba de causar gran sorpresa en Conde, que el Gobierno pretendiera desconocer su autoridad en tales o cuales casos, mientras que en otros, esencialmente jurisdiccionales, se pretendía estorbar la acción de la curia[101].

---

[99] En una carta a mons. Marini, Requena daba su interpretación al proceder de Mayesté. "El Señor Mayesté, escribía el 16 de setiembre- ha hecho su papel como verá V. S. I. en *La República*. Me parece que ha empeorado su situación para con la autoridad de la Iglesia.

Va un número de *La Reforma* en el que el Señor Mayesté, pretendiendo probar que no solicitó de la curia orden para separarse de la Matriz, prueba lo contrario por confesión propia y la resistencia de la Curia provenía de que observaba con razón, que los demás sacerdotes no habían necesitado orden para colocarse del lado del prelado" (AyB pba, Ibíd.).

Gaspare d'Alatri afirmaba: "Perciò, reso prima consapevole il Sig. Governo (il quale non era necessario) della sua nuova risoluzione, scrisse paternalmente a Brid ex curato y Mayesté suo primo compagno, affinchè volessero ripentirsi e porre rimedio a tanto male. A ciò Mayesté *come più astuto* finse d'arrendersi, uscì dalla Chiesa Matrice ed evitò la sospensione per allora" (ASV, ibíd., 257-258).

[100] Pr. O., set. 16 de 1862
[101] Ibíd.

Llamado de Vera al cura Brid

El mismo Vicario Vera, el día 11 de setiembre, se dirigía privadamente al cura Brid llamándolo a una reflexión templada sobre algunas ideas.

La más fundamental era que se acordara que era sacerdote, que no olvidara la alta misión anexa a un tan sagrado carácter y los serios compromisos contraídos al recibirla.

Otra sobre la que lo invitaba a reflexionar, escuchando únicamente su conciencia, era **la transitoriedad de las cosas de este mundo**. No debía equivocarse Brid, porque los tiempos pasaban y las personas con ellos. **Un momento sucedía a otro y cada uno iría a su casa, y sonaría la hora de la soledad**.

Si no le satisfacía a Brid lo dicho, podía ir a la casa de Vera, en donde sería bien recibido y encontraría un consuelo, que descansaba en mejores y más sólidas bases, que todas aquellas que le prodigaban los que se llamaban sus amigos y le aplaudían[102].

Intimación de la curia a Brid y su pertinacia

Resultados inútiles los consejos y persuasiones para que Brid, en un momento de reflexión y sensatez, volviera sobre sus pasos restableciéndose en la órbita de sus deberes[103], la curia comunicaba oficialmente al clero y a los fieles la resolución tomada el 12 de setiembre.

Se intimaba al presbítero Juan José Brid, por esa sola vez, la entrega en el día de las llaves de la iglesia Matriz en manos del Vicario, bajo las penas que hubiese lugar en derecho.

Brid, en lugar de entregar las llaves a su superior eclesiástico que se las exigía, las remitía al Ministro de Relaciones Exteriores, calificando la disposición del provisor de injusta y arbitraria. Le pedía se sirviese revocarla "por contrario imperio", reponiéndolo en todos los derechos que por ella se lo despojaba, porque, de lo contrario, se hacía fuerza en conocer y proceder, y en el modo de conocer y proceder se vería en el caso de deducir los recursos que las leyes le acordaban ante la autoridad correspondiente[104].

El presbítero Brid de esta manera, desoía una vez más la voz de la curia con la misma terca persistencia con la que durante un año se le había visto cometer todo género de actos de insubordinación a sus superiores eclesiásticos.

---

[102] Ibíd.

[103] "L'altro [Brid] poi – escribía el ya citado capuchino Gaspare, el 13 de octubre de 1862- si burlò dell'invito paterno del suo prelato, e ne fece oggetto di risa nelle sue socievoli conversación" (ASV, Ibíd., 258).

[104] Pr. O., set. 19 de 1862

Su conducta era verdaderamente muy extraña y culpable en presencia del lamentable estado de la iglesia mayor de la República.

Suspensión de Brid en el ejercicio de todas sus órdenes

Desde el momento que la curia, sin menoscabo de su autoridad no podía ya llevar adelante su espíritu de mansedumbre y tolerancia sin consentir al mismo tiempo en el desprestigio de la posición de la Iglesia, el 13 de setiembre dictaba la providencia extrema: **se declaraba a Brid suspenso en el ejercicio de todas sus órdenes** hasta que, volviendo sobre sus pasos por medio de esa medida saludable, consiguiese de su prelado la absolución.

El provisor, al comunicar tales resoluciones al clero y fieles de la República, se hacía igualmente un deber en anunciarles que la curia estaba dispuesta a poner del mismo modo a cualquier sacerdote que sin la competente autorización, se atreviese a regentear la mencionada iglesia[105].

Reacción del gobierno y conferencias de doctores

En la misma fecha el presidente, tomando su medida, le ordenaba al Ministro de Gobierno que remitiese al cura Brid las llaves de la parroquia, a fin de que abriendo el día siguiente, domingo, las puertas del templo pudiese proceder al cumplimiento de sus deberes como párroco[106].

Alarmado el gobierno por la actitud asumida por la curia eclesiástica, tentó primero contener sus procedimientos con amenazas, las que fueron rechazadas con energía por Vera[107].

Al mismo tiempo se efectuaron por orden del poder civil dos conferencias de ocho doctores, seis de los cuales, como era voz común, pertenecían a la sociedad masónica[108].

Un participante, el dr. Requena, manifestaba que en ellas habían sido informados de la correspondencia entre Marini y el ministerio de gobierno, leyéndose toda, hasta la de primero de setiembre.

No obstante que el delegado se hubiese negado, en su última, al nombramiento de un provicario interino, fundándose en sólidas razones y que Requena le observase al ministro la imposibilidad de arreglar el asunto de otro modo que entendiéndose con el Vicario, éste le presentó su argumento. Le explicó que le había llamado la atención la prescindencia que Marini hacía en su

---

[105] Ibíd., set. 16 de 1862
[106] Ibíd., set. 19 de 1862
[107] ASV, Ibíd., 254
[108] Ibíd., 232v

correspondencia respecto a Vera, a quien no defendía. De eso deducía que, separando de su cargo a Vera, hubiera sido más fácil conseguir de Paraná un provicario interino.

El jurisconsulto católico anotaba que estaban muy equivocados los señores del gobierno, pues tal medida extrema con el Vicario hubiera causado mayor desagrado en el delegado y hubiera vigorizado las razones indicadas en la citada correspondencia confidencial.

En las reuniones de los doctores prevaleció la idea de que el Gobierno sometiera el asunto al tribunal pleno de justicia, que suplía a la Alta Corte. El día 16 se remitieron al mismo algunos antecedentes, a saber, los que interesaban a las miras de los que acriminaban a la curia y que tomaban como punto de partida el decreto del 4 de octubre.

Entre dichos documentos iba también una copia de la diligencia del juramento prestado por el Vicario antes de asumir el ejercicio de la vicaría apostólica, por el que había prometido respetar el patronato con arreglo a la ley de Indias. A ese juramento, como se decía, había faltado, porque el provisor estaba invocando órdenes del vicario apostólico.

La nota del gobierno al tribunal, manifestaba la disposición del primero en emplear medidas extremas. El proceder de la curia se calificaba en los términos más duros, pero se prescindía, por supuesto, del verdadero origen de la situación[109]

Arreglos solicitados por el gobierno

El gobierno, aparentando desistimiento de su violencia, empezó a solicitar arreglos[110].

El día 18 de setiembre quedaba organizado el nuevo ministerio y el dr. Juan P. Caravia, hermano del canonista Bernabé, ocupaba el de gobierno.

Esta circunstancia, según Requena, sería favorable, pues ese señor había hablado con el Vicario Vera, significándole que reconocía el derecho de la curia en la remoción de los curas interinos.

El coronel Moreno, persona muy allegada al dr. Caravia por relaciones de política y de amistad, el día 17 había ido a la casa del Vicario, para conocer sus ideas sobre un posible arreglo. Vera le había asegurado su completa buena voluntad, con tal que no se le exigiese la reposición de Brid. Moreno le dijo que se prescindiría de eso.

Al retirarse de la habitación del prelado, daba como muy probable un arreglo.

El Vicario Vera, aunque muy deseoso de un arreglo honorífico que salvara los derechos y prerrogativas de la Iglesia, no parecía dispuesto a acceder,

---

[109] AyB pba, Ibíd.
[110] ASV, Ibíd., 254

como lo estaba al principio, a la exigencia del poder ejecutivo de tener intervención en la destitución de los curas interinos.

Relativamente a este punto, el Vicario no se veía autorizado para comprometer de ese modo la potestad de la Iglesia, máxime después de haber aprobado Pío IX su conducta, y después de la discusión sostenida por la delegación de Paraná con el gobierno oriental.

Pero, si aquella exigencia hubiese podido abrir la puerta de un arreglo ¿no hubiera sido prudente atenderla?

Así opinaba Requena que, echando una mirada al pasado, recordaba que José Benito Lamas, consultaba confidencialmente al gobierno cuando trataba de remover algún cura. Vera no hubiera hecho ninguna novedad asintiendo a la continuación de esa práctica. Dependía del modo en que se acordara. En Chile se había restablecido la *ley de concordia* que autorizaba la separación de los curas colados por acuerdo entre el prelado y el gobierno.

"El asunto es de exclusiva responsabilidad del Sr. Vera –le comunicaba Requena a Marini con fecha 18 de setiembre- y debemos respetar sus resoluciones"[111].

Rigidez del vicario

El vicario, más que fundarse ciegamente en la aprobación escueta de Roma, que no le cerraba el camino a las negociaciones, y en la discusión de Marini con el gobierno, **hubiera obrado más acertadamente atendiendo a los consejos del jurisconsulto de su confianza**. En el caso de quedar perplejo hubiera podido dirigirse, en busca de soluciones, al delegado que, con mucha probabilidad, le hubiera desaconsejado, por ser ya demasiado tarde, la acción emprendida contra Mayesté y Brid, exhortándolo, además, a no precipitar los acontecimientos.

Este parecería ser indirectamente el sentido fundamental de la carta de Marini, escrita el 30 de setiembre. Muy seguramente dicha comunicación llegó después del segundo decreto de octubre, cuando ya la partida estaba, por el momento, irremediablemente perdida.

Marini, al agradecerle a Requena la remisión de los periódicos *La República* y *La Revista Católica* por los importantes artículos que contenían, mucho más le agradecía su decidido y fuerte empeño para que la referida cuestión tuviese un desenlace satisfactorio y favorable a la Iglesia.

Le rogaba, luego, encarecidamente que continuara sosteniendo con igual tesón los derechos y prerrogativas de ésta. **Indirectamente aprobaba así la solución de compromiso y moderada, apuntada en la carta del 18 de setiembre del esforzado Requena**.

Se abstenía, sin embargo, de indicarle el camino que se debía seguir para llegar al término deseado, porque de lejos no podía valorar todas las

---

[111] AyB pba, Ibíd.

circunstancias que podían contribuir a ello. Confiaba, más bien, en su religiosidad y sabiduría práctica.

Sólo le agregaba que la reposición de Brid, pretendida por algunos, le parecía absolutamente imposible. Creía que, si el gobierno hubiese tenido presente su completa derrota en el terreno del derecho, se hubiera apresurado a cortar de una vez una cuestión que no le hacía ningún honor, y que tenía en alarma a toda la población católica[112].

Vera, en las bases (cinco proyectos de solución) repetidas veces variadas con cambio de palabras, pero siempre con una misma pretensión, según su punto de vista, veía una sola cosa: **el gobierno procuraba encadenar a la Iglesia y alterar sus leyes generales**[113].

Fundamento del tercer proyecto de solución

En la introducción del tercer proyecto (estudiando únicamente las partes más significativas de estos documentos) se desarrollaba con bastante claridad, la posición tradicional observada en las cuestiones eclesiásticas por ambas autoridades en los años anteriores.

Los precedentes invocados por la autoridad temporal –se insistía– constituían cuando menos **derecho no escrito**, que hacía necesario el recíproco concurso de ambas autoridades, la civil y la eclesiástica, tanto en el nombramiento como en la remoción de los curas. Uno y otro hecho, pues, se relacionaban con la administración pública y con la iglesia.

Así como podía haber causas puramente eclesiásticas para la remoción, podía haberlas puramente políticas y administrativas; esto mismo indicaba la reconocida conveniencia de la aplicación del **principio de la *doble intervención*, aun cuando no se invocase sino el derecho no escrito.**

En los casos de conflicto o desacuerdo de ambas autoridades para un nombramiento, lo mismo que para una remoción, no había mengua para la autoridad eclesiástica en ceder a la exigencia de la autoridad política, no tratándose de puntos de dogma.

Tal era el espíritu de la Iglesia de Jesucristo, que debía concurrir siempre a la conservación del orden y tranquilidad en la sociedad civil. En ésta no podían imperar a la vez y con igual fuerza las decisiones de ambas autoridades, porque eso suponía en ambas los medios para llevar a efecto sus voluntades, lo que importaba sancionar como derecho la guerra civil.

Por consiguiente, no había otro medio para conservar el orden y la tranquilidad, que el de dejar hacer a la autoridad política, cuya obediencia obligaba a todos indistintamente[114].

---

[112] Ibíd.
[113] ASV, Ibíd., 254
[114] AMRE, da, c 12

La lección impartida por Marini en sus notas confidenciales sobre la naturaleza de la Iglesia, su autoridad, soberanía y autonomía, no había llegado a hacer mella en la mentalidad oriental, que partiendo de falsos conceptos y de un fundamento errado, concluía supeditando totalmente la Iglesia al Estado, **teniendo razón Vera cuando afirmaba que se procuraba encadenar a la Iglesia.**

Prescindiendo de tales premisas, parecía aceptable la conclusión o la determinación en la que se establecía: "Persuadidas ambas autoridades de la sinceridad y buena fe de sus respectivos procedimientos, queda acordado, salvo aprobación especial posterior por S.E. el Presidente de la República, que en todo lo relativo a los negocios eclesiásticos sobre **remoción de curas, quedan repuestas las cosas al estado que tenían antes del 11 de setiembre de 1861**, en que se intimó al Cura Rector de la Iglesia Matriz, cuyo cese y suspensión posterior se dejan sin efecto"[115].

Por consiguiente, quedaba también sin efecto el decreto gubernativo del 4 de octubre del mismo año.

Ambas autoridades confiando en los recíprocos sentimientos de piedad, de religión, y de civismo que se reconocían, procederían bajo la divina protección e inspiración a entenderse para los procedimientos posteriores[116].

Si en estos procedimientos posteriores se incluía la destitución no oficial de Brid, el arreglo podía tener sus efectos.

Cuarto y quinto proyecto de solución

Después del cuarto proyecto del gobierno, en el que se volvía a afirmar que la autoridad gubernativa se hallaba en posesión del derecho no escrito de intervenir en el nombramiento y separación de los curas, sin hacerse calificación de éstos (art. 1), y que el vicario apostólico no había tenido la intención de atacar ni contrariar el derecho de patronato que había jurado respetar (art. 3), Vera y el coronel Moreno, mediador éste entre el prelado y el ministro de gobierno, presentaron unas bases que se sustanciarán en el quinto y último proyecto[117]. Sus puntos firmes eran: la erección de una nueva parroquia

---

[115] Ibíd.
[116] Ibíd.
[117] Proyecto n. 5: "El Exmo. Gobierno y el Vicario Apostólico, animados del deseo de poner término al conflicto actual, con la brevedad que exigen los intereses de la Iglesia y el Estado, convienen en las siguientes bases:

1° Se remite al acuerdo que celebre el Superior Gobierno con la Corte Romana o con el Nuncio Apostólico el punto de intervención que el Poder Ejecutivo pretende en la destitución de los curas interinos.

en Montevideo, dividiendo en dos la de la Matriz; la intervención del gobierno en el nombramiento de los párrocos interinos, reservándose a la Santa Sede determinar, de acuerdo con el mismo gobierno, cómo éste debía intervenir también en la destitución de los mismos, y, finalmente, la derogación del decreto del 4 de octubre, y de las otras disposiciones relativas.

Cerrada oposición del ministro Estrázulas

Este proyecto, quizás, no hubiese encontrado mucha oposición, si el consejo de gobierno no hubiese sido integrado por Jaime Estrázulas, que desde el 18 de setiembre desempeñaba el cargo de Ministro de Relaciones Exteriores[118].

Este señor, adversario obstinado de Jacinto Vera, y amigo y consejero influyente, aunque irresponsable, de los hombres violentos –cuya ambición y energía había hecho lo posible desde hacía muchos años para agriar el partido colorado y a sus aliados, los políticos unitarios de Buenos Aires-[119], en una entrevista tenida con Maillefer, le había comunicado su proyecto de arreglo (probablemente el cuarto u otro muy semejante) y las conversaciones negativas habidas con el prelado.

Le había revelado, además, que si Vera se resistía, el gobierno estaba decidido a condenarlo al destierro e intimar al delegado del Papa, Mons. Marini a que proveyera la vacante de la sede.

2° El Prelado continuará observando la práctica que da intervención al Poder Ejecutivo en la provisión de los curas interinos, hasta que puedan instituirse canónicamente con el concurso de ambas potestades, los curas colados y permanentes.

3° El Prelado declara su decisión de proceder con arreglo al juramento que ha prestado a su recepción.

4° El Superior Gobierno deroga los decretos y disposiciones gubernativas decretadas con posterioridad al 11 de setiembre de 1861 y en su consecuencia el Vicario Apostólico reasume el ejercicio en su autoridad con arreglo a las cartas ejecutoriales, etc.

5° El Curato de la Parroquia de la Matriz queda dividido en dos, con la denominación de Sur y Norte, los cuales serán provistos de común acuerdo entre el Prelado y el Poder Ejecutivo" (AMRE, da, c 12).

[118] ODDONE, Tablas…, 43
[119] In. d., Ibíd., 381

Con toda la reserva conveniente, el representante francés había creído de su deber mostrar "al Ministro novicio los peligros de una tal conducta"[120].

¿Qué iba a probar el destierro del Vicario, sino que los masones tenían por el momento la fuerza? ¿Cómo pacificaría a la iglesia oriental ese golpe de autoridad, si el cura senador Brid, revocado y además suspenso, era el único sacerdote, con algún otro ya nombrado, que diese razón a Berro contra las autoridades católicas, incluso la Santa Sede? ¿Era prudente y oportuno desatar en el interior una tempestad religiosa, en momentos en que el gobierno y el partido blanco esperaban un ataque exterior?[121]

Cegado el ministro Estrázulas por su pasión partidaria y sectaria, no entendió razones. Al comunicársele el quinto proyecto, volvió en su respuesta a insistir, con su acostumbrada pertinacia, que el gobierno se hallaba en posesión del derecho de intervención en la destitución de los párrocos interinos, y pretendió que las cosas volviesen al estado en que se encontraban antes del mencionado decreto; a saber, que la parroquia de la Matriz se restituyese a Brid[122].

Ultimátum del gobierno a los dirigentes eclesiásticos

Vera manifestó que no tenía autoridad para hacer concesiones en una materia que no era de su jurisdicción. "Esta fundada negativa se calificó de capricho, tenacidad, llamándose efecto de influencias extrañas y mal intencionados consejos"[123].

A esta altura de los acontecimientos volvieron las amenazas, y el 6 de octubre el ministerio de gobierno presentaba una especie de **ultimátum** a los señores Vera y Conde.

En presencia de los ministros del poder ejecutivo, encabezados por Jaime Estrázulas, los referidos eclesiásticos debían expresar clara y categóricamente, si respetaban y acataban como debían el decreto gubernativo del 4 de octubre de 1861; si se obligaban y comprometían sin la menor restricción mental a abstenerse de ejercer acto alguno espiritual y temporal; como indebidamente lo habían practicado después del mencionado decreto, *"en el carácter que antes tenían y del cual estaban suspensos en cuanto al ejercicio,* como Vicario Apostólico el primero, como Provisor el segundo, permaneciendo como simples Sacerdotes particulares"[124]; o si preferían mejor salir del país por un

---

[120] Ibíd., 382
[121] Ibíd., 381-382
[122] ASV, Ibíd., 233
[123] Ibíd., 254-254v
[124] Ibíd., 234-234v

tiempo, hasta que se arreglaran las dificultades existentes con Su Santidad, o con quien hiciera sus veces.

Vera contestó primero, que mientras permaneciera en el territorio de la República, que consideraba de su jurisdicción, continuaría ejerciendo las facultades de que se creía investido. En cuanto a dejar voluntariamente el país, no lo haría, aunque tal fuera su voluntad, porque no podía hacerlo y sólo ordenándoselo el gobierno lo efectuaría.

El presbítero Victoriano A. Conde se adhería en todas sus partes a lo expresado por el vicario[125].

Vera, que no era un negociador sagaz ni un diplomático paciente, fiel a sus principios y a sus modelos favoritos (Osio, obispo de Córdoba, Ambrosio, obispo de Milán, y Pío IX) prefirió el choque frontal al compromiso.

Sin innovar nada, como en el caso del entierro de Jakobsen con la secularización de los cementerios, **hubiera podido volver a la situación anterior** y esperar con paciencia las resoluciones de Roma, evitando así el destierro. De obrar así, muy probablemente, Marini hubiera sido orgulloso de él.

Pero, desgraciadamente, esto no estaba ni en la naturaleza de las cosas ni en el destino del Vicario de Montevideo.

Extrañamiento *de Vera y Conde por decreto del 7 de octubre de 1862*

En presencia de todos los antecedentes del caso y atento lo expuesto e indicado por el tribunal superior de justicia, constituido en Alta Corte, después de oír el dictamen del fiscal, el ministerio de gobierno **el 7 de octubre de 1862** expedía un decreto, cuya amplia introducción justificativa era calificada por Marini como "un amasijo de sofismas y absurdidades", en el que se acordaba:

"Art. 1° Intímese y hagan cumplir a los Presbíteros D. Jacinto Vera y Dr. D. Victoriano A. Conde, la salida por mar del territorio de la República en el preciso término de tres días, conciliándose la severidad necesaria de esta medida con los miramientos debidos a su carácter sacerdotal.

Art. 2° Nómbrase Gobernador Eclesiástico provisorio de la Iglesia Nacional en todo el territorio de la República Oriental del Uruguay al Sr. Presbítero D. Juan Domingo Fernández, el cual queda desde esta fecha presentado a la Curia Romana en calidad de Vicario, para que mientras llegan las confirmaciones de Su Santidad o de quien sus veces hiciera, rija y gobierne la dicha Iglesia en lo espiritual y temporal con arreglo a los Cánones y a las Leyes, previa prestación del juramento sobre Patronato que designa expresamente la ley 1, título 7, libro 2 de R. de I.

---

[125] Ibiid., 234-235

Art. 3° Viniendo a tener el Gobernador Eclesiástico provisorio, el carácter legal de Jefe de la Iglesia, asígnasele el sueldo correspondiente al Vicario Apostólico suspenso tal como está señalado en el presupuesto.

Art. 4° Encárgase a todos los Curas y Sacerdotes que residen o puedan residir después en la República, que obedezcan y acaten la autoridad del enunciado Gobernador Eclesiástico provisorio, a quien si lo requiriese prestará el Gobierno el auxilio necesario para el mantenimiento de su autoridad.

Art. 5° Los Ministros Secretarios de Estado en los departamentos de Relaciones Exteriores y de Gobierno, quedan encargados de la ejecución del presente decreto en la parte que a cada uno corresponda.

Art. 6° Comuníquese, publíquese, y dése al libro competente. BERRO, Jaime Estrázulas, Juan P. Caravia, Joaquín T. Egaña, Plácido Laguna"[126].

La **segunda revolución de octubre** estaba consumada, y los **masones** habían finalmente triunfado en Montevideo.

El presidente Berro, por tanto, arrastrado por el iracundo ministro Estrázulas, y adoptando el parecer de la suprema corte de justicia, había intimado el destierro.

En el decreto se nombraba gobernador eclesiástico provisorio —como relataba Marini—[127] al anciano sacerdote Juan Domingo Fernández, quien aceptó el nombramiento.

Suspensión del fiscal Mayesté y precipitación de los acontecimientos

El mismo día 7, el Dr. Mayesté, que tenía conocimiento del próximo extrañamiento del vicario y que desde hacía tiempo ansiaba ser él, vicario apostólico, escribía públicamente en los diarios del país una carta insolente a la curia eclesiástica, tratándola de injusta y pidiéndole satisfacciones.

El ya condenado al destierro, provisor y vicario general, se veía en la precisión, frente a la actitud del ex jesuita, considerada como un verdadero atentado a los respetos que un inferior debía a sus superiores, de retirarle el nombramiento de fiscal eclesiástico, declarándolo suspenso *a divinis*[128].

Violenta reacción del gobierno e inmediata expulsión de Vera y Conde

Apenas fulminada la censura, el presidente, inducido por los masones sumamente encolerizados[129], respondía con una medida tajante, impartiendo

---

[126] Ibíd., 237-237v
[127] Ibíd., 240-240v
[128] Ibíd., 238-238v
[129] Ibíd., 241

órdenes al jefe político para que bajo la más severa responsabilidad procediese a efectuar, sin pérdida de tiempo, el extrañamiento acordado.

Previniendo cualquiera reunión del clero en la casa de los Presbíteros Vera y Conde, debía conducirlos, con los miramientos debidos, hasta a bordo de alguno de los paquetes que salían en el día para Buenos Aires, destino elegido por los interesados[130].

Las prohibiciones por parte de la policía, no impidieron que una muchedumbre acudiese a la voz que se había difundido como un rayo.

Entre suspiros interrumpidos y cálidas lágrimas –relataba emocionado un testigo ocular-, se los acompañó, con peligro también de la vida por la agitación del mar y por la lluvia torrencial mezclada a granizo, hasta el vapor llamado *Salto*.

A las seis postmeridianas salía del puerto el buque llevando consigo el corazón de Montevideo y de toda la República[131].

El Vicario Apostólico, que partía hacia el destierro, dejaba en la capital oriental una autoridad y un prestigio magnificados por la persecución, que le confería una aureola mayor que todos los mandatos, las seducciones o las amenazas[132].

Esta última impresión del representante francés era fruto, quizás, del momento, pero tenía un gran fondo de verdad.

Protesta de Marini al Ministro de Relaciones Exteriores

El delegado no había podido quedar indiferente frente a la atroz violencia cometida por el Gobierno de Montevideo, y había enviado una protesta enérgica al Ministro de Relaciones Exteriores, en la que rechazaba los falsos fundamentos del decreto de extrañamiento.

Sin detenerse en el examen del falso concepto que del derecho de patronato se había formado el gobierno de la República Oriental, en la suposición de que lo tuviese –concepto que alterando la naturaleza y constitución de la Iglesia, le quitaba su libertad e independencia, sujetándola al poder civil-, el delegado expresaba el profundo sentimiento que le había producido el referido decreto. El dolor aumentaba si se consideraba no sólo la atrocidad enorme que se acababa de cometer en la persona del Vicario y de su Provisor, contra todas las leyes civiles y canónicas, sino también las funestas consecuencias que originaría aquella decisión.

Era sumamente doloroso que un Estado católico hubiese acusado, perseguido y finalmente desterrado a dos sacerdotes respetables tan sólo por haber cumplido con sus sagrados deberes.

---

[130] Ibíd., 238v-239
[131] Ibíd., 260
[132] In. d., Ibíd., 385

Era igualmente doloroso que el gobierno hubiese caído en el error de creer que el vicariato había quedado vacante por el mero hecho de haber sido desterrado Vera.

El gobernador nombrado no tenía ninguna jurisdicción, porque no la había recibido de ninguno de los que sólo podían comunicársela.

Los obstáculos puestos por el Gobierno al que la ejercía legítimamente habían colocado a la Iglesia en la más difícil y lamentable situación.

En vista de la enorme injuria inferida a la Santa Sede en las personas de Vera y Conde, Marini protestaba en nombre de la Iglesia no sólo contra el decreto último, sino también contra el otro del 4 de octubre, y declaraba del modo más solemne que el nombramiento del gobernador eclesiástico provisorio que se había hecho, era del todo nulo, siendo nulos los actos de la jurisdicción eclesiástica que pudiese ejercer.

El único responsable de todos los males que padecería la iglesia oriental sería el autor de los mismos decretos[133].

Carta de Marini al pseudo gobernador Fernández

Al **pseudo** gobernador Fernández, **el delegado sumamente irritado**, le comunicaba que debía conocer que el vicariato uruguayo no había podido quedar vacante por el mero hecho de haber sido desterrado Vera. Aceptando dicho nombramiento **no sería sino un intruso y del número de aquellos que no entran por la puerta, sino por la ventana.**

¿Quién le había comunicado esa jurisdicción eclesiástica que pretendía ejercer? Ninguno de los que podían comunicársela. ¿No había considerado que aceptando su irregular nombramiento habría puesto a la iglesia en mayores conflictos?

Marini lo invitaba a arrepentirse del escándalo causado, a volver al buen camino y a procurar por todos los medios posibles que desapareciese el borrón con que había manchado el último período de su vida[134].

A pesar de estos reproches, Marini con su acostumbrado tino, pensaba que ni el gobierno haría caso de su protesta, ni el sacerdote Fernández de su carta[135].

Resoluciones de Vera antes de salir de Montevideo

El vicario, antes de salir de Montevideo, había proveído de la mejor manera posible a las necesidades espirituales de sus fieles[136]. No habiendo sido

---

[133] ASV, Ibíd., 249-250v
[134] Ibíd., 251-251v
[135] Ibíd., 141v
[136] Ibíd.

permitido por el gobierno delegación alguna pública, fueron encargados secretamente algunos sacerdotes[137].

Gracias a la cercanía, además, y a la facilidad de las comunicaciones, el propio Vera, según las ocurrencias, podría atender desde su destierro a las necesidades comunes y a las particulares.

En el momento en que se le había intimado el extrañamiento, había protestado contra la violencia, **declarando en entredicho la iglesia Matriz**, "fundado en hallarse dicha iglesia arrebatada a la jurisdicción eclesiástica, y apoderado de ella el Poder civil"[138].

Disculpa de Marini

Algunos habían querido atribuir a Marini el infausto éxito que había tenido la controversia; afirmaban, en efecto, que hubiera podido buscar y hallar el medio para resolverla pacíficamente.

Al disculparse, el delegado aclaraba que debía suponerse que tales individuos ignoraban cuanto había hecho con ese fin, y que ignoraban, además, las pretensiones del gobierno. Quería éste que se removiera al Vicario, nombrando otro en su lugar, o quedando suspendido Vera de sus funciones en virtud del decreto del 4 de octubre, que se nombrara un provisorio para discutir luego los principios de derecho.

El no estaba autorizado para ninguna de las dos cosas, y aunque lo hubiese sido, confesaba que jamás se hubiera determinado a hacer uso de aquella autoridad, porque jamás hubiera podido determinarse a sacrificar los intereses de la Iglesia **a los caprichos de un mal gobernante y a las perversas miras de los enemigos implacables de la misma**.

Suplicaba a Roma que se dignara indicarle el camino a seguir en ese asunto que era de la máxima importancia y al mismo tiempo tan escabroso[139].

El delegado, no obstante su firme posición en defensa de Vera, en presencia de las nuevas circunstancias, muy lamentables por cierto, sin sacrificar los derechos y prerrogativas de la Iglesia, **buscará por las vías diplomáticas, la solución del conflicto**.

---

[137] Ibíd., 254v
[138] Ibíd.
[139] Ibíd., 141v-142v

CAPITOLO IX

El gobernador Fernández y envío de la misión Castellanos

1. El gobernador Fernández

Sentimiento general

La tropelía cometida el 8 de octubre por el gobierno con una "inconcebible arbitrariedad", causó una sorpresa y un sentimiento general; **al día siguiente la indignación se notaba en todos**, no sólo en los buenos, sino aun en los indiferentes[140], y la ciudad parecía haber asumido el aspecto de una casa en luto[141].

Desde San Nicolás de los Arroyos, el presbítero José García de Zúñiga, resumiendo inconscientemente una manera de pensar bastante generalizada, le escribía a Vera: "Si bien lamento este suceso por los males que sobrevinieron a los fieles, no he podido menos, que exclamar al saber la noticia ¡me alegro! ¡viva Vera! Sí, mi amigo, me alegro, porque comprendan los pueblos que existe en nosotros todavía el espíritu y fortaleza de los mártires, y que no las riquezas, no los honores, nos arrastran a hacernos gusanos degradados de los déspotas mandones.

Este ejemplo va a servir de estímulo a los demás hermanos nuestros, lo que debe consolarle mucho"[142].

Juramento de Juan Domingo Fernández

El segundo decreto de octubre **"pura harina de los masones"**, fue conocido por la población sólo el día 10, al prestar Juan Domingo Fernández el juramento de rito en el Fuerte, acompañado sólo de Brid[143].

El ministro de gobierno, Juan P. Caravia, el 9 le había comunicado el nombramiento que le había sido conferido por el poder ejecutivo, de gobernador eclesiástico provisorio de la iglesia nacional, mientras llegasen las confirmaciones de Su Santidad.

Fernández, en contestación, le agradecía la distinción y le aseguraba que concurriría a las dos de la tarde del día siguiente a prestar el juramento de estilo en la casa de gobierno[144].

---

[140] AEM, va 27, c 6-15, 6862-46
[141] ASV, Ibíd., 262
[142] AEM, va 30, c 7-2, 6817-15
[143] Ibíd., c 7-3, 6815-45
[144] AGN, mg, c 1146

Ya con anterioridad se sospechaba que el gobernador intruso sería el **"estólido Fernández"**.

Protesta del clero

En previsión de la precipitación de los acontecimientos, Vera, el día 8, tenía preparada una pastoral en la que se lanzaba el *entredicho* sobre la iglesia Matriz. Por orden verbal del mismo, el presbítero Rafael Yéregui hacía imprimir el mismo día 800 ejemplares, repartiéndose la mañana siguiente con *La Revista Católica*[145].

El clero, con muy pocas excepciones, levantó la voz y con energía cristiana y valor sacerdotal protestó contra la conducta del gobierno.

Declaró públicamente que no obedecería al intruso, a quien sólo contemplaría como a un sacerdote incurso en las censuras que el derecho acordaba, para castigar a los que se atrevían a aceptar la autoridad eclesiástica de un poder extraño[146].

Innumerables súplicas suscritas por una infinidad de personas de todos los grados y condiciones comenzaron a llegar al presidente de la República[147].

Convocación del clero

Una especie de furor se apoderó, entonces del Gobierno. Todos los sacerdotes signatarios de las protestas fueron convocados el sábado 11 en el Fuerte[148], sin manifestarles el motivo de la convocatoria.

Como era natural, concurrieron en su casi totalidad.

Mientras estaban allí reunidos, se les presentó –como relata Rafael Yéregui- todo el ministerio en pelotón "llevando Estrázulas a los demás del cabestro"[149].

Tomó la palabra Juan P. Caravia, quien les manifestó que la mente del Gobierno había sido *maliciosamente* interpretada, como traslucía de la protesta. El poder civil, al expedir su decreto, nombrando al gobernador eclesiástico, no había pretendido darle facultades espirituales, cosa que no podía hacer, sino simplemente ponerlo al frente de la iglesia nacional, en espera de las resoluciones de Roma o Paraná. Les pedía, por tanto, calma y moderación.

En seguida les dirigió la palabra el Dr. Estrázulas, y por el espacio de una hora les lanzó una reprehensión masónica sumamente mordaz, con sarcasmos contra los abusos del papado y recriminaciones, "no todas falsas –

---

[145] AEM, va 31, c 7-4, 6861-94
[146] ASV, Ibíd., 254v-255
[147] Ibíd., 262
[148] In.d., Ibíd., 385
[149] AEM, va 27, c 6-15, 6862-38

apuntaba Maillefer-[150], contra las prácticas simoníacas o malabarismos de ciertos sacerdotes".

Entre las muchas "barbaridades" pronunciadas llegó a afirmar que sería necesario revalidar todos los matrimonios hechos en ese año anterior con dispensas expedidas por la curia.

Lo interrumpió, en un momento determinado, el presbítero Santiago Estrázulas y Lamas, rebatiéndolo perfectamente; pero retomando la palabra con mayor vehemencia, indispuso a los componentes del clero, que le "dijeron de una hasta ciento", llevando la cuestión a su origen, para probarle que los males que se padecían, no debían atribuirse al Vicario, como malamente el ministro había afirmado, sino el Gobierno[151].

Seguidamente hubo tumultos, vehementes protestas, retirada inmediata de cinco o seis eclesiásticos entre franceses, españoles, brasileños e italianos, a quienes el señor Caravia, Ministro de Gobierno, calificó al pasar de canalla extranjera ("gringada"), y cuyos nombres fueron recogidos por el caritativo padre Brid, apostado en observación en la puerta[152].

Detención de presbíteros

Al día siguiente, domingo, fue expedida una orden de arresto contra ellos, a causa de las palabras ultrajantes proferidas contra el gobierno de la República[153].

De entre los presbíteros extranjeros, los principales incriminados eran: Rafael Vanrell, Manuel Vieira do Prado, Bautista Bollo, Juan B. Harbustán[154].

Por la mañana temprano del mismo día, Harbustán y Ospital, sacerdotes franceses oficiantes en la capilla de los Vascos, se presentaron en la legación francesa, escoltados por dos comisarios de policía, quienes habían tenido la consideración de dejarlos entrar y permanecer en ella.

Miembros del cuerpo diplomático o consular de otras naciones, temiendo tener también sus refugiados, consultaron con Maillefer sobre la conducta a seguir.

---

[150] In. d., Ibíd., 385
[151] AEM, va 27, c 6-15, 6862-38
"El gobierno teme: –escribía Rafael Yéregui el día 11- nos ha convocado a una reunión en el Fuerte en donde hemos discutido en grande, y por último el Gobierno nos ha dicho que nos pide moderación, pero que no nos obliga en lo espiritual a obedecer al intruso; yo le contesté que si nombraba al Sr. Don Juan Domingo con facultades de Jefe Político lo obedeceríamos pero como prelado no – todos estamos unánimes". (AEM, va 16, c 4-4, 6852-15).
[152] In. d., Ibíd., 385
[153] Ibíd.
[154] AGN, mg, 1146

Al cabo de algunas horas, el representante galo obtenía la liberación del sacerdote Ospital, probando que ni siquiera había asistido a la reunión del Fuerte.

Pero Estrázulas persistía en inculpar a Harbustán, perseguido por el odio particular de Brid. Por la tarde se decidió hacerlo pasar a bordo del pontón francés *La Fortune*, a fin de no prolongar enojosas discusiones sobre el derecho de asilo.

Advertidos por él, los otros colegas diplomáticos hicieron lo propio respecto a los eclesiásticos refugiados en sus casas, siendo recogidos por navíos de guerra[155].

Manuel Vieira do Prado

El sacerdote brasileño Manuel Vieira do Prado, "despedido como ebrio de una casa de caridad y renegado por su cónsul, terminó, mediante un regalo de seis onzas de oro"[156], por constituirse voluntariamente prisionero, declarándose autor del grosero insulto proferido en la reunión del clero. Tal declaración, muy chata desde luego, fue publicada por la tarde del día 13 por el diario oficial *La Nación*[157].

La Prensa Oriental, un día después, decía que al presbítero de nación brasileña no le quedaba otro camino para reparar su crimen que confesarlo, implorando la clemencia del Gobierno y prometiendo *in verbo sacerdotis*, que obedecería las órdenes del gobernador eclesiástico[158], diciendo misa –agregaba Maillefer-, "para uso de los incrédulos, de los curiosos o de los indiferentes, que van a pasearse a la catedral"[159].

Este papel, representado por Vieira en cambio de pocas monedas, había sido en realidad muy triste, no dejando de alentar a la administración[160].

Pastoral del gobernador Fernández

El día 12, el gobernador Fernández, libre todavía de la avalancha de recriminaciones, insultos y censuras que le llegarían de todas partes, publicaba su primera pastoral. En ella consignaba los mismos conceptos fundamentales, vertidos por Jaime Estrázulas en el Fuerte; lo más curioso del caso era que los

---

[155] In. d. Ibíd., 386
[156] Ibíd., 390
[157] Ibíd., 386
[158] Pr. O., oct. 14 de 1862
[159] In. d., Ibíd., 390
[160] Los corifeos de la administración "insinuaban desde hace algunos meses que en el fondo de esta querella de sacerdotes sólo había un asunto de mujeres o de dinero" (In, d., Ibíd., 390).

expresaba casi con las mismas palabras del abogado masón, dando a conocer, de ese modo, que le habían ahorrado hasta la molestia de prepararla.

Los policías de la campaña fueron los encargados por el Gobierno para esparcir el "pasquín" de Fernández. "No lo extraño –escribía Rafael Yéregui- pues como es Gobernador Policial. Lo que le puedo asegurar es que más respetado y obedecido que Fernández, es el último teniente alcalde de la República"[161].

Curia eclesiástica clandestina

La curia eclesiástica clandestina, dejada por Vera al salir de Montevideo, única que podía actuar con delegación del prelado desterrado, se reducía a los hermanos Inocencio y Rafael Yéregui (y, en algunas ocasiones, también al presbítero Martín Pérez).

El primero, por su mayor edad y experiencia misionera en el interior del país, funcionando como un pequeño provicario con facultades muy limitadas (debiendo recurrirse, si el tiempo lo permitía, a Vera), dirigía los asuntos religiosos; el segundo venía a ser una especie de secretario *factótum*, que llevaba sobre sus hombros el *pondus diei et aestus*.

Día tras día, Rafael Yéregui, puntualmente, les comunicaba a los desterrados la evolución de la situación eclesiástica y civil, encuadrada en una visión personal estrecha, ridiculizando a hombres y cosas que se oponían a la posición de su amo, relatando los infinitos comentarios que crecían y se multiplicaban como hongos, a veces por generación espontánea, a veces por malicia, a la sombra de los movimientos oficiales, cuyos significados y finalidades auténticas nunca se lograban conocer en su totalidad.

Se crearon así dos mundos: uno de la realidad diplomática, desconocido y secreto, y otro de la múltiple interpretación parcial, de la imaginación popular y de la aproximación callejera, interfiriendo este último de una manera notable en el real, con complicaciones indeseables.

Rafael Yéregui, a diferencia de su hermano Inocencio[162], tenía mucho coraje, y le afectaba muy poco aquella situación[163], que, por el contrario, postraba a su hermano; jugaba, además, a lo "héroe", como en la reunión del Fuerte, en la impresión y distribución de las pastorales, en el movimiento del clero que se efectuaba en su casa, etc.

---

[161] AEM, va 16, c 4-4, 6859-7
[162] "Yo por mi parte –escribía Inocencio Yéregui- no vivo un momento en paz, está mi espíritu agitado y nada puedo hacer sino llorar a mis solas. ¡Cuándo querrá al Señor ampararnos!". (AEM, va 31, c 7-4, 6861-101).

En otra ocasión consignaba: "Aquí andamos embromados, yo no sé ni cuándo ni cómo saldremos de este fangal... Si me necesita mándeme a buscar y me hará un gran favor, aquí no se puede vivir" (AEM, va 16, c 4-4, 6859-7).
[163] AEM, va 16, c 4-4, 6859-29

El 10 de octubre escribía: "Andan haciendo pesquisa sobre la Pastoral [la primera del entredicho] y creo que de un momento a otro me llamarán a que declare si es verdadera o apócrifa, veremos acaso nos toque la *tipa* [cárcel], pues la honra del destierro no es para nosotros"[164].

Disposiciones del vicario desterrado

Vera, cuya correspondencia epistolar no será tan asidua, o mejor dicho, diaria como la de Rafael Yéregui (descontando, además, que muchas de estas cartas de Vera no se conservaron en el archivo de la curia), en su primera aseguraba que habían llegado "muy buenos" a la metrópoli argentina, donde todos los amigos y admiradores se habían apresurado a obsequiarlos.

El provisor con el padre Luis Graffigna se habían mareado algo durante el viaje, sólo él no había experimentado novedad.

Les suplicaba que no se desconcertaran, porque cuanto más se precipitaba el Gobierno, más pronto, en su convicción, hubiera llegado el término de esa cuestión.

Si no podían decir misa en las iglesias, que la rezaran en cualquier lugar, pudiendo allí mismo confesar y distribuir la comunión. Inocencio Yéregui podía autorizar a los de confianza a proceder así.

Les repetía que no se desconsolaran y que se mantuviesen firmes en el cumplimiento de sus deberes, esperando en Dios **"que sabe disipar las tempestades más imponentes con un pequeño soplo de su querer"**[165].

Pastoral de Vera del 13 de octubre

Apenas supo de la aceptación del "desgraciado" Fernández, Vera, con fecha 13 de octubre, expidió una pastoral a todos los párrocos, sacerdotes y fieles de su vicariato.

Justificando su negativa frente a la injusta exigencia del Gobierno, escribía que por la fidelidad, que debía a Dios, se había visto desterrado del territorio de su jurisdicción.

Si bien mirándose a sí mismo podía afirmar con el Apóstol: *"Superabundo gaudio in omni tribulatione nostra"*, la vista, sin embargo, de las circunstancias aciagas por las que pasaba la iglesia oriental lo llenaba de profundo dolor.

Para cumplir con su primera obligación, de atender y conducir por el camino de la verdad y salvación a todos los fieles que le había encomendado el Santo Padre, les exponía brevemente la doctrina católica sobre el destierro de un prelado.

---

[164] Ibíd., va 30, c 7-3, 6815-45
[165] Ibíd., va 21, c 5-6, 6269-25

Si el poder civil podía tener facultad de desterrar a un individuo que ejercía la jurisdicción eclesiástica, no por esto tenía algún poder sobre esa misma jurisdicción, sino que ésta residía en el Vicario Apostólico en cualquier parte de la tierra se hallase. Sin su aprobación no podía ningún sacerdote ejercer acto alguno de jurisdicción. Si algún sacerdote se atrevía a hacerlo, ejercía actos nulos y de ningún valor.

Los advertía sobre este punto, para librarlos del posible error al que los podía llevar la conducta del presbítero Fernández, quien faltando gravemente a los deberes de su conciencia, y "cometiendo un pecado horrible ante Dios" había osado usurpar una autoridad, que no tenía ni podía tener.

Declaraba que los señores curas continuaran en el ejercicio de las facultades recibidas por él o por sus antecesores, mandando al mismo tiempo que no ejecutaran ninguna disposición, orden o gracia expedidos por el referido presbítero.

Teniendo en sus párrocos la mayor confianza, los advertía que desde el lugar de su destierro no cesaría de vigilar por las almas de todos los fieles de su vicariato[166].

Carta de Vera al gobernador intruso

Contemporáneamente le enviaba una carta, bastante extensa y muy dura, al intruso gobernador, para que reflexionara sobre el enorme peso de responsabilidad que asumía, introduciendo en la Iglesia un cisma, que sería origen de infinitos males, cuyos vestigios de escándalo durarían acaso mucho tiempo, con ruina de no pocas almas, de las cuales debería responder ante Dios, Supremo Juez.

Por grande que se quisiera suponer la ignorancia de un eclesiástico jamás se podía admitir que no conociera las proposiciones condenadas tantas veces por la Iglesia sobre la ingerencia del poder secular en lo perteneciente a lo espiritual y a la autoridad divina que la Iglesia recibió inmediatamente de Jesucristo.

Para facilitarle la reflexión, que por estar ya próximo a la sepultura y al terrible momento del tremendo juicio divino debía ser seria y detenida, le presentaba algunas excomuniones reservadas a los que realizaban actos semejantes al suyo.

Tenían excomunión *latae sententiae* reservada al papa: 1° Los que eran intrusos en beneficios eclesiásticos (concilio de Trento, ses. 22, cap. 11 *de Reformatione*); 2° Los que impelían a celebrar los divinos oficios en un lugar que tenía entredicho (Clement. –Gravis- *de Sent. Excom.*); 3° Los que llamaban al pueblo para las cosas divinas en un lugar que tenía entredicho (ibídem).

---

[166] Ibíd., jv 2

Seguía enumerando siete excomuniones de diverso grado, omitiendo otras penas eclesiásticas conminadas a los que habían tenido parte en las tropelías cometidas.

Lo exhortaba, con toda la eficacia de su afecto, a que desistiese de su cisma y división, alejándose del precipicio en que se había colocado, y renunciando claramente a una autoridad que no tenía

Si, no obstante estas admoniciones, persistía en su maldad, Vera lo declaraba incurso en las penas arriba indicadas[167].

Técnica en la impresión y difusión de la pastoral

El prelado hubiera querido que la pastoral se imprimiera en Montevideo, pero Rafael Yéregui lo advertía que por la vigilancia del Gobierno eso se volvía imposible. Creía más bien conveniente, que se hiciese imprimir en papel delgado en Buenos Aires y que se trasladara a Montevideo por una persona de confianza.

Aquí se procuraría inmediatamente enviar bastantes números a la compaña y luego se repartirían los otros en la capital.

Aclarando mejor la técnica, explicaba que las pastorales, destinadas a los curas, convenía que llevasen la firma del prelado, para tener mayor autoridad.

Después de publicada la hoja suelta, se podía hacerla publicar en un diario de Buenos Aires, para luego transcribirla en Montevideo.

Desde la vecina orilla se podían enviar las pastorales a los curas del litoral, y por medio de algunos de ellos a los inmediatos a la costa, y así se podía conseguir casi su completa difusión, pues para el resto de la campaña, desde la capital no hubiera sido difícil, por personas de confianza.

Respecto a la carta para Juan Domingo Fernández, sería entregada en sus propias manos[168].

Intervención del gobierno

Sólo el 22 de octubre empezaron a circular por Montevideo la pastoral y la carta al "Gobernador que no gobierna", impresas en papel azul delgado con el sello del vicariato apostólico, mientras que en la campaña hacía días que estaban en conocimiento del público.

Esto motivó por parte del gobierno el envío de una circular con fecha 23 de octubre a todos los jefes políticos de los departamentos, para que secuestrasen la pastoral y prohibiesen su lectura pública en las iglesias. "¡Viva la libertad!", exclamaba el secretario Rafael Yéregui[169].

---

[167] Ibíd., va 33, c 7-10, 4999
[168] Ibíd., va 31, c 7-4, 6861-82
[169] Ibíd., va 16, c 4-4, 6859-22

El poder ejecutivo ya se estaba apartando de la ancha senda liberal, enunciada en ocasión del entierro del masón Jakobsen por boca del ministro Eduardo Acevedo al escribir: "que en los países libres es imposible pretender que la prensa se mantenga siempre dentro los justos límites"[170], y al estar convencido que por el momento no debía intervenir activamente, no obstante la vehemencia escandalosa de muchos articulistas.

Ahora, después de poco más de un año, creía oportuno intervenir de inmediato y drásticamente, tanto contra estas hojas sueltas, como contra algunas publicaciones del periodista Acha[171].

Con motivo de la intervención y prohibición gubernativa, todos buscaban con avidez aquellos escritos y no había uno solo que no los leyese[172].

El efecto, pues, de la disposición gubernativa que mandaba recoger las pastorales y averiguar quién las había esparcido, fue negocio imposible.

Lo que había dado una autenticidad irrecusable a esos documentos había sido el sello de tinta azul con que estaban timbrados, por manera que no se atrevieron a declararlos apócrifos[173].

Los jefes de los departamentos de Paysandú, Colonia, Minas, San José, Durazno, Maldonado, Salto, Mercedes, Tacuarembó y Canelones notificaban que darían cumplimiento a la circular del día 23, sin especificar y detallar lo acontecido, a pesar de tener elementos de juicio.

Sólo el de Colonia anunciaba la perfecta obediencia del presbítero Santiago Mamberto, y desde Maldonado y Canelones, la desobediencia manifiesta de Mancini y Vela respectivamente[174].

Primera circular del Ejecutivo

La primera circular del Ejecutivo a los dirigentes de los departamentos, había sido expedida el 10 de octubre, anunciándose en ella el extrañamiento del vicario y provisor, y el nombramiento de gobernador

---

[170] Rev. C., abr. 21 de 1861

[171] "Ayer [16 de octubre] tuvo lugar el juri de Acha el que tuvo que soportar una sentencia pilatuna, pues 4 de los jurados contra 3, sentenciaron a nuestro amigo a pagar $ 200 y las costas para lo que en el acto se levantó una suscripción popular y en pocos momentos estaba casi completa la cantidad necesaria, pues, el pueblo está en gran mayoría a favor de Acha y la barra que le era favorable era numerosísima. De los 4 jurados contrarios a Acha, dos, no podían ser jurados, pues uno no tenía la edad y el otro tiene dos causas criminales abiertas, por lo que es enteramente nula la sentencia; pero si apela puede que vengan otros peones. Ahora va a empezar el otro juri del Gobierno en que hará Carreras de Fiscal" (AEM, va 16, c 4-4, 6858-66).

[172] AEM, va 16, 4-4, 6859-22

[173] Ibíd., va 31, c 7-4, 6861-99

[174] AGN, mg, c 1146

eclesiástico provisorio en la persona de Fernández, cuya única autoridad debía ser reconocida y acatada por todos, eclesiásticos y laicos, en todo el territorio de la República.

Si los presbíteros de la capital en su casi totalidad habían suscrito una manifestación de adhesión a las autoridades desterradas, y habían protestado clamorosamente (y algunos hasta descomedidamente) en la reunión del Fuerte, no obstante el furor y la presión del Gobierno, la campaña, más adicta al prelado que la capital, y lejos de las amenazas policíacas, se solidarizará con fervor y unanimidad con la actitud valiente de los llamados "rebeldes y disidentes" de Montevideo.

Los sacerdotes del interior que asumieron una posición ambigua o favorable al gobernador Fernández, pocos en realidad, eran los que habían sufrido los golpes reformadores de Vera, perdiendo el puesto o conservándolo con mucha dificultad.

Adhesiones del clero al vicario

Todos los días aparecían en el periódico *La Reforma*, las adhesiones de la campaña, inteligentemente distribuidas, para mantener despierto el fuego, y para que el gobierno palpase el efecto de sus circulares y la consistencia de su iglesia y gobernador nacional.

El 18 de octubre salía en *La Reforma* la protesta de los curas Madruga, Cabrera, Chonsiño, Verardi, Capurro, Cinollo[175].

Posteriormente la de Cazorla, Sancho y Tapia[176]; la de Amilivia, como la de buen vizcaíno, estaba verdaderamente superior[177].

El día 26 se publicó la protesta del cura de Minas, que salvo algunas palabras referentes al desconocimiento del intruso, estaba conforme con las demás. Dos días después aparecieron las de Mancini y Queirolo[178].

Con regularidad cronológica en los primeros días de noviembre vieron la luz la protesta del cura y teniente de Paysandú[179], la del cura de Durazno y su teniente[180], la de don Pedro, cura del Sauce[181] y finalmente el 13 de noviembre la del padre Vela en el diario *El País*. "Más vale tarde que nunca", escribía Rafael Yéregui[182].

---

[175] AEM, va 16, c 4-4, 6859-14
[176] Ibíd., va 31, c 7-4, 6861-95
[177] Ibíd., 6861-36
[178] Ibíd., va 16, c 4-4, 6859-12
[179] Ibíd., va 31, c 7-4, 6861-80
[180] Ibíd., va 30, c 7-3, 6815-56
[181] Ibíd., 6815-83
[182] Ibíd., 6815-99

¿Gobierna el gobernador?

La solidaridad del clero y de los fieles de todo el vicariato había tocado puntos máximos, con notas de cariño y emoción en diversos lugares.

¿Sobre quién gobernaba el señor gobernador? Después de recibir la carta del día 13 en que se le notificaban las excomuniones en que incurría con su proceder, el viejo Fernández, asustado y temeroso, se había determinado a no recibir ni una sola carta de nadie[183], absteniéndose de cualquier acto que implicara ejercicio de la jurisdicción espiritual.

A los que le pidieron licencia para bendecir la *Rotunda* del cementerio, les contestó que no podía concederla[184].

Un fraile, llegado de Argentina, le había solicitado facultades para rezar en la Matriz, pero él no había accedido[185]. Yendo a visitar a un enfermo, el hijo de éste no le permitió entrar.

Estas y otras cosas le descomponían la cabeza al pobre gobernador, que no quería ejercer, según la condición puesta por el Gobierno al aceptar el nombramiento, acto alguno hasta que viniese la aprobación del Nuncio o del Papa[186].

Dificultad del gobernador con el párroco Martín Pérez

El párroco Martín Pérez de San Francisco se atrevió a rechazar algunas proclamas de matrimonio enviadas por Fernández[187]. El insulto y desacato era demasiado público para que se silenciara. No teniendo otro recurso, el pobre anciano, con fecha 28 de octubre, le enviaba una nota al ministro de gobierno poniéndole en conocimiento que el cura de San Francisco persistía en su rebelión y desconocimiento de su autoridad legal[188].

Esta nota pasó al fiscal Magariños, quien aconsejó el destierro de Pérez (¡complicación del destino ciego! El 10 de octubre el ministro de guerra Joaquín T. Egaña había impartido la orden conveniente al vapor del puerto, para detener el viaje de Martín Pérez, en el caso que pretendiese salir del país)[189], puesto que del mismo modo y sin forma de juicio había procedido el Gobierno contra Vera y Conde, siguiendo el consejo de los letrados y que, por lo tanto debía seguir en el mismo camino contra los rebeldes[190].

---

[183] Ibíd., va 16, c 4-4, 6859-28
[184] Ibíd., 6859-9
[185] Ibíd., 6858-44
[186] Ibíd., 6859-22
[187] Ibíd., va 31, c 7-4, 6861-68
[188] AGN, mg, c 1146
[189] Ibíd.
[190] AEM, va 31, c 7-4, 6861-68

Ni el mismo gobierno, en este caso (el único, quizás, de protesta y queja oficial), fue consecuente y respetuoso con la autoridad de su criatura, porque de serlo, hubiera tenido que limpiar el vicariato de todos los curas protestatarios e inobedientes, quedando simplemente con un grupito de inadaptados e incapaces.

Entre los chismes que corrían, originados también por tal situación, uno era muy significativo. El gobierno –se cuchicheaba- mandaría a buscar ("alquilar") dieciocho padres de Río de Janeiro para colocarlos en los curatos.

"Figúrese qué nube vendrá de aquellas tierras –le comentaba Yéregui a Vera el 24 de octubre-; el que no sea jugador será borracho *e ainda*. Se va a reunir en la Matriz una colección que tarde o temprano va a ser necesario, por sus milagros, encerrar a todos en la futura Penitenciaría"[191]. No muy buen concepto tenía el buen Yéregui de la realidad eclesiástica brasileña.

Nombramiento del notario mayor eclesiástico

El único acto que le habrá dado a Fernández la sensación de no total fracaso y frustración en su quimérico cargo, habrá sido el nombramiento de notario mayor eclesiástico en la persona del escribano público Manuel Sánchez, participado con fecha 23 de octubre al ministro de gobierno Juan Caravia[192]. Por ese nombramiento debía cesar en su cargo Estanislao Pérez, sin que esto importara menoscabo alguno a su buena opinión.

El notario oficial protestó, no queriendo entregar su título[193]. El designado procedería a tomar posesión del archivo y demás pertenecientes a la notaría, oficiándose todo al ministro, para que mandara entregar la llave de la habitación en la que, por orden del gobierno, se había guardado el material del archivo y notaría[194].

El nuevo notario ya había empezado a actuar a los pocos días del destierro del Vicario, yendo el día 11 a tomar posesión del archivo de la secretaría acompañado de la fuerza pública. Luego de registrar la casa, se llevó únicamente lo que había, o sea, los expedientes, que por ser de mucho bulto habían quedado en el archivo, mientras que todo lo demás, como correspondencia privada y oficial, sellos, libros de registro, etc., se había sustraído a tiempo[195], como lo había aconsejado por correo, aunque tarde, Vera[196]. De nada sirvió la protesta formal de Vicente de que nada entregaría sino a la fuerza.

---

[191] Ibíd., 6861-95
[192] AGN, mg, c 1146
[193] AEM, va 16, c 4-4, 6859-25
[194] Ibíd., va 31, c 7-4, 6861-95
[195] Ibíd., 6861-83
[196] Ibíd., va 19, c 4-14, 6852-12

Sánchez hasta el día 23 había procedido respaldado por el carácter de interino; con el nuevo título oficial se preveía que aumentarían los motivos para enardecer el conflicto. Efectivamente, en la ciudad de Buenos Aires, Vera firmaba el día 27 de octubre su tercera pastoral, contra aquellas medidas abusivas.

Pastoral de Vera del 27 de octubre de 1862

Constataba con dolor y pesar que Fernández continuaba en su maldad, y lejos de respetar las censuras de la Iglesia, y detenerse ante el cisma, había osado violar el entredicho puesto a la iglesia Matriz y, atropellando la ley y el derecho eclesiástico se había arrojado a celebrar los tremendos misterios y a ofrecer el santo sacrificio de la misa en aquella iglesia.

El infortunado sacerdote, agregando nuevas usurpaciones, había hecho uso de una jurisdicción que no tenía, al nombrar notario mayor eclesiástico a Sánchez. Todo esto lo declaraba Vera nulo y atentatorio contra las leyes de la Iglesia.

Nombrando luego a los satélites de la curia civil, presbíteros Melchor Jiménez, Pedro Giralt, Florentino Luis Conde, y Manuel Vieira do Prado, les advertía que si hasta la fecha hubieran podido infringir el entredicho local por engaño, o ignorancia bien poco excusable o por algún error, ya no debían celebrar misa o ejercer otra función eclesiástica; en el caso de obstinarse, los declaraba *ipso facto* y les imponía *nominátim* la pena de la suspensión *a divinis*[197].

Los sacerdotes aludidos miraron con escandaloso desprecio las amenazas del ex vicario (como lo llamaban), pero en el pueblo, sobre todo de la campaña, producían un buen efecto[198].

Servicio religioso en la Matriz

La Iglesia Matriz desde el primer día de la separación violenta de Vera, había visto el entredicho violado por los rebeldes, que con toda solemnidad rezaban misa con las puertas abiertas y tocando las campanas[199].

El gobernador tenía su horario especial de misa, invitándose a los fieles a concurrir con la campana grande ("única señal que daba de su autoridad" bromeaba Rafael Yéregui)[200].

---

[197] Ibíd., jv 2
[198] Ibíd., va 30, c 7-3, 6815-86
[199] Ibíd., 6815-45. "En el Campo Santo —escribía Rafael Yéregui el 3 de noviembre— no ha habido más función que **la traslación de los restos de Artigas**. En esta función iba revestido Gadea y el italiano que está con él, y de manteo Mayesté y Brid (Ibíd., 6815-84).
[200] Ibíd., va 16, c 4-4, 6859-22

Pero con la aparición de la última pastoral, la concurrencia a la Matriz, comenzó a disminuir notablemente, afluyendo a las demás iglesias[201], aunque los oficiantes excomulgados no reducían en nada el aparatoso lujo ceremonial.

Senda seguida por Berro

La primitiva furia del Gobierno, que muy bien podía reducirse a la ingenua obcecación del ministro Estrázulas, cuyas sensacionales manifestaciones en movimientos de tropas, amenazas de encarcelamientos y encarcelamientos de sacerdotes, acusaciones, enjuiciamientos y destierros, con la ridícula y forzada imposición del gobernador, había fomentado hasta lo inverosímil un clima de persecución, ahora la misma decrecía lentamente dejando aflorar la **normal pertinacia de Berro**.

Este no muy ostensiblemente alterado por la maciza resistencia opuesta a sus medidas, perseguía con mayor frialdad que su gabinete sus finalidades.

El Rubicón había sido cruzado y la marcha no tenía por qué ser interrumpida, pero sin extralimitaciones o fanatismos y volviendo al cálculo medido y juicioso descuidado en las horas dramáticas de la preparación de los dos decretos de octubre.

El ministerio Garbuglia (con esta denominación se ridiculizaba al ministerio encabezado por Estrázulas), estaba propiciando la destitución de Botana, jefe político de Montevideo, y la del fiscal Eustaquio Tomé, ambos moderados, constituyendo un obstáculo a su línea extremista.

Haciéndose de estas destituciones una cuestión de gabinete, se preveía una crisis ministerial[202]. Pero, al parecer, Estrázulas no se atrevió a poner al presidente en la disyuntiva de echar a Botana o al ministerio[203].

Mientras tanto, con una insistencia creciente, se hablaba en la capital de la caída de Botana, y del nombramiento, en su lugar, del señor Pantaleón Pérez, o del señor Rodríguez, óptimos "peines" tanto el primero como el segundo[204]

Finalmente, con sentimiento general, el 21 por la tarde cesaba Santiago Botana de ser el jefe político capitalino, sustituyéndolo el señor Cipriano Miró. Los dirigentes eclesiásticos de la calle Rincón, pensaban que el hecho consolaba

---

[201] Ibíd., va 30, c 7-3, 6815-84

"Ha venido un sacerdote italiano –informaba el mismo Yéregui el 23 de octubre- y ha aparecido en la Matriz, se trata de sacarlo si es que lo han engañado, y en caso que sea de ellos, allá se las campanee" (Ibíd., va 16, c 4-4, 6859-22).

[202] Ibíd., va 31, c 7-4, 6861-82
[203] Ibíd., va 16, c 4-4, 6858-66
[204] Ibíd., va 31, c 7-4, 6861-104

en un tanto el disgusto causado por el retiro de Botana, pues Miró tenía muy buenos sentimientos, y no era del paladar del ministerio[205].

También el fiscal de gobierno y hacienda Tomé, el día 3 de noviembre debía abandonar su cargo por la publicación de una nota de Vera[206] y por haber desenmascarado el proceder del ministro de relaciones exteriores en sus vanas tentativas de persecución contra el diario *La República*.

Destitución del ministro Estrázulas

El abogado Estrázulas se prometía una vida oficial demasiado larga, olvidando muy pronto que había sido rechazado por tres administraciones sucesivas y que ya era acosado por la pública animadversión, debida a los consuelos, demasiado numerosos, que había querido proporcionarse en su breve reinado, entreteniéndose en las destituciones del jefe político capitalino, del fiscal de gobierno, hombre bien considerado, de varios jefes políticos de departamentos, del notario eclesiástico y otro escribano, culpables de protestas contra el destierro, sin proceso, del Vicario Apostólico y en los procedimientos injustos y violentos para con el capellán de los Vascos[207].

Un día después de su postrer triunfo del 3 de noviembre, sufría el gravísimo y último fracaso como ministro.

La comisión permanente del cuerpo legislativo, adoptando las conclusiones de la comisión especial[208], había declarado en sesión pública, que la deportación sin juicio de los dos ciudadanos, Vera y Conde, era contraria a los artículos 130 y 136 de la constitución.

Presente en la sesión y sostenido por los aplausos de algunos aparceros apostados, Estrázulas había respondido atrevidamente que el Gobierno creía estar en su derecho, y que persistiría en sus resoluciones, a riesgo de rendir cuenta de ellas a la asamblea general.

Al día siguiente, 5 de noviembre, a la hora del desayuno, cada uno de los ministros recibía de Berro una carta, en que les era dejada la elección entre

---

[205] Ibíd., va 16, c 4-4, 6859-22

"Creo que la torta —escribía Rafael Yéregui- les salió un pan, a pesar que el solo hecho de la destitución de Botana es un mal presagio" (Ibíd.).

[206] Ibíd., va 30, c 7-3, 6815-86

[207] In. d., Ibíd., 394-395

[208] Dictamen de la comisión especial de la honorable comisión permanente, sobre la solicitud de los ciudadanos Jacinto Vera y Victoriano Conde, relativa a su extrañamiento del país: "Sean cuales fueren los actos practicados por dichos señores, en contravención de las disposiciones del gobierno, como éste en ningún caso puede asumir las funciones de juez, sin invadir las atribuciones del Poder Judicial; no ha podido aplicar y ejecutar por sí aquella pena..." (*País*, nov. 1 de 1862).

una dimisión voluntaria o una destitución inmediata[209]. El presidente afirmaba que no habían llenado sus miras al llamarlos a la administración, y desesperando de conseguirlo, determinaba hacerlos cesar en el día[210].

Una explosión de alegría saludó esta súbita caída de un ministerio, cuya dudosa moralidad, arbitrariedad y arrebatada conducta, contrastaban tan penosamente con la actitud primitiva de Berro[211].

El único que manifestó sentimiento fue de las Carreras y con razón, puesto que lo unían fuertes lazos al ministerio caído.

Los solidarios Estrázulas, Egaña y Laguna, elevaron un manifiesto al presidente, revelando oficialmente haber llenado su programa[212], pero ocultando los sucios manejos concertados en tan breve tiempo, como la retención de la protesta del nuncio[213], dirigida a Estrázulas, titular de la cartera de relaciones exteriores, como la no entrega de la otra muy fuerte a Fernández, que muy confiado estaba todavía esperando las facultades espirituales de Paraná[214].

Por orden de Berro, la policía impidió toda demostración popular en la capital; se quería, en efecto, exteriorizar el entusiasmo incontenible que había causado la caída del ministerio; pero en varios departamentos del interior (como en San José), las iluminaciones fueron grandiosas, los petardos y los vivas estruendosos.

Dos hechos: el despido del violento ministerio y la continuación de la legación de Florentino Castellanos, ponen nuevamente de manifiesto, la compleja personalidad de Berro.

---

[209] In. d., Ibíd., 395
[210] AEM, va 30, c 7-3, 6815-88
[211] In. d., Ibíd., 396
[212] "El 5 no vino al Fuerte el Presidente y los tres ministros *solidarios* lo estuvieron esperando para pedirle una satisfacción, pero a poco más les sale cara esta pretensión; pues a las tres de la tarde recibió la Policía orden de llevar a los Ministros a la cárcel por su insolencia, y seguramente supieron esto y tomaron las de villadiego yéndose a sus casas antes que se presentase la Policía a llevárselos" (AEM, va 30, c 7-3, 6815-90).
[213] "Garbuglia y comparsa [Estrázulas y los otros ministros] hacen correr la voz –se le notificaba a Vera el 28 de octubre- de que el Sr. Nuncio les hará el gusto en el asunto eclesiástico y todo el fundamento que tienen es una carta de cumplimiento en que el Sr. Nuncio felicita a Estrázulas por su elevación al trono y en que le manifiesta la esperanza de llegar a un término honroso. Pero los pillos tienen buen cuidado de no decir la fecha de esa comunicación. En *La Discusión* que le adjunto verá esa noticia que es una pamplina, un jueguito de mala ley. ¡De cuándo acá Pesce, el *achicoteado*, alabando al Sr. Nuncio" (Ibíd., va 16, c 4-4, 6859-10).
[214] Ibíd., va 30, c 7-3, 6815-90

Compleja personalidad de Berro

Las atinadas observaciones de un contemporáneo pueden facilitar la investigación, afinando conceptos y posiciones

Bernardo Prudencio Berro, a su entender, era ciertamente el más misterioso de los presidentes de la República. Tenía por máxima y por costumbre no consultar más que con su almohada, y se sabía qué consejos ésta le daba referentes a la admisión o al despido de sus ministros. Decían que se había jactado de que se llevaría consigo a la tumba el secreto de la destitución imprevista de su primer gabinete.

Así, pues, el presidente no habría hecho más que defender su propia autoridad junto con la paz pública, despidiendo a esos indignos ministros. Pero ¿quién lo había obligado a elegirlos? ¿y por qué, la víspera, aún estrechaba sus manos?

Los sutiles, los perspicaces atribuían a Berro la intención de debilitar rápidamente a enemigos peligrosos, empleándolos contra otros adversarios, a saber el Vicario Apostólico y el clero. Este pequeño maquiavelismo tendría su lado especioso, si Berro no se hubiera arriesgado a debilitarse él mismo en el juego, llegando a quedar solo y expuesto a los golpes de los dos partidos extremos.

Aún se comprendería que, hecho el mal, atribuyera lo odioso de las persecuciones eclesiásticas sobre sus consejeros en desgracia, dando el mérito personal de una reparación que devolvería la tranquilidad a las conciencias; pero lejos de eso, se sabía positivamente por una carta de Castellanos a su mujer, que éste había recibido seguridades escritas de puño y letra del presidente, de que la destitución del gabinete –que había preparado las instrucciones para el arreglo del conflicto eclesiástico- no alteraba en nada sus miras y decisiones personales en la cuestión pendiente entre la Iglesia y el Estado[215].

Reduciendo este pensar –que por otra parte era común entre los observadores y en la ciudadanía-, sobre el presidente Berro, a términos ya conocidos, se llega, sin el uso de dudosos malabarismos, a resultados ya adquiridos.

Lo enigmático y el maquiavelismo subsisten, siendo aclarados en algo por esa técnica real de contraponer un enemigo a otro (no toleraba superioridad alguna por encima de su personalidad), por esa no atadura comprometedora que podía venirle de su carácter de cristiano y de su inclinación hacia la masonería (por encima de su *bautismo* cristiano y de su tendencia masónica primaba el hombre político), por esa independencia, aunque no siempre

---

[215] In. d., Ibíd., 396-397

conservada con equilibrio, que lo hacía consultar únicamente con su almohada (egolatría y supremacía del estado)[216].

Berro con sus golpes espectaculares no buscaba el favor popular, pero tampoco lo descuidaba, sabiendo de sobra que el sentimiento del pueblo es siempre un termómetro certero para todo gobernante.

La situación general, fluyendo de la problemática impuesta por la personalidad del presidente, presentaba diversos aspectos inseguros y la tranquilidad parecía un contrabando.

Actividad de Rafael Yéregui

En el sector eclesiástico, Rafael Yéregui, activísimo intermediario entre ambas orillas del Plata, centro de informaciones y comunicaciones, aunque con cierta inmadurez en sus juicios e infundada unilateralidad en sus consejos y previsiones, desempeñaba en forma sucedánea lo que no podía ni debía el gobernador civil.

Quedando en la sombra, por la fuerza de las circunstancias, el hermano Inocencio Yéregui, delegado de Vera para casos de urgencia[217], ya desde su primer día de actuación, le preguntaba al prelado cuál debía ser su proceder en lo relativo a las dispensas matrimoniales[218].

Con posteridad solicitaba expedientes, remitiéndoselos a los peticionarios; a veces era el presbítero Martín Pérez, quien, autorizado por Vera, extendía los despachos interviniendo siempre el secretario Yéregui para los detalles de oficina; en otras ocasiones se dejaba hacer al párroco interesado, como en el caso de Madruga[219].

Rafael Yéregui pedía con insistencia que se guardase la mayor reserva, especialmente sobre asuntos delicados (como envío de pastorales, introducción

---

[216] El propio Berro, reconociendo su compleja personalidad, se autodefinía "católico, liberal y conservador" (In. d., Ibíd., 403). Si en lugar de "conservador" hubiese puesto "político", el autorretrato hubiera sido perfecto.

[217] "Quisiera que V.S. –le decía Inocencio Yéregui a Vera- me avisase *in scriptis* las facultades que me quiera delegar y cuáles pueda yo subdelegar, si esta es la voluntad de V.S." (AEM, va 30, c 7-3, 6815-65).

[218] Ibíd., va 27, c 6-15, 6862-46

[219] "Di a Madruga –escribía Vera el 15 de octubre- que algo si allí se ofrece de impedimentos matrimoniales, que precise remedio que no dé mucha espera que proceda no siendo en los impedimentos de consanguinidad que tengan contingencia con el primer grado" (Ibíd., va 21, c 5-6, 6269-31). Para otros procedimientos, Rafael Yéregui le decía a Vera el 27 de octubre: "Respecto a las dispensas de proclamas para Canelones y las demás que ocurran, quedo enterado de quién es el que debe despacharlas, espero me diga si bastará autorizar a los Curas por una carta simplemente o por medio de un despacho en forma y en qué forma" (Ibíd., va 16, c 4-4, 6859-12).

y difusión de las mismas, etc.), tanto en la cartas que se escribían desde Buenos Aires (cartas de Conde, Chantre, Graffigna...), como en las conversaciones que se tenían en ésa, porque hasta los mismos amigos (verbi gratia, Letamendi) podían ser indiscretos.

Se encargaba del movimiento de las pastorales y de otras publicaciones, y con ocasión de la primera pastoral se le quiso formar juicio[220].

Vera, siguiendo atentamente la situación e interviniendo con medidas tajantes contra los cismáticos, estaba lleno de sólidas esperanzas de un porvenir grandísimo para la iglesia oriental[221], y con indecible consuelo en presencia del laudable comportamiento de la inmensa mayoría de su grey[222].

Posición del clero con respecto al nuncio

Hacia la mitad de octubre corría la voz de que el nuncio se encontraba en Buenos Aires. Los de *la buena causa* de Montevideo, deseaban su presencia, o, si era más conveniente, que actuara desde la capital argentina.

"Quiera Dios que haga algo, es decir, que lo dejen hacer –se auguraba Yéregui, intuyendo la dificultad del momento- pues, cuando menos piense le casan el *exequátur*[223]".

A esta posición moderada en la República Oriental con respecto al nuncio, se sobrepondrá otra, generalizándose rápidamente.

Esta, quizás, tenga su origen inmediato (olvidando un poco los antecedentes relativos al nombramiento de Vera) en la postura asumida por el provicario en miniatura, Inocencio Yéregui, quien, con fecha 20 de octubre, escribía: "¿Qué hace el Sr. Nuncio? Yo creo que esto con notas no se arregla y si él viniese, a más de recibir nosotros un gran consuelo en nuestro desamparo, creo que algo se haría.

Ellos dicen que si no viene la excomunión fulminada por el Nuncio, van a proceder y a hacer gobernar el titulado Prelado, por eso me parece que las actuales circunstancias reclaman aquí la presencia del Delegado"[224].

Se vuelve por enésima vez sobre la presencia del nuncio en la capital oriental, como panacea de todos los desarreglos reinantes.

---

[220] "Con motivo de la publicación de la Pastoral creo que se la tomarán conmigo, pues ha pasado el sumario al Fiscal del crimen y yo soy el acusado" (Ibíd., va 27, c 6-15, 6862-38).
[221] Ibíd., va 21, c 5-6, 6269-29
[222] ASV, Ibíd., 255
[223] AEM, va 16, c 4-4, 6859-7
[224] Ibíd., va 31, c 7-4, 6861-101

Marini y el informante Requena

Marini, sobremanera atareado, a causa de la premura del tiempo, se limitaba sólo a acusar el recibo de las dos notas del 10 y 11 de octubre de Vera, reservándose contestarlas para otra ocasión, comunicándole, sin embargo, que había dirigido una protesta enérgica al gobierno, y una fuerte recriminación al "estúpido Fernández".

Le decía que no se desalentara y que confiara en Dios[225]. Notificándole la misma cosa a Requena, le escribía: "Deseo que Ud. me diga, si cree conveniente que ahora se publiquen tanto la protesta como la carta arriba expresadas; y confío que Ud. continuará defendiendo la buena causa haciendo uso de toda su influencia"[226].

Contestaba Requena, el 9 de noviembre: "No dudaba yo de que V.S.I. protestaría contra las medidas violentas del gobierno y que reprobaría la conducta del presbítero Fernández y es grande la conveniencia de que esos documentos se publiquen.

Si hubiesen sido conocidos antes, ni se habría extraviado la opinión, generalizando los amigos del Ministerio la noticia de que V.S.I. *había aprobado* el proceder del gobierno, y abierto amistosas relaciones con el ministro Estrázulas, recordando V.S.I. *la antigua amistad que los unía a los dos*. Hasta se ha supuesto la confirmación de V.S.I. al nombramiento de Fernández y todo eso ha influido para que el entredicho de la Matriz no se respete y la autoridad del verdadero Prelado sea desconocida y escarnecida. Que venga, pues, el desengaño para todos y que cada uno sepa lo que hace y a qué atenerse[227].

Como ya se dijo, Estrázulas al ocultar ese "nada agradable" que había recibido de Paraná, había hecho correr la voz de que la opinión del nuncio los favorecía[228].

Versiones sobre el nuncio

Entre las versiones que se hacían correr adrede, una había sobre el destierro de Vera. Su extrañamiento había sido un negocio arreglado con el arzobispo de Palmira, cuando éste había estado en Paraguay. En vista de estar vacante el vicariato, nombraría gobernador eclesiástico a Domingo Ereño, con prescindencia del Vicario, dándose por seguro que Ereño sería aceptado por los "rebeldes y cismáticos", aceptando él mismo tal nombramiento.

Los difusores de este secreto y supuesto arreglo, afirmaban haber visto y leído los documentos de la delegación de Paraná, que proponían tal solución[229].

---

[225] Ibíd., va 21, c 5-6, 6269-32
[226] AyB pba, Ibíd.
[227] Ibíd.
[228] AEM, va 16, c 4-4, 6859-28

Esta pública mentira, que era al mismo tiempo calumnia, tenía en sus entretelones algo real. "En Montevideo –le comunicaba el propio Ereño a Vera el 16 de noviembre- han hecho comentarios de que voy a reconocer al cismático e infame viejo Fernández, y que acto continuo seré nombrado cura de la Matriz, y Reventós de San Francisco. En los momentos de tu destierro, entre las diversas personas que me escribieron para que fuese a Montevideo, sin demora, fue el Ministro de la Guerra Egaña, y le contesté como yo sé hacer sin mirar atrás. Te remito la copia. Requena me dice con fecha de 14 que están esperando los disidentes mi llegada. Estoy, mi amigo, dispuesto a que no jueguen con mi nombre como sacerdote y le mando a Requena otra copia para que la publique pasados unos días, por si hay arreglo"[230].

Situación religiosa en Montevideo

A un mes exacto (8 de noviembre) del destierro de Vera, se respiraba un clima de calma y al mismo tiempo de expectativa.

En el sector religioso, a pesar de la división estridente, se había iniciado el mes de María en la capilla de la Caridad, predicándose tres veces por semana[231], como también en la capilla de los Ejercicios, en el colegio de las Hermanas y convento de las Salesas[232], etc.

En el sector político se seguían con atención los primeros encuentros diplomáticos de la misión Castellanos, que tenía por demás en suspenso a toda la ciudadanía.

---

[229] Ibíd., va 31, c 7-4, 6861-95
[230] Ibíd., va 21, c 5-6, 6269-38
[231] Ibíd., va 30, c 7 3, 6815-94
[232] Ibíd., 6815-90

2. Envío de la misión Castellanos

Disturbios a raíz de la deportación de Vera

Al primer aviso de la deportación del vicario apostólico a Buenos Aires, estallaron disturbios en algunas partes de la campaña, donde Vera se había hecho justamente popular.

Una logia masónica había sido incendiada en una capital de departamento. Se hablaba de la dimisión de un jefe político y aun de la renuncia en masa de una junta económico-administrativa.

"¿Quién sabe hasta dónde podrían llegar las cosas –se preguntaba el conocido diplomático francés –si Flores y los suyos se portaran como los defensores de la Iglesia oprimida, y al mismo tiempo como los vengadores de la matanza de Quinteros?"[233].

Resolución del gobierno para enfrentarse con la difícil situación religiosa

Verdaderamente la querella eclesiástica constituía el grave y casi único asunto del gobierno uruguayo por sus reflejos e incidencias en el interior del país: de un lado, el clero en masa sosteniendo con tesón al Vicario Apostólico; del otro, Berro y su pequeña iglesia nacional compuesta de pocos sacerdotes interdictos[234]; en el exterior, Flores con un poderoso motivo (que nadie subestimaba) para emprender una cruzada libertadora, enarbolando el estandarte de Vera.

Como había sido programado, y como lo comunicara un año antes Requena a Marini, "que el Señor Berro no retrocedería, no volvería sobre sus pasos y que el Sr. Castellanos, jefe y representante de las logias, sería comisionado para obtener de V.S.I., lo que pretenden"[235], el Gobierno oriental, para evitar que la tensión se volviera perniciosa y para calmar la exaltación de los espíritus y arrebatarle todo pretexto de invasión al colorado Flores, ya en la segunda mitad de octubre, como se estaba comentando en diversos ambientes, se abocó a la preparación del comisionado que debía buscar y conseguir un arreglo ventajoso para la República ante la delegación apostólica de Paraná.

Misión confidencial de Florentino Castellanos

Con fecha 27 de octubre, el ministro Jaime Estrázulas le participaba a Florentino Castellanos el acuerdo del Gobierno, con el que se le encargaba la

---

[233] In. d., Ibíd., 389
[234] Ibíd.
[235] AyB pba, Ibíd.

misión confidencial ante el internuncio Marini, a fin de facilitar la mejor solución de las dificultades de la iglesia nacional.

Después de haber obtenido la venia de la comisión permanente para ausentarse, el jefe de las logias de Montevideo y presidente de la cámara de senadores, aceptaba el delicado encargo, al que consagraría toda su buena voluntad y patriotismo[236].

Antes de partir, quiso una recomendación de Maillefer para el delegado Marini. Le objetó, el diplomático francés, que personalmente sólo había visto una vez a ese prelado a su paso por Montevideo, algunos años atrás, y que los procedimientos injustos y violentos de Estrázulas para con el capellán de los Vascos no le permitían recomendar su Gobierno a la benevolencia del representante de la Santa Sede.

El doctor pareció muy sorprendido al saber que el asunto del padre Harbustán no hubiese sido arreglado amistosamente, luego de las seguridades favorables que le había dado el Presidente de la República.

Para que tal asunto no influyera negativamente en el éxito de su misión, volvió a hablar inmediatamente con Berro, dando éste órdenes en consecuencia. Superado así parcialmente el obstáculo, Maillefer le concedía su recomendación[237].

En una actitud de casi justificación frente a su gobierno, el diplomático manifestaba: "En estos países hay que tener mucha calma ante ciertos procedimientos y ciertos hombres. De otra manera, a cada paso, uno tendría grandes cuestiones con aturdidos que un soplo de fortuna democrática humillará o arrebatará al día siguiente[238], como aconteció realmente pocos días después con el ministro Estrázulas.

Argumentos irresistibles de Castellanos

Se comentaba que el señor Castellanos salía para Buenos Aires con los bolsillos llenos de argumentos irresistibles, destinados a mons. Marini, quien, con gran sentimiento de las almas piadosas, parecía no ser absolutamente incorruptible[239].

En un informe posterior (del 15 de noviembre), Maillefer con toda honestidad y siguiendo la senda de un buen diplomático, que no es por cierto la de la voz popular, rectificaba su juicio aproximativo sobre Marini. Según las afirmaciones formales que le enviaba el señor de Bécour, representante francés en Buenos Aires, los agitadores, que con cínica confianza se pavoneaban respecto a los argumentos irresistibles con que se proveería la cartera del negociador montevideano, debían renunciar a esa triste clase de éxito,

---

[236] AMRE, da, c 12
[237] In. d., Ibíd., 393
[238] Ibíd., 394
[239] Ibíd., 390

comprometido en todo caso por la imprudente fanfarronada que lo había precedido[240].

"Al fin salió ayer –escribía Rafael Yéregui el 1° de noviembre- la cacareada misión diplomática de Castellanos y Vázquez Sagastume. ¡Qué dos entidades!... Dicen que van a tiro hecho, que traerán a su vuelta las facultades espirituales para Fernández. Se habrán figurado que las facultades espirituales son una mercancía que se puede traer en el baúl"[241].

Puesto que los argumentos de bolsillos no se presentaban ya tan contundentes como se suponía en la República Oriental, ¿qué fuerza tenían los argumentos de las instrucciones y cuál era la verdadera finalidad perseguida por el comisionado?

En los ambientes afines al ministerio de relaciones exteriores, había trascendido que, como medio de acción determinante, se pondría por delante de la Santa Sede y del nuncio la institución de un obispado en Montevideo, y que los dos antagonistas Vera y Brid, serían apartados al mismo tiempo para dar lugar a personajes más complacientes, en la espera de un concordato que reglamentara al fin las relaciones y las atribuciones[242].

Instrucciones al agente confidencial Castellanos

En realidad la posición del poder ejecutivo era más complicada, arbitraria y exigente. Firmadas por Jaime Estrázulas el 30 de octubre de 1862, las instrucciones al agente confidencial del ministerio, Florentino Castellanos, patentizan la posición oficial y tradicional del Gobierno oriental, conocida ya por lo que se refiere al obispado, concordato, derecho de patronato, creación de tribunales eclesiásticos, cementerios y proyectos de matrimonio civil.

La base de toda negociación o arreglo, aunque privado y *ad referéndum*, debía ser necesariamente la del mantenimiento de las regalías y del derecho de patronato.

Establecido esto como condición *sine qua non*, el primer encargo que el ministro confiaba a la prudencia e ilustración de su agente, era que desde el primer momento hiciese sentir a Marini que el gobierno se hallaba dispuesto a proceder a la erección del obispado y también a la celebración de un concordato, precisándose, sin embargo, con anterioridad, algunas consideraciones de orden general, relativas a los diversos derechos.

Antes de pasar a Paraná, el Dr. Castellanos debía detenerse en Buenos Aires, para recabar tanto del presidente, general Mitre, como del ministro de relaciones exteriores, cartas y notas de recomendación para el delegado.

El Gobierno oriental, contaba con la decidida cooperación del Gobierno argentino en la ocasión, y con la interposición de la influencia

---

[240] Ibíd., 397
[241] AEM, va 16, c 4-4, 6859-23
[242] In. d., Ibíd., 390

personal del general Mitre, quien había declarado que consideraba suya esa causa, y que miraba en el proceder del gobierno uruguayo no sólo el ejercicio de un derecho perfecto, sino además un procedimiento a todas luces moderado y prudente.

El delegado debía conocer con toda claridad que si pretendía desconocer, poner en duda o discutir el derecho de patronato tal como existía y estaba consagrado en la República, el gobierno oriental procedería *incontinenti* a circunscribirle el *exequátur* a lo meramente relativo al carácter de agente diplomático de la Santa Sede, no consintiéndole de manera alguna que ejerciera dentro de la República acto alguno, aunque fuera privado, en la materia de jurisdicción eclesiástica.

Si, a pesar de esto, el delegado por algún acto, aunque fuera privado, contrariaba las regalías nacionales del patronato o las resoluciones tomadas por el poder ejecutivo, el mismo estaba igualmente resuelto a casarle *in totum* el *exequátur*, aun como agente diplomático, cortando toda relación oficial con él y entendiéndose directamente con la Corte Romana.

Por el contrario, si prescindiendo de las cuestiones de derecho y admitiendo sólo los hechos, sin discutirlos, como consumados, salvando toda discusión para después, prestaba los piadosos oficios que el Gobierno solicitaba de él, debía tener la persuasión que el Gobierno iría con facilidad a la erección del obispado, e inmediatamente después a la celebración de un concordato, que fijara definitivamente en todas sus partes las relaciones entre la Iglesia y el Estado.

Se considerarían, además, como patrimonio eclesiástico nacional los valores producidos por los bienes del extinguido convento de San Francisco, para que unidos con el importe altísimo de las numerosas capellanías que existían, pudiese fundarse y atenderse cumplidamente al mismo obispado, al cabildo eclesiástico, al seminario, y todo lo relativo a las iglesias, sin perjuicio de lo que debía siempre expenderse para ese fin de los fondos del tesoro público.

De no aceptar Marini el planteamiento del Gobierno, debía conocer que éste, dentro de los extensos y excepcionales límites que le concedía el derecho eclesiástico y americano, sabría arreglarse solo.

Las instrucciones pasaban luego a exponer los argumentos ya considerados anteriormente, sobre el derecho de patronato, delimitando, además la posición y facultades de Marini.

Siendo el internuncio un enviado de tercera clase que se manda a los Estados pequeños para ejercer provisoriamente las funciones de nuncio, Marini, como delegado, se encontraba aun en una clase inferior, pues si apenas podía equipararse a los encargados de negocios en diplomacia.

En cuanto a las facultades, debía saber que la institución o confirmación de prelacías o beneficios era función reservada a la Santa Sede (como si Marini, doctor en ambos derechos, necesitara lecciones de la jurisprudencia oriental, sobre su calidad de legado y sobre sus facultades).

Si en el caso el Gobierno se dirigía a él era sólo en razón del conflicto y perturbación, causados en "las conciencias del vulgo de esta población por los actos de *mundana venganza* y *desórdenes anticristianos* producidos por el Padre Vera en la hora de su extrañamiento y aun después de él, desde Buenos Aires, agitando los espíritus timoratos, sembrando la división en el clero y en la sociedad, dañando a la República y a la Iglesia"[243].

Sin que esta deferencia pudiese constituir como un precedente en derecho, Castellanos debía tomar conocimiento de las facultades de que se hallaba investido el delegado, antes de cualquier arreglo.

Ampliando la materia con argumentaciones poco consistentes, sin fundamento histórico y jurídico, reafirmaba la función meramente diplomática, excluyendo positivamente todo ejercicio de jurisdicción eclesiástica, de los legados o nuncios en América.

Sólo por deferencia del momento –se insistía un poco desordenadamente en la redacción del documento-, se lo admitía a coadyuvar a la reorganización de la Iglesia, regularizando, con formas, aunque discutidas por muchos, el estado provisorio de los asuntos religiosos orientales.

En cuanto a los padres Vera y Conde, por la sola infracción de sus juramentos, estaban en situación irregular, y por tanto era preciso considerarlos no sólo cesantes en todo rigor del derecho, sino inhábiles e inadmisibles para volver, por el momento al menos y quizás para siempre, a desempeñar las funciones vicariales de la iglesia uruguaya. Se debían considerar como inhabilitados políticamente para el caso.

Importaba, en demostración de la prudencia con que había procedido el Gobierno, que se hiciese conocer al delegado las cinco negociaciones confidenciales iniciadas o propuestas por el poder ejecutivo, y discutidas con el padre Vera en los días anteriores al extrañamiento.

Las cuatro primeras habían sido pasadas por intermedio del coronel Moreno, amigo particular de Vera y del ministro de gobierno. La última había sido presentada a Vera por los ministros de relaciones exteriores y de gobierno, reunidos en un acto que se podía llamar oficial.

"En pos de cada una de las tres últimas fórmulas presentadas por el Gobierno, **iba con la solemne palabra oficial**, la seguridad de que en el acto de firmarse las bases, **se presentaría la renuncia del Señor** Canónigo **Brid**, del cargo de Cura Rector de la Iglesia Matriz"[244].

Se debía, además, asegurar al delegado, que cuando los ministros presentaron al padre **Vera la fórmula número cinco, éste había reconocido explícitamente que *era aceptable*, pero agregando que él no podía aceptarla porque había dado cuenta de su procedimiento anterior al delegado apostólico.**

---

[243] AMRE, da, c 12
[244] Ibíd.

Al preguntársele cómo no podía aceptar lo mismo que consideraba aceptable sin la menor observación, no supo contestar, patentizando así lo extraño de su posición. El, pues, no sólo había escuchado propuestas de arreglo, sino que discutiéndolas se había permitido proponer otras que eran de su agrado, y en las cuales se definían puntos de derecho eclesiástico, de patronato y de disciplina, lo cual era incompatible con su última actitud.

En el mencionado quinto proyecto, se cuidaba estudiosamente "no sentar punto alguno de derecho, o de innovar, o de comprometer el futuro"[245]. Se declaraba que por el hecho no podía entenderse jamás que ni la Iglesia ni el Estado renunciaban a las pretensiones o derechos que cada uno pretendía sostener. Se llevó la escrupulosidad hasta no hacer ni siquiera calificación de los curas tales como existían, y refiriéndose todo, hasta para las mismas calificaciones, al concordato que se celebrase después con la Santa Sede, o con su delegado.

Fórmulas concretas de arreglo

Las propuestas concretas, o fórmulas de arreglo, del gobierno oriental eran las siguientes:

1ª La confirmación o constitución canónica pura y simple del presbítero Juan Domingo Fernández, en calidad de vicario apostólico *en virtud de la presentación hecha por el gobierno*.

No había dificultad que para conseguir esto –hasta comprometiéndose por escrito-, fuese necesario convenir con el delegado que Fernández, luego de recibir la confirmación tuviese que firmar conjuntamente con el ministro de gobierno una declaratoria igual a la contenida en los artículos primero, segundo y parte relativa del cuarto del último proyecto, que se había propuesto ante Vera, u otra cosa completamente análoga en el fondo y hasta en la forma.

Su ejecución, como la de cualquier otra resolución, debía depender únicamente de la aprobación del Gobierno.

2ª Si el delegado apostólico presentaba inconvenientes tales, que después de una marcada y decidida insistencia del comisionado oriental no fuera posible obtener lo primero –aunque fuera bajo la promesa verbal o escrita de proceder inmediatamente el Gobierno a entenderse con él para la erección del obispado y aun acerca del concordato sobre las bases indicadas antes- entonces, se podía proponer que el delegado, aunque fuera reservadamente por medio de cartas especiales a los curas del vicariato, usara toda su influencia para que reconocieran a Fernández en la calidad de gobernador eclesiástico provisorio, tal como estaba nombrado, autorizándolos también reservadamente, si así lo quería, para que sin escrúpulo de conciencia lo reconociesen.

---

[245] Ibíd.

3ª Si este proceder podía crearle dificultades, porque, quedando esas cartas en manos de los curas podrían comprometer su posición o sus intereses frente a la corte romana, que autorizara entonces por medio de una sola carta o documento oficial reservado –y en calidad de serle devuelto si fuera necesario- a algún sacerdote, para que comunicara la misma recomendación y autorización verbalmente a todos los curas residentes en la República.

Se les exigiría juramento de reserva, a fin de que espontáneamente y reuniéndose con conocimiento del Gobierno declarasen que en el interés de la Iglesia, de la religión, y en virtud de las disposiciones del derecho reconocían y acataban la autoridad temporal y espiritual del provisorio Fernández, sometiéndose a ella.

Fuera de estos tres caminos, el comisionado oriental sólo podía oír los que de otra manera formulara y presentara el delegado apostólico, suspendiendo su aceptación, hasta dar cuenta al ministerio de relaciones exteriores, acompañando las nuevas propuestas con las observaciones del caso.

Castellanos debía actuar conforme siempre al derecho americano, sin desviarse ni dejar entrever que estaba autorizado para transmitir otra cosa que lo que iba expresamente formulado en las instrucciones.

La negativa de Marini a las tres fórmulas expresadas traería necesariamente para el mismo la casación de su *exequátur*, o cuando menos su limitación a las funciones puramente diplomáticas, sin permitirle ni aun privadamente el ejercicio de otras.

Adición a las instrucciones

Al día siguiente se le ponía una adición a las citadas instrucciones, que contenía amenazas repetidas de **matrimonio civil**, de **separación entre Estado e Iglesia**, etc., con un encabezamiento un poco curioso y en algo ridículo: "Importa tener presente –le decía Jaime Estrázulas a Castellanos, jefe de las logias montevideanas-, que el Delegado Apostólico Señor Marino Marini tiene a su lado, como Secretario [el canónigo Luis del Vecchio], un verdadero espía del Cardenal Antonelli: que tiembla ante la idea de que Antonelli lo puede reducir a la nada y que por consiguiente lo que necesita en todos los casos en que tenga que obrar discrecionalmente o ultrapasar sus instrucciones, es tener un precedente con que justificarse aquí a los ojos de su secretario, y en Roma cerca de Antonelli"[246].

---

[246] Ibíd.
Conceptos y métodos estrictamente masónicos (como: "un verdadero espía", "tiembla ante la idea", "reducir a la nada", etc.) se aplican (¿inconscientemente?) a la diplomacia pontificia.

Exigencia fundamental del Gobierno

No obstante una posible abertura (muy condicionada por otro lado) a otras soluciones, quedaba la exigencia fundamental de un **reconocimiento**, por parte de la delegación pontificia, **del gobernador eclesiástico Fernández.**

Las propuestas, tres en su forma, se reducían a una por su contenido, absolutamente inaceptable.

Semejante prepotencia impositiva decrecerá progresivamente frente a las argumentaciones y posición de Marini.

Opinión de Requena sobre la misión diplomática

El comisionado Castellanos, así pertrechado, manifestaba la persuasión de que **procediéndose con energía y firmeza, la Iglesia cedería.**

Requena, que había rehusado dar una carta de recomendación al secretario Vázquez Sagastume que se la pedía, le aclaraba que la historia decía lo contrario, anunciándole al mismo tiempo que nada conseguirán del delegado.

El mismo, aunque deseara ardientemente el arreglo sobre bases dignas y decorosas, como las que se habían presentado por Vera, no podía recomendar ni la aprobación *de lo hecho*, ni la solicitud de un provicario interino estando el verdadero prelado, y sobre todo después de haber conocido la nota de Marini al Gobierno, en la que tan terminantemente se rechazaba aquella solicitud, declarando además, no estar en sus facultades el atenderla.

El jurista católico le observaba, en fin, a Vázquez Sagastume, que le extrañaba muchísimo que el dr. Castellanos (que se había informado como él de toda la correspondencia confidencial de la delegación con el ministerio hasta el primero de setiembre) creyera a Marini tan falto de conciencia y de moralidad, y dispuesto a prestarse a sus exigencias, después de todo lo acontecido.

Tan delicado asunto lo tomaban como negocio de influencias personales. Al recabar del general Urquiza una recomendación, éste muy discretamente se la había dado interesándose para el arreglo, *pero con tal que se salvara la dignidad de la Iglesia.*

¡Buena lección para los que habían hecho creer que era cuestión de dinero!

El delegado había rechazado con profunda indignación esa atroz injuria en una de sus cartas y el resultado de la misión Castellanos-Vázquez Sagastume sería un solemne desmentido a esas injurias.

Se propalaba, además con una insolencia increíble, que habría arreglo entre el representante pontificio y el oriental, prescindiéndose de Vera, quien sería "**el pavo de la boda**".

Se ridiculizaba así a Vera, y se decía que estaba haciendo el papel del general Oribe con su presidencia legal.

Después de los actos de lamentable extravío cometidos con el prelado, el nombramiento del titulado gobernador eclesiástico, había venido a empeorar en extremo la situación, iniciándose un cisma entre el clero.

Se quería imponer a la delegación apostólica y a la corte de Roma con amenazas, unas pretensiones, que si no atendidas, originarían un cisma formal. Requena angustiado por todo esto, le significaba a Marini su convicción –que no se alejaba en lo sustancial de la de Vera y del clero fiel- para que el diplomático no se dejara impresionar por la misión masónica, comprometida ya por sus imprudentes fanfarronadas.

Mientras existiese Vera –opinaba Requena- no habría otro prelado para la Iglesia del vicariato, a menos que se consiguiese el obispado, lo que tampoco era posible mientras el gobierno no retrocediese de su invasión y levantase el impedimento impuesto al ejercicio de las facultades en la Iglesia oriental[247].

El 12 de noviembre Castellanos presentaba sus credenciales al nuncio, llegado el día anterior a Buenos Aires.

Se trasladaba de este modo definitivamente la delegación apostólica de Paraná a la metrópoli argentina.

Convicción de Vera sobre la misión diplomática

Vera, informado de ese primer paso oficial, pensaba que si Castellanos no se apartaba de sus pretensiones o no recibía otras instrucciones más arregladas a los principios de la Iglesia, volvería a Montevideo, llevando lo mismo que se había pronosticado, o sea "**la cabeza caliente y los pies fríos**", y con algún mareo si no era algo diestro en navegación.

"Entonces veremos –le escribía Vera a Requena el 13 de noviembre- quién tiene mejor ojo o quién será mejor profeta, si el que dijo lo que precede [Vera] o los Señores del **pavo** [Castellanos y Vázquez Sagastume]"[248].

En consonancia de ideas y convicciones, los amigos del otro lado del Río de la Plata, no dudaban de que la consabida misión moriría antes de nacer o tendría pocos días de vida[249].

Los otros, por el contrario, muy contentos y llenos de esperanzas sobre el resultado de la misión[250], hacían circular la voz de que ya el día 13 debía estar todo arreglado definitivamente[251].

---

[247] AyB pba, Ibíd.
[248] Ibíd.
[249] AEM, va 30, c 7-3, 6815-97
[250] Ibíd., 6815-99
[251] Ibíd., va 31, c 7-4, 6861-94

CAPITULO X

Solución del conflicto

Primera entrevista del comisionado con Marini

El 13 de noviembre, Florentino Castellanos y Vázquez Sagastume se presentaron, en la ciudad de Buenos Aires, al delegado Marino Marini. Al entregarle la carta del ministro de relaciones exteriores que acreditaba su misión, le expusieron el objeto de la misma, que era conseguir la confirmación del nombramiento del gobernador eclesiástico provisorio, recaído en la persona de Domingo Fernández[252], o, como relata mons. Vera, "con el intento de conseguir que el Gobierno de la República del Uruguay triunfase en esta cuestión"[253].

Marini rechazó con indignación aquella solución, y protestó nuevamente contra la enorme violación de los derechos de la Iglesia, cometida con actos repetidos por su gobierno[254]. Siendo evidente, según el Vicario Apostólico, la injusticia del proceder del Gobierno oriental contra la Iglesia, el asunto no podía tener otro arreglo **"que el de pecador arrepentido que da satisfacción y repara los males ocasionados"**[255].

Estas categóricas posiciones iniciales se presentaban como irreversibles y antagónicas: **por un lado la pretensión de que se reconociese un hecho arbitrario e injusto, y por el otro un repudio total del mismo.**

En semejante terreno ningún tipo de negociación podía prosperar, porque el comisionado oriental, desconociendo el carácter y la autoridad de Vicario en Vera, ***pretendía se prescindiese del mismo,*** para llegar a un acuerdo, y porque el diplomático ascolano, accediendo, hubiera abdicado de todos sus principios, propugnados hasta el cansancio en notas y coloquios, tanto de carácter oficial como confidencial, reconociendo la validez de los dos malhadados decretos de octubre.

---

[252] ASV, Ibíd., 266-266v
[253] Ibíd., 274
[254] Ibíd., 266v
[255] Ibíd., 274

Mediación del presidente argentino Mitre

Los dos abogados orientales, en la persuasión ya de no poder conseguir absolutamente nada del delegado, imploraron los buenos oficios del presidente argentino Mitre, quien de buen grado consintió encargando de eso al ministro de hacienda Dalmacio Vélez Sársfield y de justicia y culto Eduardo Costa.

Al punto de presentarse, ofreciendo en nombre de su presidente una mediación confidencial, el arzobispo de Palmira les declaró que él estaba autorizado a solicitar únicamente la revocación y anulación del decreto de extrañamiento del 7 de octubre, impuesto con tanta injusticia al vicario apostólico y a su vicario general, como también del otro del 4 de octubre del año anterior, con el que se había intentado obstaculizar el libre ejercicio de su jurisdicción. Esto no obstante, se ofrecía para recibir sus propuestas, pero únicamente *ad referéndum*.

La discusión fue larga y, al mismo tiempo, moderada. Dos días después, volvieron nuevamente para comunicarle un proyecto escrito, que ellos denominaban de **conciliación**[256].

Clara posición de Marini

Igualmente por escrito Marini, con fecha 20 de noviembre, después de manifestar su agradecimiento a dichos ministros, por el interés que se habían tomado en buscar un medio para hacer cesar el estado lamentable en que se encontraba la Iglesia de la República Oriental, se permitía hacer algunas observaciones sobre la minuta de proyecto presentada, cuya lectura le había causado no poca sorpresa.

En la referida minuta, se decía que "por el extrañamiento que ha hecho el Gobierno de la República Oriental del Uruguay del Vicario Apostólico Presbítero Don Jacinto Vera, el Pueblo católico y aquella Iglesia han quedado sin las autoridades y jurisdicciones eclesiásticas, que les son absolutamente indispensables"[257].

El delegado apostólico observaba que, a pesar del decreto del 4 de octubre con que se había querido casar el *exequátur* –que el gobierno de la República Oriental había determinado dar al breve de nombramiento de Vicario Apostólico en la persona de Jacinto Vera-, y no obstante el otro decreto por el que se imponía a éste el destierro, el Vicario había conservado intacta su autoridad y jurisdicción, que tan sólo del Sumo Pontífice había recibido, y que por tanto podía y debía ejercerla, como en realidad la ejercía, por medio de sus delegados, a quienes antes y después de su destierro había comunicado legítimamente las facultades necesarias para el gobierno de la iglesia oriental.

---

[256] Ibíd., 266v-267
[257] Ibíd., 268

De aquí se infería que no era exacto lo que se afirmaba en la minuta, a saber, que la Iglesia del Uruguay, por el destierro de su prelado, había quedado sin autoridad y jurisdicción eclesiásticas.

En la misma se consignaban a continuación las siguientes palabras: "y admitiendo (el Arzobispo de Palmira y Delegado Apostólico) en nombre de Su Santidad, el Sumo Pontífice, la renuncia que nos ha hecho del Vicariato que ejercía el Sr. Vera, usando de las facultades correspondientes en casos tales, a los Delegados Apostólicos, hemos venido por el presente en nombrar el Vicario que ha de gobernar aquella Iglesia..."[258].

El delegado Marini no podía menos de observar que, haciendo los Vicarios Apostólicos las veces del Sumo Pontífice en el gobierno de las iglesias que les eran confiadas, su nombramiento pertenecía exclusivamente a Su Santidad, y por consiguiente correspondía únicamente a él la admisión de sus renuncias, según aquella regla del derecho, que dice: "*Nihil tan naturale est, quam unumquodque eodem genere dissolvi, quo colligatum est*".

Sentados estos principios, el diplomático ascolano declaraba en primer lugar, que en la minuta se suponía un hecho que no existía, o sea la renuncia del Vicario Apostólico Vera; en segundo lugar, que dado ese caso, no hubiera podido admitir la renuncia, ni nombrar un nuevo Vicario Apostólico, porque para eso se necesitaba una autorización especial de Su Santidad, de la que carecía.

Omitía las demás observaciones a que daba lugar la citada minuta, por considerar suficientes las expresadas, para que los ministros se persuadieran de que en modo alguno se podía aceptar aquel proyecto.

El diplomático Marini abrigaba, sin embargo, la esperanza de que meditando maduramente dichos señores lo expuesto, propusiesen algún otro expediente, que, salvos los derechos y la dignidad de la Iglesia, llevase la cuestión a un término satisfactorio, teniendo en vista las bases que él mismo había indicado en la primera conferencia que habían celebrado[259].

Fracaso de la mediación argentina

Los dos abogados argentinos, visto que su proyecto de **conciliación** había sido sustancialmente desechado, invitaron al señor Marini a presentar un contraproyecto.

Para no disgustarlos, y para ganar tiempo, contestó que se hubiera ocupado del mismo, "pero si no insisten –le comunicaba a Roma el 25 de noviembre-, esperaré a que me lleguen las instrucciones solicitadas...En el caso de que manifiesten solicitud y premura, extenderé, *de acuerdo con el Vicario*

---

[258] Ibíd., 268v-269
[259] Ibíd., 269-269v

Apostólico, residente en esta ciudad, el deseado contraproyecto, de tal manera que queden a salvo e ilesos los derechos de la Iglesia.

Mientras tanto, aumentando la agitación de los católicos en Montevideo, podría quizás acontecer que el Presidente Berro atemorizado, cediera a sus justos reclamos"[260].

Insistiendo los ministros argentinos, para que la delegación pontificia presentara su contraproyecto, ésta no pudo eximirse de la obligación contraída con su promesa formal, y, en colaboración con Vera, se acordaron algunos puntos fundamentales[261], que, como era previsible, fueron rechazados y con modales poco finos.

A raíz de esto, los mencionados señores dieron por concluida su mediación, de lo que se alegró Marini[262].

Vera reafirma su posición

Vera, que no había participado en dichas conferencias, como no participará en las posteriores por la decidida aversión y resistencia del comisionado oriental, sabía que monseñor había rechazado siempre la pretensión de que debía cederse al capricho del presidente del Uruguay, de no reconocer la autoridad del legítimo prelado.

Nunca, en efecto, podía ser base de un arreglo por parte de la Iglesia una injusticia, y una injusticia cual haría la misma Iglesia consintiendo que fuera desconocida la jurisdicción del Vicario Apostólico por haber obrado según su deber.

Vera no sabía cuál sería en adelante la dirección que tomaría ese asunto, pero podía asegurarle al card. Antonelli que todos los buenos católicos deseaban el decoro de la Iglesia, y su libertad en su gobierno.

Todos unánimemente afirmaban que si, por un incidente, se cedía al capricho de un gobernante, surgirían luego más serios pretextos para que se cediera de nuevo; quedaría entonces la Iglesia esclava de quien mostraba la poca religión que tenía, con las pretensiones a que aspiraba.

Semejante caso sería tanto más frecuente, cuanto que la experiencia enseñaba que en estos países no eran generalmente los gobernantes las personas más católicas, sino al contrario, de lo que era una confirmación el caso presente.

Los buenos católicos opinaban también que triunfando la Iglesia, como triunfaría en la lucha presente, tendría en lo sucesivo mayor libertad para sus funciones; y los gobernantes más miramientos en lo que perteneciera a la jurisdicción eclesiástica[263].

---

[260] Ibíd., 267-267v
[261] AyB pba, Ibíd.
[262] ASV, Ibíd., 281
[263] Ibíd., 274-275

Desengaño de Vera con respecto al presidente Berro

Vera se estaba desengañando amargamente sobre la religiosidad del presidente, y no intuyendo lo polifacético de esa enigmática personalidad, llegaba a afirmaciones y apreciaciones en total contraposición con las expresadas en los primeros meses de su administración.

"Sólo el Gobernante y los pocos hombres que lo rodean –consignaba el 25 de noviembre- se obstinan en no reconocer su error e injusto proceder contra la Iglesia, **a la que en todo y por todo pretenden esclavizar**, prevalidos del poder que hoy tienen en las manos. Puedo asegurar a Vuestra Eminencia que entre esos pocos individuos, no hay ni uno que se muestre católico en sus obras, antes, los más de ellos son públicamente conocidos como pertenecientes, y aun como **Cabezas de la impiedad y masonismo**, que desgraciadamente se empeñan en introducir en estos países"[264].

Las "perversas intenciones de Berro" alejaban la esperanza de todo arreglo; en la República Oriental, sin embargo, se consolidaban al ver la dignidad con que eran rechazadas sus exageradas pretensiones, y que no habría jamás lugar a un arreglo deshonroso para la Iglesia, pues que tal sería todo arreglo en que quedase a un lado la persona de Vera, y, según el secretario Rafael Yéregui, aun en el caso en que el mismo prelado renunciara.

Resentimientos entre el Vicario y el Presidente

La terquedad de Berro y sus secuaces era considerada como un deshago personal contra Vera, al mismo tiempo que se desarrollaba, en opinión de Yéregui, **un gran plan de destrucción de la religión y de toda moralidad de esa pobre tierra**[265].

Las cosas habían llegado a una tensión tan grande, que no es difícil descubrir en estas inculpaciones mutuas, probables resentimientos personales entre el presidente y el prelado de Montevideo.

Arrebato de Vázquez Sagastume

Los primeros compases diplomáticos de Marino Marini con el comisionado uruguayo, habían registrado su nota cómica, que, difundida en los círculos montevideanos, había excitado la hilaridad hasta en los más circunspectos.

Había sido tan encendido el fuego del discurso de Vázquez Sagastume al sostener los derechos que asistían al gobierno de Montevideo para destituir al Vicario Vera, que el nuncio "movido de esa caridad que le es característica, le dijo que necesitaba agua, y mucha, para refrescarse la cabeza; y suplicó al dr.

---

[264] Ibíd., 273-273v
[265] AEM, va 16, c 4-4, 6858-44

Castellanos presente, que no olvidase el remedio del agua para aquel mozo, pues la precisaba"[266].

Idea de la delegación

En la conferencia celebrada el día 21 de noviembre entre los ministros argentinos y el delegado, se había adelantado por este último, como posibilidad, la "delegación del Padre Vera en una persona de la aprobación del Gobierno Oriental"[267].

Tal proposición, verdadera espada de doble filo, desestimada por los argentinos, conocedores de las instrucciones e intenciones del Presidente Berro, y resistida por Vera en la parte referente a "la aprobación del Gobierno" derribaría obstáculos al parecer invencibles, superando diestramente los escollos de Escila y Caribdis.

El ministro de relaciones exteriores, tempestivamente informado por Castellanos sobre la inesperada dirección señalada por Marini, después de haber tomado en su debida cuenta con el Presidente aquella posibilidad, con fecha 24 de noviembre, le contestaba, en nombre del mismo mandatario, que, como caso inesperado y remoto de insistencia por parte del arzobispo de Palmira, y de agotarse todos los medios contenidos en las instrucciones de que estaba en posesión, y los propuestos por los ministros argentinos, el gobierno no trepidaría en suspender momentáneamente la prohibición contenida en el decreto de casación, pero sólo y exclusivamente con el objeto de que Vera pudiese delegar sus facultades espirituales en un sacerdote de la aprobación del Gobierno, o bien en el Delegado Apostólico.

Se insistía de que esto mismo sólo debía entenderse en un último extremo y perdida toda esperanza de arreglo por otros medios[268].

Las quince páginas de protocolo, llenas de argumentos y amenazas, redactadas con mucho esfuerzo pero, quizás, con poca inteligencia por el iracundo ministro masón, quedaban prácticamente anuladas por un plumazo, lanzado únicamente *ad referéndum* por aquel diplomático "anciano y débil", como había sido catalogado por Vera en los primeros meses de la lucha emprendida para imponer su nombramiento.

---

[266] País, nov. 17-18 de 1862
"A todos ha agradado mucho –escribía Rafael Yéregui- la idea del Sr. Nuncio, de pedir agua por el loco Sagastume. Lo que puede sentirse que se juzgue de los orientales por la muestra, es decir por Castellanos y Sagastume" (AEM, va 16, c 4-4, 6858-44).
[267] AMRE, da, c 12
[268] Ibíd.

Inquietudes en los ambientes montevideanos

La idea de la delegación, al paso que se iba abriendo camino, estaba sembrando inquietud y recelos.

Recogiendo las indiscreciones, Requena le comentaba a Vera que el proyecto de obtener un delegado parecía que se estuviese imponiendo, no obstante que la comisión de los agentes confidenciales aparentara no agradarle.

La misma gente que anunciaba días atrás el arreglo, siendo Vera *"el pavo de la boda"*, había anunciado también lo del delegado, *quedando ignorado el legítimo prelado*.

Esto indicaba que era necesario proceder con cautela y que si Vera accedía, debía ser con las restricciones del caso. Se decía también que no se aceptaría ningún sacerdote oriental, presentándose más bien algún argentino[269].

Vera relativamente favorable a la idea de la delegación

Vera, que aceptaba como fundadas aquellas ideas al escribir, "Veo que por ahí están impuestos de las cosas que por acá pasan, que son, a la verdad lindezas, por no decir extravagancias", le exponía su punto de vista al preocupado Requena.

Era cierto que desde el principio de las entrevistas con el nuncio, y aun estando en Montevideo, había prometido el nombramiento de un delegado, porque esto era un deber suyo, *ne omnia perirent*. Pero semejante nombramiento había de ser con las restricciones del caso y relativas a la actualidad del vicariato.

Se debía hacer previa colocación de un sacerdote de toda su confianza en la iglesia Matriz, y el delegado debía ser un presbítero de Montevideo; pues los había en dicha ciudad y muy capaces, y se les inferiría una injuria no pequeña si, por complacer a un gobierno indigno, se buscase en diócesis extraña quien hiciese las veces del prelado.

Si ese gobierno y sus hombres pretendían realizar imposiciones en el destierro sobre el hombre, que no habían podido dominar cuando lo tenían bajo su férula, estaban completamente equivocados[270].

El imitador del obispo Ambrosio de Milán –quien tiempo atrás había requerido en el prelado que debía elegirse, como condición fundamental, "el suficiente valor para dar una voz de alto... a todo el que pretenda constituirse juez en materia de jurisdicción eclesiástica"[271]-como se conservaba, de acuerdo a su particular estilo, ajeno a las presiones de Berro, consecuente con su modalidad, **rechazaba terminantemente la mano tendida por Venancio Flores,** a pesar de las voces y juicios autorizados, difundidos apresuradamente y recogidos con avidez desordenada.

---

[269] AEM, va 30, c 7-3, 6815-100
[270] AyB pba, Ibíd.
[271] Nac., mar. 3 de 1859

¿Alianza de Vera con Flores?

La agitación política, a juicio de Maillefer, no había tardado en mezclarse a la agitación religiosa; y si se daba fe a la carta del general Flores, más bien que a las denegaciones del Vicario Apostólico desterrado, resultaba que la causa de los colorados y la de los católicos no eran más que una.

"Frente a esta alianza peligrosa que tratan de impedir respetables escrúpulos, **pero que está en la naturaleza de las cosas**, no parece que el Sr. Berro se resigne a hacer de ningún lado concesiones suficientes, pues el Dr. Castellanos, su negociador ante Flores así como antes los Monseñores Marini y Vera, no ha tenido éxito ni en un campo ni en el otro"[272].

El representante galo se inclinaba más bien a favor del jefe de la oposición que de Vera, llegando a clasificar esa hipotética (para él consumada) alianza, como fruto natural de la realidad, encuadrando sus observaciones, ahora como en otras circunstancias ya denunciadas, en un pronunciado marco de subjetividad e interpretación parcial, por falta de elementos objetivos.

Desmentido categórico de Vera

El desmentido de Vera había sido categórico en una carta a su amigo y condiscípulo José Silvestre Sienra, que no mucho tiempo después será ministro de gobierno.

Sienra le había hecho justicia y había penetrado perfectamente bien sus sentimientos al no prestar sus oídos a los rumores que se estaban esparciendo. "Usted me conoce –le escribía Vera el 11 de noviembre- y sabe muy bien que jamás daría yo un paso que llevase conflictos y desgracias a mi país, que amo demasiado, Usted lo sabe perfectamente. **La causa de la Iglesia no se sostiene con armas** – nunca permite que con sangre y víctimas se reparen sus agravios. **Está sostenida por Dios y esto basta**"[273].

Imprudencias e ingenuidades no habían faltado, ni por parte de los más allegados a Vera. El presbítero Chantre, en efecto, prosecretario de Vera en el destierro, le había enviado a un tal Irigoyen de Montevideo una tarjeta del general Flores, en la que se decía que él (el rebelde colorado) sería el ángel

---

[272] In.d., Ibíd., 400

"Cuatro asuntos –se afirmaba a continuación- de los más graves para dirigir a un mismo tiempo: una crisis ministerial, la cuestión eclesiástica, cinco elecciones senatoriales y una invasión anunciadas igualmente para mañana 30 de noviembre- parece que el misterioso Presidente se ha ingeniado en acumular estas complicaciones y esos peligros, para ostentar su habilidad en salir de ellos" (Ibíd.).

[273] País, nov. 22 de 1862

tutelar de Vera y de la Iglesia. Irigoyen no había sido muy reservado en mostrarla y esto había causado muchos disgustos.

"La causa es en sí muy santa y como nos ha dicho V.S. –le decía Inocencio Yéregui a Vera el 10 de noviembre- no precisa para su defensa de espadas, Dios puede más que ellas, y a más hace mal esto a V.S., porque el que escribe es nada menos que el prosecretario [Chantre], todos los que conocen a V.S. no dudan ni por un momento de la rectitud de V.S. en esto, pero otros y especialmente los malos lo explotan"[274].

A pesar de haber sido desterrado por ese partido blanco que estaba en el poder (hacia el cual no podía ocultar su inclinación política), sus convicciones no variaban por el hecho. **Ellas habían pertenecido siempre a los principios, y el de autoridad nunca había dejado de ser el objeto de su respeto y decisión**[275] y jamás hubiera apoyado un movimiento al que le hubiese faltado el carisma de la legítima constitución.

Nueva mediación de Mitre

Al fracasar la mediación argentina, Mitre no se dio por vencido, y el 30 de noviembre le enviaba una carta a Marini, significándole, diplomáticamente, el sentimiento de ver que el curso que llevaba la negociación, tomaba un carácter de dilación que dañaba los intereses de la Iglesia y podía ser causa de una perturbación en las conciencias. Por lo mismo, el gobierno argentino deseaba cooperar a los esfuerzos del comisionado oriental, llegando a una solución honorable.

Agregaba, con una táctica que intentaba poner un remiendo a la ruptura de sus ministros, que no sabía si la última conferencia importaba dar por terminada la cooperación, que hasta entonces se había prestado en nombre y en defensa del derecho de patronato.

---

[274] AEM, va 30, c 7-3, 6815-97
"El Sr. Acha –escribía Inocencio Yéregui el 10 de noviembre- me incluye la adjunta para V.S. [Vera], él hace dos días que vino muy alarmado con la voz que se hacía correr, sin duda por los enemigos de la Iglesia, que V.S. estaba en combinación con los enemigos políticos: absurdo que estos malvados quieren hacer acarrear el odio contra los que de otra manera no pueden hostilizar. El Sr. Acha creo que le habla algo de que sería bueno que V.S. diese alguna pastoral, para destruir esa falsedad, pero yo lo he reflexionado y me parece que como aún no pasa de voces, sería más prudente suspender toda justificación, porque talvez con ese motivo dijesen estos malvados, que *excusatio non petita accusatio...[manifesta]*. Sin embargo, esto no es sino una simple opinión mía, V.S. sabe mucho mejor que yo lo que convendrá. No obstante es conveniente le diga algo al Sr. Chantre que no sea tan simple" (Ibíd.).
[275] AyB pba, Ibíd.

Marini, que se había alegrado sinceramente del término de esa interposición, por tener que salvaguardar también los graves e importantes intereses eclesiásticos ante el Gobierno argentino, no podía pasar por alto aquella invitación, y más diplomáticamente que su interlocutor, pedía una conferencia, que tenía lugar el 2 de diciembre.

De acuerdo a los inveterados cánones de su buena diplomacia, como había procedido con sus representantes, así procederá con él.

Aceptación diplomática de Marini

Para no disgustarlo, le aseguró que se prestaría a un arreglo en el sentido más liberal y más honorable para el Gobierno uruguayo, siempre que de él dependiera la realización; pero, por el momento, no podía ejecutarlo porque esperaba las órdenes respectivas de la curia romana.

Hacia el 15 de diciembre o fines del mismo, le llegarían con certeza las instrucciones que lo habilitarían, prometiéndole entonces llenar sus buenos deseos. Por el momento no le era posible ninguna solución, sino conciliando en parte sus facultades con las jurisdiccionales que tenía Vera, para regir la Iglesia oriental por nombramiento del Papa[276].

"Abundando en seguridades y explicaciones sobre este último particular, el Presidente Mitre entrevió la mala voluntad del Padre Vera, como único obstáculo al arreglo en esta cuestión. Que esto provenía, según el Delegado, de haberle reprobado muy severamente los últimos actos del entredicho de la Iglesia Matriz, y la suspensión del Presbítero Mayesté, lo mismo que sus actos posteriores. **Que estaba arrepentido de haber recomendado para la Vicaría al Padre Vera**, pues era una persona ignorante y terca, en cuyo fondo se veía claramente germinar las ideas de venganza"[277].

Enfriamiento en el trato entre el delegado y Vera

Estas expresiones del relato que hace Florentino Castellanos a su gobierno sobre la mencionada conferencia, basándose en la conversación que había tenido la tarde del mismo día (2 de diciembre) con Mitre, dejan entrever, dentro de un enfoque ya conocido ("mundana venganza", "causas mundanas", "bastardos intereses", "desórdenes anticristianos" de Vera), un enfriamiento en el trato entre el delegado y Vera.

---

[276] AMRE, da, c 12
[277] Ibíd.

Por otras fuentes, partidarias del prelado[278], se sabe que Marini se mostró algo duro, injusto y casi enemigo de la buena causa sostenida por el desterrado.

Puesto que en los informes oficiales a la curia Marini nunca habla, ni remotamente, del particular, y que Vera, Requena y amigos juzgaron mal su actuación en este arreglo, se podría llegar a la conclusión de que el arzobispo de Palmira, con una doblez, hipocresía y debilidad inusitadas, hubiese caído en el juego de los masones, sacrificando a Vera, si bien no totalmente.

Toda esta incertidumbre, que se volvería persuasión por la corroboración del único grupo de documentos "filoverianos", se disipa al examen de la correspondencia confidencial[279] del comisionado oriental a su gobierno, en la que se describen, sin sospechosas adulteraciones, más que las debilidades y condescendencias del delegado, su enconada lucha para **quebrar la resistencia de Montevideo** y **superar** al mismo tiempo **las angulosidades del prelado**. El desarrollo de los hechos vigorizará lo dicho.

Única base posible de solución

Según las opiniones vertidas por Marini en su conferencia con Mitre, la única base posible sobre la que podía hacerse un arreglo provisorio, era que Vera hiciese la delegación de sus facultades en una persona designada por el Gobierno oriental, "quedando a voluntad de Vera la revocación" de aquellas facultades.

Mitre creía que esta última condición podía eliminarse, "suavizando previamente cierta acritud que se notaba en las relaciones de monseñor Marini con el padre Vera, interesando al obispo Escalada, para que influyese sobre el ánimo de este último"[280].

El comisionado oriental, que se había abstenido de asistir a las conferencias, para dejar, como afirmaba, mayor libertad a los mediadores, informado del éxito negativo de la última reunión tenida el 30 de noviembre, después de haber hablado con el presidente argentino, solicitó nuevamente una entrevista con el delegado apostólico, para buscar una conciliación que los anteriores no habían sabido o podido encontrar[281].

Reunidos el 3 de diciembre en el palacio episcopal bonaerense, dieron inicio a la segunda conferencia oficial.

---

[278] Cfr., en apéndice, las relaciones de la superiora de las hermanas de la Caridad, Maria Chiara Podestà, y del presbítero Jean Carmel Souverbielle.
[279] La importancia de esta correspondencia, que se encuentra en el ministerio de relaciones exteriores de Montevideo, es decisiva en el asunto.
[280] AMRE, da, c 12
[281] ASV, Ibíd., 281-281v

Bases concretas propuestas por Marini

El arzobispo de Palmira informó sobre la entrevista realizada el día anterior con Mitre, a consecuencia de haberse suspendido las conferencias oficiales.

Para no fantasear en discusiones inútiles y ofrecer motivos a las extravagantes pretensiones uruguayas, estableció como bases de las negociaciones: 1° que el sacerdote Jacinto Vera debía reconocerse como Vicario Apostólico, y 2° que el mismo debía tener participación en la conciliación.

El comisionado desde el inicio mostró una fuerte repugnancia en la aceptación de esas bases; pero al fin convino con Marini sobre lo imprescindible de las mismas. El delegado entonces le comunicó el mismo contraproyecto en tres artículos, que había sido rechazado por los mencionados mediadores[282].

¿Cómo se explican las **"resistencias"** *de Vera?*

En el informe confidencial de los agentes uruguayos a su gobierno sobre este encuentro, reaparecen expresiones de Marini sobre el **carácter y actitud poco flexible de Vera**.

"Las resistencias –había informado- que ofrecía la terquedad del carácter del Vicario Vera dificultaría mucho la solución que se buscaba...

El Doctor Vázquez Sagastume observó que la terquedad del carácter del Sr. Vera, reconocida por el Arzobispo de Palmira, no debería mirarse como un obstáculo insuperable para conseguir un arreglo benéfico, tanto a los intereses de la Iglesia cuanto a los respetos de la autoridad civil"[283].

¿Qué objeto tenían "las resistencias" del desterrado[284], si al iniciarse las gestiones con los ministros de Mitre, Marini había convenido con el mismo Vera los puntos esenciales de un posible arreglo, y éstos eran reafirmados ahora solemnemente frente a los señores Castellanos y Vázquez Sagastume?

¿Acaso Vera no había sostenido que deseaba un arreglo honroso, y no había prometido hasta el nombramiento de un delegado, con las restricciones del caso? ¿Las "resistencias" dependerían únicamente de su carácter o habría otras circunstancias influyentes?

Por los datos que se conocen es imposible dar una respuesta única y exhaustiva a los diversos interrogantes, pero no faltan indicios explicativos, como el haberle reprochado Marini diversas medidas precipitadas (entredichos,

---

[282] Ibíd., 281v
[283] AMRE, da, c 12
[284] Se prescinde de la posibilidad de que Marini remarcase las "resistencias" de Vera, para ganar tiempo y desanimar a sus interlocutores.

excomuniones, etc.), las imprudencias o vivezas de los diplomáticos orientales en llamarle el "pavo de la boda", las afirmaciones públicas y porfiadas de que se prescindiría de Vera y de que el nuncio lo había destituido, las insistencias de los amigos de Montevideo para que se mantuviera enérgico y decidido en sus posiciones, y **su deseo de que fracasara la misión Castellanos**.

"Aquí [el Gobierno oriental] ha hecho los mismos esfuerzos por sus comisionados –le escribía Vera a Requena el 8 de diciembre- hasta interesar al Gobierno argentino; **pero todo va quedando y le aseguro, quedará sin resultado**. Tendrá el Gran Oriente [Castellanos y Vázquez Sagastume], que regresar como vino, **a pesar de haber en estos últimos días logrado extrañas simpatías con Monseñor**. Mas como ni éste, ni aquéllos nada pueden sin el asentimiento del Vicario Apostólico, quedará frustrada toda tentativa"[285].

Algo más se puede inferir de esta última expresión, y concretamente: un mayor recelo y desconfianza de Vera hacia Marini y una mayor rigidez, hasta no permitir ningún movimiento sin su beneplácito, reduciendo al delegado a un simple ejecutor de sus órdenes.

Sin ahondar mayormente en este análisis, queda manifiesta la oposición entre la modalidad de ambos eclesiásticos: **por un lado** (como ya se afirmó varias veces) **un negociador empecinado, oportunista y táctico**, que quiere dar largas al asunto, en espera de las instrucciones de Roma; sin disgustarse ni con Mitre, ni con Castellanos, avanza desde el principio las condiciones indispensables para todo arreglo honroso; **por el otro lado, un hombre que busca sinceramente el triunfo de la Iglesia, pero humillando al adversario**, que debe volver como un pecador arrepentido, dando satisfacción y reparando los males ocasionados; un hombre demasiado rígido e intransigente en sus posiciones, por falta también, quizás, de una adecuada preparación y de una perspectiva histórica.

Ideas de Requena sobre la manera de solucionar el conflicto

Si bien más moderado y prudente, el amigo Requena manifestaba las mismas convicciones.

El verdadero y unívoco camino para llegar a un entendimiento era la aceptación de las últimas proposiciones (proyecto quinto) hechas por Vera en Montevideo, que el jurista publicaba en *El País*, el 3 de diciembre.

¿Por qué –se decía– no se vuelve a ellas para alcanzar el arreglo deseado? Continuar observando la práctica de dar intervención al Poder Ejecutivo en el nombramiento de los curas, y librar a un concordato con la Santa Sede la participación que el Poder Ejecutivo pretende tener en la remoción de los curas interinos, declarando el Prelado su firme decisión a proceder de conformidad con el juramento prestado a su recepción, es, en

---

[285] AyB pba, Ibíd.

compendio, cuanto bastaría en el caso para salvar la dignidad y las prerrogativas de cada uno.

Renuévese, pues, la negociación con el Prelado, separando toda prevención personal, toda susceptibilidad de amor propio y el resultado será satisfactorio".

El mismo articulista se daba cuenta de que era imposible, o a lo menos improbable, una vuelta a ese negociado. A Vera le comunicaba, en efecto, que Berro continuaba manifestando deseos de arreglo, pero para ello hubiera tenido que volver sobre sus pasos, "lo que no considero probable -terminaba diciendo-. Es muy apegado a sus opiniones"[286].

Reafirmando que de otro modo no habría arreglo, reiteraba también sus convicciones sobre el éxito de la misión Castellanos[287]: "Tampoco a nosotros nos sorprende que la misión Castellanos haya fracasado [ya la daba por fracasada], y ese resultado lo anunciamos desde que se inició ese medio de arreglo, en vez del único que podía producir el restablecimiento de la armonía entre las dos potestades; no obstante que no faltaban aquí y en Buenos Aires quienes manifestaban la confianza de un arreglo con el Nuncio"[288], prescindiéndose totalmente de Vera.

La excesiva tirantez del ministerio destituido había sido para Requena, la única causa de que el arreglo no se hubiera efectuado antes del extrañamiento. El ministerio, en efecto, le había revelado, después de su caída, que uno de los puntos de su programa era entrar con *mano firme y enérgica* en la cuestión eclesiástica, sin acepción y excepción de personas, y con eso había venido a mostrar que lo menos que quería era un arreglo, que le habría impedido ostentar toda su energía en servicio de intereses que de seguro no eran los intereses generales del país y del catolicismo. Había una idea preconsabida, un pensamiento dominante y se buscaba su realización, por más que para contemporizar con la opinión pública se mostrase disposición a arreglar el asunto y se pusieran en juego terceras personas[289].

Tal interpretación de los hechos, con la real valoración y suposición de la lucha entre el catolicismo ultramontano y la masonería liberal, es verdadera, pero unilateral e incompleta, habiendo sido también **Vera un factor determinante en el fracaso de la negociación**, como, sin lugar a duda, lo hubiera sido en ésta de Buenos Aires, sin el concurso de Marini.

---

[286] AEM, va 30, c 7-3, 6815-111
[287] Ibíd.
[288] País, dic. 3 de 1862
[289] Ibíd.

Cambios al proyecto de Marini

El comisionado oriental, al examinar los tres artículos del contraproyecto presentado por Marini, hizo algunos cambios, que no siendo sustanciales fueron admitidos[290].

Para este trabajo se ocuparon algunos días en conferencias continuas y reservadas[291], que le hicieron escribir a Vera: "a pesar de haber [el Gran Oriente], en estos últimos días logrado extrañas simpatías con Monseñor"[292], y "hay actualmente misterios"[293].

Rafael Yéregui, en carta de 8 de diciembre, expresaba: "¡Ojalá sean favorables [los misterios] a la causa de la Iglesia! Pero le aseguro que no soy partidario sino de los Misterios de nuestra Sacrosanta Religión, como por ejemplo del que hoy tenemos la dicha de venerar. Esperemos a ver en qué paran esos misterios"[294].

Incidente entre Vera y Marini

Terminadas aquellas conferencias, el nuncio mandó a su secretario a la casa de Vera con el resultado de las mismas, que era un proyecto de arreglo basado en los puntos, acordados entre ambos, antes de dar principio a las conferencias con los representantes del gobierno argentino, "pero variadas las palabras y con diferente redacción. Yo al observar esta novedad –relata el mismo Vera-, no dejé de alarmarme y pedí el proyecto, para examinarlo con reflexión y madurez.

Observé no sin extrañeza, que se rehusaban y no accedían a mi exigencia, que yo la creía justa. ***De esto provino el cambio de palabras menos comedidas entre mí y el Sr. Nuncio y me separé de su presencia con enojo, y resuelto a retirar mis bases***"[295].

Este incidente hizo que varias personas respetables se acercasen a Vera, persuadiéndole que restableciese su inteligencia con el nuncio (sin duda solicitadas por el propio diplomático). El obispo se valió de los padres jesuitas y éstos le hablaron.

Vera persistió en que se le diese vista del nuevo proyecto; el padre Sató fue el mediador.

Se vio con el nuncio, "quien –según la misma fuente- entonces con muy buena voluntad y prontitud me mandó el proyecto exigido. Lo examiné yo,

---

[290] ASV, Ibíd., 281v
[291] AyB pba, Ibíd.
[292] Ibíd.
[293] AEM, va 27, c 6-15, 6862-15
[294] Ibíd.
[295] AyB pba, Ibíd.

dichos Padres y otras personas y **nada se encontró de alteración en lo sustancial, sino diferencia en la redacción**.

En seguida, como era consiguiente, presté mi aquiescencia a dicho proyecto –que si es aceptado por el Sr. Berro principiará el verdadero triunfo de la Iglesia"[296].

El día 8, Vázquez Sagastume llegado a Montevideo para someter a la revisión de su gobierno los mencionados artículos, esparció la voz del incidente entre Marini y Vera, felicitándose y abrazándose con los *hermanos*[297].

La versión sobre la sustancia del acuerdo fue tan adulterada por el adjunto del comisionado, que Requena, muy alarmado y con él todos los amigos del Vicario, en una carta le aseguraba al mismo Vera: "es tal la seguridad con que se habla aquí del arreglo con prescindencia de V.S. Rma., que unido a lo que me indica V.S.Rma. relativamente al **cambio que se nota en el Nuncio, que casi creo que al fin se haya doblegado a ciertas influencias**"[298].

También Requena había empezado a dudar seriamente de la honestidad profesional del diplomático pontificio, hasta suponerlo víctima ingenua del jefe de los logias orientales.

Por un lado quería convencerse de que Marini podía obrar con prescindencia de Vera, al recordar unas palabras que le había dicho el señor Derqui, a saber, que Marini tenía "facultades muy amplias", porque como presidente de la Confederación se había entendido con él sobre asuntos muy graves; por el otro, Requena desengañándose, rememoraba unas palabras del mismo delegado consignadas hasta en notas oficiales al gobierno, de que no tenía facultades para nombrar provicarios, mientras existiese el vicario apostólico.

"*Atando ahora cabos* –consignaba en la misma confidencial- me explico la falta de contestación del Nuncio a mi carta del 9 de noviembre, que le fue entregada por V.S.Rma. Si el Sr. Marini hubiera estado de lleno en esas ideas no hubiera dejado de acusarme recibo, habiéndose limitado a mandarme decir con el Sr. Letamendi que no me desanime, que continúe defendiendo la causa de la Iglesia.

¿Vendrán a salir con lo suyo los que desde antes de llegar el Nuncio a Buenos Aires anunciaban el arreglo, sacrificando al Vicario Apostólico?...Entretanto felicito a V.S.Rma. por la carta del Sr. Eyzaguirre, ¿qué dirá este Señor cuando sepa el proceder del Nuncio?"[299].

El arzobispo de Palmira, al tener conocimiento oficial y extraoficial de esa injustificada desconfianza de su estimado amigo, el esforzado defensor de la Iglesia, hacia su actuación, suspenderá por un tiempo su relación epistolar con

---

[296] Ibíd.
[297] AEM, va 16, c 4-4, 6858-29
[298] Ibíd., va 30, c 7-3, 6815-114
[299] Ibíd.

el mismo, poniendo una especie de entredicho en su amistad, porque ya se había convertido en obstáculo, maravillándose de que una **persona tan preparada y ducha en esos asuntos**, se dejase arrastrar fuera de camino por un celo excesivo.

Vera se apresuró a tranquilizar a Requena, exponiéndole el fundamento de "toda la bulla y felicitaciones de esos hombres sin juicio", que les esperaba una buena si lo dicho se realizaba. Agregaba luego: "Usted puede inferir de este relato si el Nuncio tiene o no facultades para proceder según dice esa gente. No se habría mostrado tan dócil después que conoció que **el Vicario de Montevideo no es de los hombres de fácil manejo** –y que tiene la suficiente serenidad, para dejarlo plantado en su ya concluido arreglo con los Comisionados. Permítame le recomiende, el no dar publicidad a esta carta y puedo asegurar que el Sr. Nuncio no se ha separado de lo convenido conmigo"[300].

Flexibilidad de Marini e inflexibilidad de Vera

En esta **verdadera explosión** de Buenos Aires, culminación de una larga tensión totalmente infundada, quedan al descubierto las **intemperancias del carácter de Vera**, **rígido, exigente y de no "fácil manejo"**, que lo hacen desconfiar de la sinceridad del nuncio, debiendo reconocer después que éste había procedido según lo pactado, y que le obnubilan la mente a tal punto que no sabe distinguir entre una simple diferencia en la redacción y una alteración en lo sustancial.

Marini, que había tenido la delicadeza (lo que no hubiera sido necesario por ser el proyecto sustancialmente el mismo) de mostrarle el proyecto, después de los retoques practicados por el comisionado uruguayo, comprobando que Vera creía más en el parecer y juicio de otras personas que en el suyo, se sintió justamente ofendido.

No obstante todo, fue el primero en dar marcha atrás, y buscar la reconciliación, para que no naufragasen las posibilidades de arreglo.

Requena tomará nota de esta rectitud de Marini, diciendo que si bien había habido alguna desinteligencia, ella había cesado mediante explicaciones respectivas. No creía, en efecto, que aquélla hubiera afectado al fondo del asunto, ni influido de ningún modo en las ideas del Sr. Nuncio, "**que se muestra siempre consecuente**"[301].

No así Vera, que no captó lo indelicado de esa exigencia suya, que pensaba justa. A un amigo que le había ponderado con exceso el gran sentimiento que habría ocasionado a monseñor Marini su proceder y las palabras que se habían cambiado, le contestó que todas las veces que el delegado lo tratase como lo había tratado, tenía el disgusto de asegurarle que le

---

[300] AyB, va 30, c 7-3, 6815-117
[301] AEM, va 30, c 7-3, 6815-117

sucedería lo mismo. "Me asiste la conciencia –recalcaba, **dando poca muestra de sensibilidad e ilustración**- que en nada le falté como a representante de la Santa Sede. Por ahora las cosas siguen otra vez misteriosamente. Veremos lo que resulta"[302].

En lugar de comprender que el proceder misterioso en las negociaciones le era impuesto a Marini por la fuerte aversión que alimentaban los señores agentes confidenciales, que ni querían encontrarse con él en la calle, Vera lo consideraba como recelo y descortesía por parte de Marini.

Lo más triste del caso es que aquel prelado, definido antes de su nombramiento como hombre que "carece de aquellos modales que aumentan el respeto y procuran simpatías al que se encuentra colocado en un alto puesto", redoblará su actitud rígida y sospechosa hasta volver varias veces inevitable el fracaso de todo arreglo.

Incomprensión de Ereño

También Ereño no podía creer en lo que le escribía desde Montevideo Requena, o sea que el nuncio, por su propia autoridad, nombraría un provicario. El que había sido amigo muy particular del delegado y lo quería, no podía, ni por un instante, pensar que, desentendiéndose de la autoridad de Vera, procediese a nombrar a otro. "Y ¿a quién...? ¿A Reventós? ¡Pobre Iglesia y desgraciada religión! Reventós, es Masón, y será para Masones"[303].

El nuncio, que había aprobado en todas sus partes la conducta del prelado y había protestado contra la del gobierno, no tenía facultad para tomar bajo su responsabilidad una medida semejante[304].

Nunca, ni Vera, ni Ereño, ni ningún otro amigo y confidente de la delegación bonaerense supieron jamás el contenido exacto de las conferencias secretas; por esto mismo y por las complicaciones en las gestiones que seguirán, **llegaron a convencerse de una falsedad y doblez en los procedimientos del arzobispo de Palmira**, convicción que se mantendrá inalterada (no obstante una o dos apreciaciones favorables por la misión cumplida) hasta la salida definitiva de Marini del Río de la Plata, *et ultra*.

Observaciones de Berro a las bases del arreglo

El 9 de diciembre, Vázquez Sagastume[305], de regreso a Buenos Aires, informaba al jefe de la misión sobre las ideas en general de Berro, y en

---

[302] AyB pba, Ibíd.
[303] AEM, va 21, c 5-6, 6269-40
[304] Ibíd.
[305] "Como le decía –escribía Rafael Yéregui el 10 de diciembre-, ayer partió para ésa, Sagastume; lo que vino a buscar fue $ 1300 para *gastos de oficina*; o más bien

concreto, sobre las observaciones relativas a las bases del arreglo, ideas y observaciones consignadas también en las confidenciales de los días 10 y 11 de diciembre.

De Roma, Berro no esperaba sino rigidez e intolerancia (¡**error craso!** Como se verá en las instrucciones que le llegarán a Marini inmediatamente después de firmado el proyecto de arreglo); haría entonces lo que todo poder en peligro: ser más celoso y prudente respecto a sus prerrogativas de lo que no sería en tiempos de prosperidad. Arreglada provisoriamente la cuestión, eso no obstaría a que más adelante se hiciese un arreglo definitivo, o se cumpliese y perfeccionase el provisorio. Entre tanto se ganaría tiempo para lograr una solución aceptable, y eso valdría mucho[306].

Se evidencia en Berro una real preocupación por las circunstancias turbulentas del momento, que lo apresuran hacia una transacción provisoria y un estado tolerable. Pero no por esto declina de su postura radical; declara, en efecto, que el rompimiento "es un último extremo a que siempre y en cualquier ocasión podemos apelar"[307].

Concretamente Castellanos, antes de decidirse a aprobar las bases de arreglo propuestas, debía hacer necesaria e indispensablemente que el carácter y posición que asumiese, en ese arreglo, el delegado apostólico, quedasen perfectamente definidas.

Según el protocolo de la cuarta conferencia, el arzobispo Marino había declarado que las instrucciones que esperaba recibir por el paquete del 15, debían versar solamente sobre el decreto de casación al *exequátur* y no sobre el extrañamiento de Vera. Si ellas, además, eran contrarias al arreglo que se celebrase, tal arreglo no debía considerarse subsistente.

---

para ferrocarril, coches, etc. Sagastume ha palanganeado y ha largado *petas* de todo calibre" (AEM, va 27, c 6-15, 6862-70).

[306] AMRE, da, c 12

[307] Como observador externo, el representante francés, el 15 de diciembre, anotaba: "La crisis ministerial se prolonga, y el Sr. Berro parece complacerse en hacer durar esas interinidades demasiado frecuentes, que, si bien halagan los cálculos erróneos de su amor propio, perjudican seriamente los grandes intereses del país, los de los extranjeros y la propia administración. Luego de seis semanas de negociaciones infructuosas entre los enviados de este Gobierno y el Delegado Apostólico, y a pesar de la mediación del Gobierno de Buenos Aires, la querella eclesiástica tampoco parece en vías de apaciguarse.

Mientras tanto, la Iglesia Oriental, se encuentra en un estado de anarquía deplorable; y el imprudente Sr. Berro, quien se dice *católico, liberal y conservador*, obra en el fondo como lo haría un poder cismático y revolucionario.

Y por otra parte lo mismo hacen la mayoría de los Gobiernos Sudamericanos. Casi todos tienen cuestiones religiosas que debatir; y es probable que la buena solución de estas dificultades dependa de la que recibirá esa gran *cuestión romana*" (In. d., 403).

Contrariamente a esto, en la última confidencial del 10, Castellanos manifestaba que la consulta hecha por el delegado al presbítero Vera, en nada dificultaría ni disminuiría el ejercicio de su autoridad para consumar el arreglo, cualesquiera fuesen las instrucciones de la corte romana.

En presencia de esta contradicción, se necesitaba, pues, un acto explícito de parte del delegado apostólico. En el caso, en efecto, de aprobarse el proyecto por el gobierno de la República, Marini debía responsabilizarse por la parte que le tocase en la ejecución, apareciendo y obrando como parte contratante en el arreglo provisorio a estipularse. En éste debían consignar indispensablemente, de la forma más arreglada, que las estipulaciones de tal provisorio *no perjudicarían los derechos que cada uno creyese tener y de que estuviese en posesión*[308].

El presidente por boca de su ministro de relaciones exteriores manifestaba otros puntos esenciales, que debían integrar el proyecto de arreglo.

Los actos importantes del gobierno (como la casación del *exequátur* y el extrañamiento del prelado), siendo hechos existentes, no podían pasarse en silencio, so pena de considerarlos implícitamente nulos o como no acaecidos.

Como efecto del nombramiento del nuevo gobernador eclesiástico (nombramiento que debía recaer en una persona *del agrado del Gobierno*), quedarían revocadas las delegaciones hechas en otros eclesiásticos por el mismo vicario. Debía establecerse también, que el gobierno de la República, declararía simultáneamente suspendidos los efectos de todas aquellas disposiciones, que se opusiesen al arreglo proyectado.

Se daría así a las negociación su verdadero carácter, estableciéndola sobre bases de igualdad y honorables para ambos negociadores. El proyecto remitido no contenía sino bases susceptibles de ampliarse en el momento de la ejecución. Si las ampliaciones y los detalles de la ejecución no quedaban consignados en el proyectado arreglo, el hecho entrañaría un peligro muy grave, porque eso importaría cuando menos, una segunda negociación con todas sus dificultades.

Quedaba, en fin, el punto relativo a la provisión del gobernador eclesiástico. No escaparían, por supuesto, a la penetración del comisionado oriental, las dificultades que crearía al gobierno la fórmula adoptada por las conocidas disposiciones de Vera (o sea, que la revocación de tal nombramiento quedaría librada a su voluntad, o por lo menos, que la persona nombrada sería únicamente de su agrado).

Para obviar tales inconvenientes, tanto el delegado como el comisionado debían comprometerse con nombres de individuos que no diesen lugar a cuestiones de personalidad. Era conveniente que esto se evitase a todo trance.

En presencia de estas ideas, y puesto que los tres artículos del proyecto eran simplemente la sustancia, el fundamento y las bases del arreglo,

---

[308] AMRE, da, c 12

era imprescindible que todas las ampliaciones y explicaciones necesarias fueran previstas y establecidas de antemano[309].

Con estos esclarecimientos precisos y terminantes, se reanudaron las conversaciones secretas en la metrópoli argentina, que tantas sospechas despertaban en los partidarios de la línea dura, haciéndole afirmar a Vera que los señores del Gran Oriente habían logrado extrañas simpatías con Marini[310].

El delegado, por la persistencia comprensible de sus interlocutores, debió pasar de una posición contemporizadora (*ad referéndum*), a una comprometedora (*ser contratante*).

Proyecto de arreglo del 18 de diciembre de 1862

Hecho este paso, los dos abogados uruguayos agregaron a los tres mencionados artículos otros tres, que examinados por Marini y variados, fueron reducidos, de común acuerdo, a dos, el tercero y quinto respectivamente del proyecto, que con pequeñas variantes posteriores, se puede considerar como definitivo.

El día 18 de diciembre, estando reunidos en el palacio episcopal "a las 11 de la mañana Mons. Marino Marini, Arzobispo de Palmira y Delegado Apostólico en las Repúblicas del Plata con su Secretario, el Canónigo Don Luis del Vecchio, y el Dr. Don Florentino Castellanos, Comisionado del Gobierno Oriental, acompañado del Dr. Don José Vázquez Sagastume, en su carácter de Adjunto, haciendo las funciones de Secretario, se pasó a la firma de los mismos"[311].

Con ellos se quería proveer, del mejor modo posible, al buen gobierno de la iglesia oriental en la situación en que se encontraba. El tenor de los expresados artículos era el siguiente:

"Art. 1° El Vicario Apostólico Don Jacinto Vera delegará en un Vicario General o Gobernador Eclesiástico, que rija y gobierne aquella Iglesia todas las facultades correspondientes, que demanda el estado actual de ella.

Art. 2° Esta delegación se realizará en virtud del nombramiento, que el Vicario Apostólico hará ante el Ilmo. y Rmo. Sr. Arzobispo de Palmira y Delegado Apostólico en las Repúblicas del Plata, en una persona del agrado del Gobierno Oriental del Uruguay, quedando en consecuencia de este nombramiento revocadas las delegaciones que el mismo Vicario Apostólico ha hecho en otros eclesiásticos.

Art. 3° Para que la delegación de que habla el artículo 1° surta los efectos *civiles* [posteriormente "legales"] correspondientes, el Gobierno declarará simultáneamente revocadas todas las disposiciones suyas, que, se opongan a ellos.

---

[309] Ibíd.
[310] AyB pba, Ibíd.
[311] ASV, Ibíd., 285

Art. 4° El Vicario General o Gobernador Eclesiástico tan luego como se reciba de su destino, encargará en la forma acostumbrada, el curato de la Iglesia Matriz de Montevideo a un Eclesiástico idóneo, así como todos los demás que se hallen vacantes.

Art. 5° Los derechos que puedan pertenecer a ambas potestades, Eclesiástica y Civil no quedan perjudicados por el presente arreglo, el cual durará hasta que Su Santidad suplicado por el Gobierno Oriental provea lo conveniente"[312].

Vera, al recibir de su intermediario Sató este proyecto, escribía: "**La novedad que hoy presenta el proyecto lejos de desagradarme, me es satisfactoria**. Avisé mi conformidad y creo que por parte de los que estamos por acá quedará concluido este asunto en el día. Veremos si de parte del Sr. Berro surge alguna otra dificultad"[313].

Modificaciones de Berro al arreglo

Con fecha 20 de diciembre, el comisionado uruguayo dirigía una nota al ministro interino Carlos Carvallo, con la que se acompañaban todos los antecedentes relativos al arreglo definitivo.

El ministro, habiéndolos transmitido a conocimiento del Presidente Berro, había sido encargado de hacer algunas aclaraciones importantes.

A pesar de esto, se había resuelto a aprobar el que se le remitía, ya por el mal que resultaría de no darse una solución pronta a la cuestión, ya principalmente porque contaba con los medios legítimos y eficaces para obstar a cualquier abuso que se quisiese hacer, defendiendo las prerrogativas del patronato nacional.

Para la verdadera inteligencia del artículo segundo y tercero del arreglo remitido, el gobierno hubiera deseado que, por parte de su agente confidencial, se hubiesen hecho declaraciones análogas a las que había hecho el delegado apostólico en la sexta conferencia, sobre la trascendencia del contenido del artículo primero de las adiciones, que había venido a ser el tercero del arreglo.

Este artículo, en efecto, podía dejar subsistente la idea del reconocimiento de la legalidad de los actos practicados por Vera, hasta el momento de efectuar la delegación de sus facultades espirituales.

Por esta ambigüedad hubiera querido, por ejemplo, que en la redacción del mencionado artículo tercero, en vez de referirse a los "efectos civiles" de esa delegación, se hubiese usado la frase "efectos legales", a menos que el delegado apostólico hiciera constar por una nueva declaración que esos efectos eran todos los comprendidos en la constitución y en las leyes vigentes, o que en un nuevo protocolo explicase la inteligencia clara y terminante del

---

[312] Ibíd., 285-285v
[313] AyB pba, Ibíd.

referido artículo tercero y del quinto del mismo arreglo a fin de evitar dudas en el porvenir.

A pesar de la reserva establecida en el comienzo del artículo quinto del arreglo, o sea "los derechos que puedan pertenecer a ambas potestades, Eclesiástica y Civil no quedan perjudicados por el presente arreglo", el gobierno, para obviar las posibles imprecisiones, resolvía para mayor seguridad y resguardo de sus prerrogativas, que Castellanos provocara una conferencia con el arzobispo de Palmira.

En ella se debía explicar que quedase consignada en un acta, como explicación final de dicho artículo quinto, la declaración siguiente: "Que la apelación a Su Santidad se entiende con reserva de los derechos que correspondan a la Potestad Civil en el ejercicio del Patronato Nacional"; si estos términos ofrecían dificultad, en estos otros: "Que la solicitud a Su Santidad para que provea lo conveniente", debía entenderse con esta adición: "en la parte que le corresponde".

Si, lo que no podía esperarse, Marini se hubiera negado a acceder a una exigencia tan justa, entonces el agente uruguayo, lejos de presentarle la aprobación del gobierno, debía significarle verbalmente, por orden de éste, que la negociación no podía continuar más adelante.

Castellanos a la mayor brevedad daría cuenta explicativa de la suspensión de la negociación, para que el gobierno, convenientemente prevenido, pasase una nota al delegado, dando por terminada la negociación[314].

A raíz de esta comunicación confidencial, que manifestaba la necesidad de constatar alguna explicación al final del artículo quinto, dejando al arbitrio del comisionado la elección de los medios para conseguirlo, el mismo había promovido y obtenido tres conferencias consecutivas con el delegado apostólico.

Resistencia de Marini a la idea de modificación

Marini al principio rechazó toda idea de modificación a lo ya acordado y firmado. Después de discurrir larga y empeñosamente, Castellanos llegó a penetrarse de la imposibilidad en que estaba el delegado, para asentir a cualquiera declaración sobre el patronato, como era la que implicaba la adición que se quería hacer al final del artículo quinto.

El diplomático ascolano, en efecto, le mostró el breve con que Su Santidad lo había instituido delegado apostólico. Le estaba prohibido el reconocimiento del patronato, aunque se recomendaba que lo tolerase "*pasivamente*".

En el arreglo no se hacía mención del patronato, pero tampoco se desconocía directamente por parte del delegado.

---

[314] AMRE, da, c 12

Este no aceptó la frase condicional de la apelación a Roma, porque sostenía que agregar a lo convenido la idea de que Su Santidad pudiera ingerirse en lo que no le correspondía, era un atentado a los respetos de la Santa Sede, que él no consentiría jamás.

La única manera de obtener el mantenimiento de las regalías del patronato, habían sido las modificaciones al protocolo, introducidas por el comisionado oriental de acuerdo con el delegado y la autorización de Berro.

Por esas modificaciones, en concepto de Castellanos, quedaban salvos todos los derechos de patronato sostenidos por su gobierno.

"Esto es cuanto se ha podido conseguir –se comunicaba el 27 de diciembre a Carlos Carvallo-, después de trabajar…, de agotar todos los medios y llegar al último trance, anunciando el rompimiento de las negociaciones"[315].

Modificaciones conseguidas

El arzobispo de Palmira al aceptar el cambio de "efectos legales" por "efectos civiles" hacía constar en el protocolo "que aceptaba el art. 3°, con la frase *efectos legales* en el solo sentido que por efectos legales no se entendía de ningún modo los efectos espirituales o meramente eclesiásticos, sino los que pueden exclusivamente seguirse de las leyes civiles.

Admitida que fue por el Comisionado Oriental la inteligencia dada por el Delegado Apostólico a la frase *efectos legales* del art. 3°, se convino en hacerla constar.

En seguida el Comisionado Oriental dijo, que según el art. 2° el nombramiento del Vicario General o Gobernador Eclesiástico debía hacerse en una persona "del agrado del Gobierno Oriental"[316].

En las conferencias anteriores, el delegado había declarado que se había puesto de acuerdo con Vera sobre este particular, para que el arreglo se llevase a inmediata ejecución; ahora el comisionado deseaba saber si presentándose alguna dificultad sobre la persona, Marini haría lo posible para que no se demorase la ejecución del arreglo en el sentido acordado en los cinco artículos que se iban a firmar.

El delegado contestó que haría todo cuanto dependía de él para que el arreglo tuviese el más pronto cumplimiento, pues estaba animado de los mejores deseos[317].

Interpretación de los artículos por parte del delegado

"El Arzobispo de Palmira y Delegado Apostólico al firmar los cinco artículos que preceden para remover cualquier duda declara del modo más

---

[315] Ibíd.
[316] ASV, Ibíd., 286
[317] Ibíd.

explícito, que los ha admitido, en el solo concepto de que deben considerarse únicamente como un remedio provisorio y el más conveniente a la actual situación irregular de la Iglesia Oriental del Uruguay. Que dichos artículos los ha entendido, y deben interpretarse estrictamente, con arreglo a los principios del derecho canónico, y que deben quedar salvos todos los derechos y prerrogativas de la Iglesia, y de la Santa Sede; y el Comisionado del Gobierno Oriental al poner su firma declara a su vez, que los dichos cinco artículos del arreglo deben igualmente interpretarse en plena conformidad con los principios del derecho civil, quedando por consiguiente salvos todos los derechos y prerrogativas de su gobierno, los cuales no quedan en manera alguna menoscabados por ninguno de los expresados artículos"[318].

Al hacer este acomodamiento, el delegado Marini no pudo obtener la abrogación directa del decreto del 4 de octubre, que, casando el *exequátur* dado al nombramiento de Vera, lo desconocía en la calidad de vicario, y tampoco la anulación del otro del 7 de octubre, con el que se le imponía el destierro, nombrándose al mismo tiempo al intruso gobernador eclesiástico.

Se propuso, sin embargo, la revocación indirecta de los mismos, salvando así el principio de autoridad, y haciendo cesar también el cisma. Tenía la persuasión de haberlo logrado, con los dos primeros artículos.

Con el cuarto había conseguido que el gobierno de Montevideo desistiese de su exigencia de mantener al sacerdote Brid en la parroquia de la Matriz, cuya justa remoción decretada por el Vicario Apostólico había sido la causa de tan funesta controversia, y que fuese considerado como cura interino.

En el segundo había establecido que el Vicario Apostólico nombrase en su presencia al Vicario General o gobernador eclesiástico; el Gobierno de Montevideo, en efecto, había protestado que no recibiría de Vera la participación oficial de dicho nombramiento. Para obviar esta dificultad, el nuncio había sugerido ese medio; el mismo después realizaría el acto oficial del nombramiento.

Para una mayor precisión, se puede decir que en el artículo tercero, agregado por el comisionado, se hablaba de la derogación de los decretos del gobierno, que se oponían al acomodamiento, para que éste tuviese sus efectos legales.

Con el expresado artículo se quería sostener que semejantes decretos eran válidos, y que era necesario revocarlos para que tuviese lugar el arreglo. Marini se opuso enérgicamente, pero viendo la obstinación de los abogados uruguayos, consintió con la condición de que se añadiera en el texto oficial una explicación, a saber, que por efectos legales no debían de ninguna manera entenderse los efectos espirituales o meramente eclesiásticos, sino simplemente los que podían derivar exclusivamente de las leyes civiles.

Finalmente, la súplica que el Gobierno oriental dirigiría al Santo Padre, para proveer a las necesidades de la iglesia de la República, consistía, aunque no

---

[318] Ibíd., 286v

se hubiese expresado, en la petición que el mismo gobierno presentaría a Su Santidad para erigirse un obispado en la República[319].

Ratificación del arreglo por parte del Gobierno

El 27 de diciembre el comisionado daba cuenta a su gobierno del resultado de las conferencias tenidas con Marini y de las modificaciones aportadas al protocolo del día 19.

El presidente Berro, si bien no totalmente satisfecho por las modificaciones conseguidas, autorizaba al Dr. Castellanos a declarar aprobados los términos del arreglo celebrado[320].

Sólo el 3 de enero de 1863 se pudo firmar en la ciudad de Buenos Aires, por ambas partes el acta oficial de lo que se podía denominar el primer paso de una transacción, más que un arreglo o conciliación[321].

Dificultad en la ejecución del acomodamiento

Marini preveía con razón que para la ejecución del acomodamiento se encontrarían muchos y graves obstáculos. Al presidente Berro, en efecto, no le agradaba ninguno de aquellos eclesiásticos que habían protestado contra sus violentos decretos; por otra parte, el Vicario Apostólico no podía nombrar Vicario General o gobernador eclesiástico a ninguno de los que habían prestado su adhesión a los mencionados decretos.

Esto no obstante, el diplomático pontificio emplearía todos los medios a su alcance para dar cumplimiento a lo firmado.

Le informaba al card. Antonelli que había recibido su despacho n° 24722, con el que se le comunicaban las oportunas instrucciones sobre la controversia, después de firmada solemnemente la conciliación entre ambas potestades. Si ésta, por desgracia no surtía los efectos esperados, estaba dispuesto a cumplir estrictamente con lo que se le prescribía[322].

Sorprendentes instrucciones de Roma a Marini

Las instrucciones, firmadas en Roma el 14 de noviembre de 1862, eran una respuesta al pedido de Marini, hecho el 5 de setiembre, un mes antes de la sorpresiva separación de Vera de sus fieles.

Muy probablemente hubieran sido las mismas, también en el caso de que Roma hubiese sido informada de este último acontecimiento. Tal

---

[319] Ibíd., 282-283
[320] AMRE, da, c 12
[321] Ibíd.
[322] ASV, Ibíd., 283-284

afirmación tiene su justificación en los conceptos introductorios, vertidos por la secretaría de Estado.

Esta, después de un maduro examen de la ya demasiado espinosa controversia del vicariato apostólico de Montevideo, y antes de fijar los puntos para la instrucción solicitada, había hecho muchas y graves consideraciones.

No podía pasar inadvertida la obstinación del gobierno oriental que, desgraciadamente, había convertido aquella controversia en una cuestión de honor, y estaba más bien dispuesto a sostenerla que a dejarla caer.

De esto se había derivado que, con el tiempo, la disensión, en lugar de disminuir había aumentado, aumentado los prosélitos de ambos bandos, llegándose a un punto tal que, con razón, se podían temer gravísimas consecuencias.

En este estado de cosas, Roma impartía órdenes que en su exacto contenido quedaron siempre secretas, y que de conocerse, hubieran producido verdaderos desconciertos en Vera, en la mayoría del clero y de los fieles. **Nadie creyó nunca en la facultad que había recibido Marini de poder separar a Vera de su cargo, como caso extremo**. Se gritará porfiadamente que el nuncio no poseía tal poder, porque el Santo Padre jamás se hubiera determinado a emprender semejante camino.

"**La Santa Sede** –había escrito Vera en ocasión de su nombramiento– **no sabe temblar ante los poderes gigantes, cuanto menos temblará ante los pigmeos de por acá**[323]".

Tal suposición se volverá realidad para Vera al recibir , de Roma, una carta de Eyzaguirre, escrita el 4 de febrero, que le comunicaba que el pontífice Pío IX, para darle una prueba de estimación por la conducta observada en los conflictos, se había dignado nombrarle prelado domestico[324].

En posesión de este escrito, Vera le confiará a Requena: "Todo esto no sé como concuerde con tanto que se ha dicho sobre facultades de destitución y encargos de Roma, para arreglar la cuestión con prescindencia de la persona. Recordará mis convicciones a este respecto"[325].

---

[323] SALLABERRY, El Siervo..., 7
[324] AyB pba, Ibíd.
[325] Ibíd.

Los amigos del otro lado del Río de la Plata, por la pluma de Rafael Yéregui, le dirán a Vera el 19 de marzo de 1863:

"Muy señor mío: por Don Vicente recibí su estimada de ayer, por la que quedo enterado de su salud, y de las buenas noticias que ha recibido de Roma. Dios ha de querer que llegue el triunfo de la buena causa, y que las intrigas de los malos lleven completo fracaso.

Yo siempre he sostenido que el Sr. Nuncio no tenía las facultades decantadas, y aunque no ha faltado quien me dijese que *las había visto*, todavía le repliqué que no podía creer que Roma procediese de aquella manera, y que si algunas facultades podía tener el Sr. Nuncio sería siempre con la condición de

Roma, viendo que todos los temperamentos conciliatorios habían sido agotados sin fruto, y encontrándose en la dura necesidad de elegir entre dos males, prefería escoger el menor.

Entre la cuestión personal y la del bien común, todos ven que la primera debe ceder siempre frente a la segunda, tanto más que en el caso presente se trataba de poner término a un cargo que por su naturaleza era temporáneo.

Teniendo presente estas consideraciones, el Santo Padre había reconocido la necesidad de hacer entender a Marini cuál era su deseo. Antes de tomar una providencia definitiva, el nuncio debía procurar, con los modos más corteses, una conciliación, que lograse la vuelta del benemérito vicario Vera al desempeño de su misión pastoral.

Si sus prácticas esta vez resultaban inútiles, entonces hubiera podido abogar por la erección del obispado en Montevideo, todas las veces que las condiciones fuesen tales que pudiesen ser aceptadas por la Santa Sede.

Con esta medida se hubiera proveído al bien de aquellos fieles y hubiera cesado con común satisfacción la disensión de ánimos que los estaba dividiendo.

Finalmente, si también esta sugerencia hubiese encontrado obstáculos insuperables, entonces **Marini**, con los modales más benévolos, **debía hacerle entender al mencionado Vera la dura condición de la cosas, invitarlo a hacer actos de abnegación por el bien de los fieles, y renunciar al oficio de vicario apostólico.**

El Santo Padre se reservaría el darle una prueba de su consideración (el nombramiento de **prelado doméstico**, que le había notificado Eyzaguirre) con la que se patentizaría la satisfacción con la que había sido aprobada toda su conducta.

Con la esperanza de que Vera llenaría los deseos del Santo Padre, en el caso de llegarse por necesidad a su renuncia, el delegado proveería al cargo que quedaría vacante, nombrando en seguida a un provicario apostólico, adornado con todas las cualidades necesarias, y concediéndole las facultades oportunas para el ejercicio de su nuevo cargo. Roma consideraba inútil advertirle a Marini que la elección del nuevo provicario debía realizarse de tal manera que el

---

sostener el principio vinculado en la persona de Su Señoría. A eso se me contestó que el Sr. Nuncio podía *interpretar* las instrucciones y proceder anulando a Su Señoría, a lo que contesté que no lo haría jamás. Eso me probó que toda esa era una pura *embrolla*. Ahora ya está todo claro. Yo creo que el Sr. Nuncio debería irse preparando para viajar. Sería bueno dar a ese Señor la noticia de que el Nuncio del Janeiro ha sido sustituido por otro; y podría recordársele el refrán aquel *"Cuando veas las barbas de tu vecino afeitar, pon las tuyas a remojar"* (AEM, va 31, c 7-4, 6861-84).

escogido entrase en su oficio sin prevenciones, para no tener que enfrentarse con nuevas dificultades y nuevos escándalos[326].

---

[326] **Siendo un documento muy importante,** pareció muy oportuno poner en nota su texto original, aunque se haya presentado casi íntegro en la versión española.

"Mons. Marino Marini, Arciv. di Palmira Delegato Apostolico, al Paraná 14 novembre 1862. n° 24700. Presa a maturo esame la controversia ormai troppo disgustosa del Vicariato Apostolico di Montevideo, molte e gravi sono state le considerazioni che si son fatte prima di fissare i punti per l'istruzione che V.S. Ill.ma e R.ma domandava col suo foglio segnato col n° 142. Non poteva infatti isfuggire l'ostinazione di quel governo che disgraziatamente avendone fatta questione d'onore la succitata controversia, si vede determinato a sostenere anzi che cedere.

Da ciò si è derivato che col correr del tempo la dissenzione anzi che perder di forza è venuta sempre crescendo col crescere i proseliti per le due parti, e così oggi siamo al punto da temere gravissimi sconcerti come Ella ben avvisava nel precitato suo foglio.

In questo stato di cose, sul riflesso che tuti i temperamenti conciliativi sono stati esauriti senza frutti, ci troviamo al punto di dover scegliere fra due mali, e di questi sempre quello che si vede il minore.

Fra la questione personale, e quella del bene pubblico, ognuno vede che la prima deve sempre cedere alla seconda tanto più perchè nel caso nostro trattasi di porre termine ad un'incarico di natura sua temporaneo.

Con queste considerazioni innazi agli occhi il S. Padre ha riconosciuto la necessità di far intendere a V.S. come sarebbe suo desiderio che prima di venire ad una provvidenza definitiva, Ella nei modi i più obbliganti procurasse una conciliazione che riuscisse a far tornare il benemerito Sig. Vicario Vera al suo offficio. Che se le sue pratiche per tale intento anche quest'ultima volta riuscissero inutili; Ella potrebbe anche procurare l'erezione del Vescovato a Montevideo, sempre che le condizioni siano tali da potersi accettare dalla S. Sede. Con questo temperamento sarebbe provvisto al bene di que' fedeli, e cesserebbe con comun soddisfazione la dissenzione d'animi che oggi li divide.

Che se finalmente anche questo suggerimento incontrasse ostacoli insormontabili, allora Ella potrebbe nei modi i più benevoli far intendere al Prelodato Vera la dura condizione delle cose, e sul riflesso delle succitate considerazioni **invitarlo a far atti di abnegazione pel bene dei fedeli, e rinunciare all'officio di Vicario Apostolico**, riservandosi il S. Padre di dare al medesimo un'attestato della sua considerazione con cui si renda manifesta la piena soddisfazione con cui è stata approvata tutta la sua condotta. Nella lusinga che il Sig. Vera vorrà far paghi i desideri del S. Padre, quando si dovesse per necessità venire al punto della sua rinuncia, Ella provvederà all'officio che rimarrebbe vacante, nominando subito un Pro-Vicario Apostolico fornito di

De las tres posibilidades presentadas por la secretaría de Estado, sólo la última hubiera sido acogida por Berro, que esperaba únicamente rigidez de la corte romana, y ella hubiera significado sacrificar a Vera y consagrar el triunfo de los masones.

Vera, después del primer decreto había suplicado a su clero que esperase tranquilo las supremas resoluciones, las cuales debían ser acatadas por todos con la más profunda sumisión y el más alto de los respetos. Este había contestado prontamente que las acataría en los términos expresados por su vicario.

Vera y el clero, que no mostraron sumisión, ni respeto, ni mucho menos reconocimiento por el penoso trabajo desarrollado por Marini, ¿hubieran acatado la tercera solución de aquellas increíbles (para ellos) instrucciones?

El arzobispo de Palmira presionado por las circunstancias y estimulado por las exigencias antagónicas de las dos facciones, **planeó una transacción que sin sacrificar a Vera, le negaba el triunfo a su contrincante.**

Gestión verdaderamente brillante que, sumada a la imposición del nombramiento de Vera y a la elección y conservación del gobernador eclesiástico Pablo María Pardo, marcan los puntos máximos alcanzados por la diplomacia de Marini a favor del vicariato oriental.

Presentación de candidatos

Mientras en Montevideo se estaba hablando, con asombro, de que el gobierno exigía como delegado a Reventós o a Estrázulas[327], en Buenos Aires, el 3 de enero, se presentaban los candidatos indicados por Carlos Carvallo en su nota del 30 de diciembre.

En ésta se afirmaba que el Gobierno de la República, "por un sentimiento de consecuencia a sus actos anteriores"[328], no podía menos de indicar en primera línea al respetable presbítero Juan Domingo Fernández[329].

---

tutte le necessarie qualità a cui darà le opportune facoltà per l'esercizio di questi incarichi.

Stimo inutile l'avvertire che la scelta del nuovo Pro-Vicario dovrebbe esser fatta in modo che il prescelto entrasse nell'officio senza prevenzioni, per non andare incontro a nuove difficoltà e nuovi scandali.

In attesa di conoscere il risultato ultimo della controversia, con sensi..."
(ASV, Ibíd., 129-130v).

[327] AEM, va 27, c 6-15, 6862 41
[328] AMRE, da, c 12
[329] En la confidencial del 30 de diciembre, sobre Fernández se decía: "Las cualidades que le adornan, y la conducta que ha observado durante los

Pero si en lugar de prevalecer los verdaderos y cristianos intereses de que se trataba, prevalecían (lo que no se debía esperar) intereses y sentimientos personales, que no debían tener cabida en cuestiones de la naturaleza y trascendencia de la cuestión eclesiástica, como último homenaje a los primeros, se autorizaba al dr. Castellanos para indicar en segunda línea al no menos respetable presbítero José Reventós, cura vicario en el departamento de Cerro Largo.

En efecto, su modalidad y cualidades personales lo recomendaban a la consideración del gobierno, que confiaba no provocaría resistencias capaces de dificultar el arreglo celebrado[330].

Rechazo de Marini al candidato gubernamental

Firmado y canjeado el 3 de enero el arreglo y el protocolo, se presentó a Fernández, para que según el artículo segundo de las bases aprobadas, fuese instituido canónicamente gobernador eclesiástico de la iglesia oriental.

"El Delegado Apostólico –según comunicación del comisionado oriental- rechazó al presentado, declarando que el presbítero Fernández había incurrido en censura, que era inhábil para el Gobierno de la Iglesia, y que aun cuando tuviese facultades para nombrar por su sola autoridad el nuevo prelado que ha de exigirse, jamás admitiría a un sacerdote incurrido en censuras, que las leyes de la Iglesia consideran criminal"[331].

Por supuesto que Marini habrá recordado, además, el triste papel desempeñado por dicho presbítero en los últimos meses de su muy infeliz provicariato, y le habrán venido a la mente los múltiples apelativos empleados tanto en italiano como en castellano para calificar su incalificable conducta (v.g. "dappocaggine", "scimunito", "chocho", "estólido", "estúpido", etc.).

Con motivo del rechazo de Marini, se suscitó una seria y empeñada discusión, que dio como resultado que Fernández no sería de ninguna manera aceptado para la gobernación de la iglesia.

Agotados todos los recursos de la discusión, se presentó, como último caso, a Reventós. El delegado lo desechó igualmente.

Después de una hora de trabajo en la que el jefe de la masonería oriental rechazó a su vez, nombres conocidos como hostiles al gobierno, monseñor propuso como conciliación al presbítero José Gabriel García de Zúñiga, cura de San Nicolás de los Arroyos.

---

momentos de prueba y de aflicción que ha atravesado la Iglesia Nacional, no pueden menos de recomendarle a la consideración del Gobierno y garantirle de una exclusión, que no estaría en armonía con las ideas y sentimientos, que ha manifestado el Gobierno, en la situación que va a terminar" (Ibíd.).
[330] Ibíd.
[331] Ibíd.

Castellanos no aceptó tal propuesta y se retiró, declarando que no convendría sino en la persona indicada por su gobierno[332].

Nuevas comunicaciones de Berro a Castellanos

Solícitamente informado del punto muerto a que habían llegado las conversaciones, Berro exponía en una nota del 7 de enero unas consideraciones, impregnadas al parecer, de equilibrio y prudencia, que debían hacer mella en la posición del diplomático ascolano.

En la dificultad –se decía- de llegar a una conciliación, apurando las cuestiones de derecho, por no haberse podido conciliar las pretensiones e ideas enconadas de las dos autoridades civil y eclesiástica, se había abandonado ese pensamiento. Se reconoció como único medio de restablecer la necesaria buena armonía, hacer un cambio de personas. Este debía efectuarse con aquella prudencia y consideraciones pedidas por las circunstancias; sin ellas, en efecto, sería inútil todo arreglo.

En virtud de todo esto, el gobierno no podía aceptar ningún nombramiento que no recayese en un sacerdote con las cualidades y disposiciones propias para que el arreglo surtiese sus efectos.

Puesto que el Presidente no conocía lo suficiente a García de Zúñiga, y temeroso justamente que no poseyese aquella idoneidad indispensable para remover las desavenencias pasadas, no podía menos que rehusar su asentimiento a la elección de ese sacerdote.

Lo mismo haría con todo otro individuo del clero en quien no pudiese poner su plena confianza.

El Gobierno se mostraba inexorable a este respecto, persuadido, como estaba, de que sin esa precaución, se corría el riesgo de entrar en nuevas dificultades, y en una nueva y más escandalosa lucha, cuyas consecuencias no podían menos de ser muy dañosas para la religión y para el Estado.

Para no dar más pasos en vano, Castellanos, por orden de su presidente, debía solicitar una conferencia con el delegado. En ella desarrollaría las ideas y consideraciones arriba apuntadas, significándole que toda ulterior gestión, acerca del nombramiento del gobernador eclesiástico, quedaba aplazada, mientras no se diesen por el nuncio explicaciones satisfactorias en cuanto al expresado nombramiento.

Si, por desgracia, no las daba, se suspendería toda gestión, debiendo el comisionado dar cuenta del falseamiento que se pretendía hacer del arreglo aprobado, por parte del nuncio.

Llegadas las negociaciones a este extremo, de cuyas consecuencias se hacía responsable a Marini, el Gobierno proveería por sí solo a lo que

---

[332] Ibíd.

consideraba más conveniente, justificando sus procedimientos y remitiéndose al cuerpo legislativo para la parte que a éste le correspondía en tan grave y trascendental negocio[333].

Entrevista privada de Castellanos con Marini

Al mismo tiempo que en Montevideo se preparaban estas resoluciones, en Buenos Aires Castellanos iba a ver al delegado sin la asistencia de su adjunto, para arribar, de un modo privado y enteramente confidencial, a un término en la provisión del gobernador eclesiástico.

Con este motivo se insistió en la aceptación de José Reventós, y para que el arzobispo no se hiciese ilusiones sobre el pensamiento firme del Gobierno, el enviado oriental le leía la carta-instrucción, redactada el día 4 de enero.

Anunciaba, además, que no era posible perder tiempo canjeando candidatos, cuando en definitiva, el espíritu del arreglo era que la aprobación recayese en un sacerdote "del agrado del Gobierno", "que en el hecho venía a darle el derecho de elección"[334].

El delegado respondiendo a la primera instancia, rechazaba resueltamente a Reventós. El rechazo se fundaba en que éste se había secularizado, y en los informes que tenía de su conducta, que no lo hacían digno del nombramiento ni de ninguna consideración.

El verdadero motivo no era tanto la secularización (también José Benito Lamas, tercer vicario apostólico, se había secularizado), cuanto su conducta desarreglada.

En cuanto al espíritu del arreglo, el delegado manifestó que el gobierno se había anticipado indebidamente, proponiendo candidatos, cuando las palabras *"del agrado del Gobierno"*, importaban que hubiese acuerdo entre ambas potestades y que el candidato inspirase igual confianza a la Iglesia y al Gobierno.

El nuncio volvió luego sobre los presbíteros Inocencio Yéregui, y García de Zúñiga, aunque con respecto a este último desistía por la excentricidad de sus opiniones.

Proponía, además, a la consideración del gobierno a Pablo María Pardo, Olascoaga, Amilivia, y aun a Bergareche de San Salvador, nombrado incidentalmente por el comisionado.

Este le ponderó los males que resultarían de un conflicto que se veía nacer por la dificultad de la elección. A continuación le hizo notar que con el arreglo en la mano, podía siempre decir, con pleno derecho, que si no había mala fe para su cumplimiento, se veía la mala voluntad con que obraba en la ejecución.

---

[333] Ibíd.
[334] Ibíd.

"Se dijo que era público –escribía Castellanos el 7 de enero, relatando la segunda conferencia para la ejecución del arreglo- que él estaba autorizado por sus últimas instrucciones para proceder, por sí solo; lo que negó, haciendo uso de una comunicación del card. Antonelli, en que se ordenaba que hiciese un arreglo que comprendiese la obligación de crear el obispado oriental, y que sólo en el caso de renuncia del vicariato por Vera, el delegado estaría autorizado para nombrar un provicario, *pero que él no quería indicar la renuncia porque temía que Vera no la hiciese*"[335].

El comisionado se propuso acompañarlo a Montevideo, a fin de que allí se hiciese la ejecución pendiente. El delegado declinó esa propuesta, prometiendo, sin embargo, ir por tres días, luego que se tuviese el nuevo prelado.

Tercera conferencia del comisionado con el nuncio

Dos días después, se realizó la tercera conferencia, en la que los doctores uruguayos volvieron sobre el espíritu del artículo mencionado, anunciando que el gobierno estaba firme en su derecho y decidido a sostener el principio. Y para probarlo se leyó parte de la nota del ministerio del día 7.

"El Delegado –relataba Vázquez Sagastume- se alteró al oír la lectura de la nota, dijo que él no falseaba el arreglo, que no estaba obligado a dar explicaciones a satisfacción del Gobierno, y se extendió en consideraciones sobre el tópico.

Suscitóse, con este motivo, una acalorada discusión, durante la cual, y en medio de su arrebato, dijo el Delegado, *que se dejaría cortar la mano, antes que firmar el nombramiento de Reventós*"[336].

Si en la primera conferencia del 13 de noviembre se había acalorado excesivamente Vázquez Sagastume, en ésta, que se puede considerar como la última importante, le había tocado a Marini.

Restablecida la calma en la discusión, y volviendo a los cauces de su buena diplomacia, el delegado preguntó si en el "**caso posible, aunque no probable**" de renunciar Vera y de celebrarse el arreglo directamente con él y **con prescindencia absoluta del vicario**, la ejecución de ese arreglo traería los mismos inconvenientes.

Castellanos contestó que su Gobierno vería en ese paso del delegado, la mayor prueba de buena voluntad.

Apreciándola debidamente, podía asegurarle, que todo sería más fácil y que, llegado ese caso, aun el presbítero Pablo María Pardo podía tal vez ser aceptado, porque entonces no había peligro de considerarlo ligado a Vera[337].

---

[335] Ibíd.
[336] Ibíd.
[337] A continuación se relataba: "El Delegado, dijo entonces que se esperasen las notas del Gobierno que deben llegar mañana, y que él mientras tanto procuraría

Verdadera dificultad en la ejecución del arreglo

La demora en la ejecución de este arreglo tenía a todos en una grande expectativa, mencionándose nombres, interpretándose actitudes, etc.[338].

El problema fundamental del comisionado oriental y su gobierno era que el nombramiento se hiciese con prescindencia del Vicario, para que éste no pudiese destituirlo, en el caso de que no procediese según sus exigencias.

Sin llegar a este extremo, contrario al espíritu y letra de los cinco artículos, Marini se comprometió a que Vera hiciese la delegación de sus facultades en su presencia, garantizando así la no revocación de las mismas por un acto unilateral del prelado desterrado.

Con estas seguridades el gobierno aceptaba al sacerdote Pablo M. Pardo como gobernador eclesiástico, quien, aunque hubiese protestado contra los decretos de octubre, era grato al presidente[339].

Delegación de Vera en el presbítero Pardo

Después de tantos esfuerzos, incertidumbres e incomprensiones, los dos terribles escollos en Berro y Vera, habían sido superados, respetando las legítimas pretensiones de ambos.

Por tanto, el 24 de enero de 1863, para dar cumplimiento a lo contenido en la nota de la delegación del 5 de enero y en conformidad con el arreglo acordado el 19 del mes de diciembre, el vicario apostólico de Montevideo Jacinto Vera, en presencia del arzobispo de Palmira, nombraba al presbítero Pardo para Vicario General o gobernador eclesiástico de la iglesia oriental.

---

desvanecer los inconvenientes, que se ofrecían a ese medio de arreglo. Hablóse sobre la situación precaria a que quedaría reducido el P. Vera, y el Dr. Castellano ofreció para él una cantidad de dinero que lo pusiese a cubierto de las necesidades de la vida. Con esto y en la mayor armonía la conferencia se levantó, siendo las tres de la tarde" (Ibíd.).

[338] "Por lo que veo –escribía Yéregui el 8 de enero- anda todavía a las vueltas con el dichoso arreglo. No extraño que los nenes Castellanos y comparsa tengan pretensiones tan absurdas, pues que ellos creen que apuntando lejos llegarán al término de sus deseos. ¡Van bien!" (AEM, va 27, c 6-15, 6862-67).

Al día siguiente el mismo le comunicaba a Vera: "Supongo que a nada habrán arribado en lo relativo a la persona que ha de ser el Delegado, pues me aseguran que las pretensiones de Berro son las mismas, absurdas como todas las cosas de esta gente. Veremos. Como creo que hasta el domingo no vendrá vapor de ésa; veo que estaremos hasta entonces a obscuras en este negocio. Ese día esperamos saber algo" (Ibíd., va 31, c 7-4, 6861-12).

[339] ASV, Ibíd., 291

Acto continuo se participaba este nombramiento al interesado, quien lo aceptaba.

Participación del arreglo al ministro oriental

Marini al hacer esta participación al nuevo ministro de relaciones exteriores, Juan José de Herrera, estaba cierto que su gobierno dispensaría al flamante vicario general toda aquella protección que demandaban los intereses de la Iglesia, y tanto más, cuanto que el nombramiento del referido sacerdote había sido hecho con agrado del Presidente[340].

Como delegado del vicario apostólico y en pleno acuerdo con él, Pardo gobernaría la iglesia del vicariato. Cesaba así el cisma y se restablecía en la Republica Oriental la legítima autoridad eclesiástica, facilitándose la vuelta del Vicario a Montevideo, para reasumir él mismo el gobierno de su iglesia[341].

Se concluía de este modo un largo capítulo, aunque no último, de esta célebre controversia que había sobrepasado en virulencia y peligrosidad a todas las anteriores.

A pesar de las resistencias de Vera y de su incredulidad y sincera oposición a cualquier género de arreglo, y a pesar de la visceral aversión de Berro hacia el Vicario desterrado, Marini, con una paciencia sobrehumana y una fineza diplomática increíble, logró la conciliación de las dos partes, que parecían irreconciliables.

Insatisfacción en los ultradefensores de la autoridad

No obstante haberse salvado en el arreglo, de alguna manera, los intereses más vitales de la Iglesia, los *ultradefensores* de la autoridad no se manifestaban satisfechos.

Ereño, que se consideraba con orgullo entre éstos, siendo también uno de los que no estaban satisfechos por lo que se había hecho, le escribía a Vera: "En un arreglo de esa naturaleza lo primero que se debía haber pedido como condición *sine qua non* era la derogación del decreto del injusto destierro, y que esto no vino ni después del arreglo. Que por tanto si en el arreglo el Sr. Nuncio hizo cuanto pudo, no cuanto debió hacer. Esto no le ha de gustar con otras verdades que digo en mi carta con todo el respeto debido. La verdad no siempre agrada, pero por ella debemos sacrificarnos"[342]. **¡Valiente sacrificio el hablar, opinar y juzgar sin conocer!**

Marini, por lo general "dejaba que dijesen lo que querían, porque – como había afirmado en el asunto franciscano y más particularmente en el caso

---

[340] AMRE, da, c 12
[341] ASV, Ibíd., 291v
[342] AEM, va 21, c 5-7, 6268-17

de fray Vicente d'Argenzio-, **los lenguaces se encuentran doquiera, y es imposible contenerlos**"³⁴³.

Juicio de Vera sobre el arreglo

Meses después y precisamente el 23 de junio de 1863, en un extenso informe al card. Antonelli, Vera, entre otras noticias, en obsequio a la verdad, sentía el deber de agregar "que el arreglo celebrado entre Monseñor Marino Marini y el Gobierno de Montevideo, cambió la situación del Vicariato amenazado seriamente de un cisma, y trajo el nombramiento de un Cura para la Iglesia Matriz hecho en un sacerdote de probidad".

Para restarle importancia a la obra de Marini, inconscientemente quizás, agregaba: "Verdad es, que el Gobernante Sr. Berro temió al pueblo, que alarmado con las medidas hostiles al Clero y a la Iglesia amenazó derribarlo y para detenerlo, tuvo la habilidad de declinar su odiosidad sobre el Ministerio de aquel entonces, y lo destituyó. El pueblo se calmó con este paso, y vino el arreglo"³⁴⁴.

Ni la destitución del ministerio había sido para declinar la odiosidad del pueblo, ni éste había amenazado derribar a Berro, ni el presidente había concluido el arreglo por temor.

Semejante adulteración de la realidad tenía sus raíces en la repugnancia que Vera sentía hacia la técnica diplomática de Marini y sobre todo en la negación de su propia postura equivocada frente al negociado.

Deserción de Conde

Un paso de poca cordura, dado por el Provisor y Vicario General Victoriano A. Conde, hacia principios de enero, había contristado a los buenos y apesadumbrado muy mucho a Vera.

Este sacerdote, que con una conducta digna había sabido sostener los embates del gobierno, al poco tiempo de hallarse fuera de su país, había manifestado un extraño abatimiento.

Guardando la mayor reserva había solicitado del gobierno, que lo había desterrado, la venia para su regreso. Conseguida, presentó a Vera la renuncia irrevocable de su empleo de provisor y vicario general, y se retiró al Estado Oriental, su patria.

"Este proceder –explicaba el Vicario- fue victoreado por los malos como un triunfo, y me ocasionó no poco desagrado. Cierto es, que nada más se observa en él, que mera falta de constancia en los sufrimientos"³⁴⁵.

---

³⁴³ ASV, Ibíd., 23
³⁴⁴ Ibíd., a 1864, R 251, 29
³⁴⁵ Ibíd., 29v

¿Sería únicamente su ya conocido "carácter sumamente débil", o también la previsión de un arreglo en que se mantenía aquella relegación tan fastidiosa, o el carácter intransigente e inflexible de su amo, o algún otro motivo?

"Dios cuando manda una prueba –confiaba Vera el 6 de enero-, siempre la manda acompañada. ¡Sea su nombre bendito!"[346].

Reflexiones y preocupaciones de Vera

Semejante contratiempo, como otros, eran mistificados por Vera y sus compañeros mediante unas reflexiones, siendo la principal de ellas el *fiat voluntas tua*, o sea conformarse en todo al beneplácito divino; "pues de otro modo –según el mismo pensamiento del Vicario- sería apartarnos de aquel sendero, que llama Kempis camino real de la cruz".

Explicando más su método ascético, afirmaba que el católico de corazón tiene esta grande ventaja, o sea que los males, clasificados como tales por el mundo, para el cristiano se convierten en bienes, pues, todo lo mira y recibe como ordenaciones de Dios. Sometiéndose con humilde resignación logra el adelanto en la virtud cristiana, única finalidad a la que está llamado durante toda su vida[347].

Una preocupación que nunca abandonó al prelado, ni en el destierro, fue la de las vocaciones sacerdotales.

Los diversos programas del ministerio de gobierno y relaciones exteriores (v.g. Antonio de las Carreras, etc.) para la preparación de los jóvenes seminaristas habían quedado siempre en el papel. Las mismas iniciativas de Berro, por los sucesos sobrevenidos, se habían visto paralizadas al nacer.

Esfumándose también esta última esperanza, Vera, que era hombre de acción, empezó a costear los estudios de algunos jóvenes, con indicios de vocación sacerdotal, en el colegio regido por José Castro en la ciudad de Montevideo, consiguiendo que para el año escolar 1863 esos mismos fuesen colocados en el colegio de Santa Fe, dirigido por los jesuitas.

No faltaron en este período de confinación otras actividades e iniciativas pastorales (como predicaciones, confesiones, dirección espiritual, etc.), que suavizaban aquel amargor producido por las vicisitudes de un negociado, **que más que aceptado, había sido tolerado, manteniendo Vera invariadas sus opiniones *no obstantibus quibuscumque*, y librándose al tiempo sobre la clasificación de ellas**[348].

---

[346] AyB pba, Ibíd.
[347] Ibíd.
[348] Ibíd.

CAPITULO XI

El Gobernador Eclesiástico Pablo María Pardo y regreso de Vera

1. El Gobernador Eclesiástico Pablo María Pardo

Nombramiento obligado

Pablo María Pardo, hombre surgido de la agitada transacción de Buenos Aires, era natural de la República Oriental, siendo casi extraño a la misma por haber permanecido todo el tiempo de su sacerdocio en la metrópoli de la Confederación Argentina[349].

Este hijo del país, desconocido para Vera, al tiempo de su destierro se hallaba en Montevideo, y se había unido a los buenos sacerdotes, protestando juntamente con ellos[350].

El prelado, antes de tomar una resolución de mucha trascendencia, había averiguado sobre sus cualidades, *y aunque nada encontró que inspirase confianza*, tampoco supo cosa alguna en contra[351].

Estas circunstancias y el rechazo que se había hecho de todos los sacerdotes propuestos motivaron la aceptación de su persona[352], por parte del Vicario Vera, quien manifestando su muy poca conformidad, escribirá luego: "fue preciso nombrarlo"[353].

"Se le confirió el nombramiento –dice el mismo en otro documento- y se le dieron las instrucciones que creí convenientes, *y aconsejadas por Mons. Delegado Apostólico*"[354].

Tal afirmación (de que las instrucciones habían sido aconsejadas también por Marini) en la pluma de Vera, **es de mucho valor**, para poder estimar debidamente la conducta del nuncio, que se convertirá, sobre todo ahora, en signo de contradicción.

Instrucciones de Vera a Pardo

Luego que el Vicario General tomase posesión del vicariato –prescribían las mencionadas instrucciones- debía hacerse cargo de la iglesia

---

[349] ASV, ss ae, a 1864, R 251, 28
[350] Ibíd.
[351] Ibíd., a 1863, R 251, 125
[352] Ibíd., a 1864, R 251, 28
[353] Ibíd., a 1863, R 251, 125
[354] Ibíd., a 1864, R 251, 28

Matriz, excluyendo de ella todos los sacerdotes que habían violado el entredicho, o sea a Fernández, Florentino Conde, Giralt, Vieira do Prado y Giménez. A éstos, si se sometían, se les debían imponer algunos días de retiro, bajo la dirección de un sacerdote de confianza.

Se les habilitaría luego, publicando sin demora alguna el acto de sumisión.

Si los sacerdotes Mayesté y Brid se humillaban, que ocurriesen al Vicario Apostólico. Si por el contrario ocurrían a los tribunales civiles, el Vicario General se desentendería, respondiendo únicamente por los actos de su administración[355].

Siempre consecuente consigo mismo, el Vicario desterrado reafirmaba, como base de todo arreglo, la validez y la aplicación de su tesis: ***el pecador arrepentido debía dar satisfacción y reparar los males ocasionados***.

Desgraciadamente este enunciado, tan evidente para Vera que no necesitaba, como los primeros principios, de demostración alguna, no era tal para Berro.

Si éste había desistido, después de una enconada lucha, de sus candidatos Fernández y Reventós, no era probablemente por las seguridades recibidas del nuncio, de que Vera no revocaría unilateralmente sus facultades al neogobernador, sino porque este sujeto ofrecía, por su mentalidad y proceder, aspectos favorables a su política liberal, que, a no dudarse, debía ser consecuente con las medidas anteriores.

Intenciones del gobierno

Las intenciones del gobierno, no consignadas, por lo que se conoce, en documentos oficiales o privados, y que debían respetar el punto de honor del "**amo Bernardo**, y salvar las coordenadas masónicas, son pasibles de reconstrucción, por las condiciones que se impusieron a Vera, por ese mismo Gobierno, antes de su regreso definitivo a Montevideo.

Su amigo y condiscípulo Silvestre Sienra, ministro de gobierno, al proponerle su reposición, necesitaba asegurarse de que no castigaría, al menos con penas visibles, a ninguno de los sacerdotes que habían acompañado al Gobierno en la pasada contienda, ni tampoco los afrentaría con un perdón público y patentemente manifiesto.

No debía permitir, además, en la celebración de su reposición, que se profiriesen pláticas recriminativas u ofensivas al Gobierno.

El Gobierno, en efecto, consideraba indispensables esas sencillas condiciones, dado lo melindroso de las circunstancias, de las que era preciso alejar todo lo que pudiese servir de medio o pretexto de complicarlas[356].

---

[355] SALLABERRY, La personalidad…, 47
[356] Ibíd., 52

Difícil situación de Pardo

Pardo, que no debía poseer dotes especiales de gobernador y menos aún de negociador, como lo ratificarán su actuación y los hechos, se vio de improviso entre dos fuegos. De querer evitarlos no se debía elegir otro expediente que el **compromiso**, manejado ya con tanta altura y solvencia por Marini en aquella espinosa contienda.

Nacido, como gobernador, de una transacción, que dejaba sin resolver todos los problemas fundamentales, no entendió el motivo de ese su nacimiento, y, lo que es más grave aún, no supo ser fiel a su esencia de **hombre de compromiso**. Para esto había sido nombrado, y para esto debía servir.

El cometido, como era obvio, presentaba facetas irreconciliables y que, no obstante todo, debían coexistir pacíficamente.

Llegada del Gobernador Eclesiástico

El 28 de enero llegaba a Montevideo, en el vapor *Libertad*, el presbítero Pardo, investido del carácter de Vicario General de la Iglesia oriental.

"Los buenos católicos deben, pues, felicitarse –se publicaba– del desenlace de la cuestión que por especio de quince meses ha tenido el país en la ansiedad continua, porque, si bien ese desenlace no tiene otro carácter que el de provisorio, viene, sin embargo, a sacar nuestra Iglesia, del estado de anormalidad en que se encuentra. El Sr. Pardo se ha alojado en la casa habitación del Sr. Vicario Vera"[357].

La recepción oficial del dignatario eclesiástico había sido programada para el día siguiente, invitándose a ella todo el clero. Pero hubo una contraorden, desconociéndose su causa, por lo menos a nivel del gran público[358].

Claudicaciones de Pardo en el juramento

El anunciado acto del juramento tuvo lugar el día 30, a las dos de la tarde, con la asistencia de todo el clero.

Antes del mismo, el presbítero Castro le había pedido a Pardo que salvase las prescripciones del derecho canónico, lo que hizo. Pero el segundo pedido, de leer oficialmente su título, recibió una negativa, fundada en que se debía publicar todo en Buenos Aires[359].

---

[357] País, en. 29 de 1863
[358] AEM, va 31, c 7-4, 6861-69
[359] Ibíd., va 16, c 4-4, 6859-54

En la redacción del acta, se prescindió de la salvedad que Pardo había hecho de viva voz, o sea que "juraba y reconocía el Patronato, etc., en todo aquello que no se opusiese al espíritu de las Leyes Canónicas"[360].

Este modo de proceder o, más bien, aquella persistencia por parte del Gobierno en escatimar todo lo que podía contribuir a dejar bien definidos los derechos y prerrogativas de la Iglesia, no satisfacía ni agradaba[361].

"Estos farsantes –interpretaba pocas horas después Rafael Yéregui– han dado al acto todo el aparato del recibimiento de un Vicario Apostólico y tienen sumo cuidado en que no aparezca sino el Nuncio y el Gobierno en el asunto. Mi pobre opinión y la de los amigos es que el pueblo debe saber o bien por boca de S. Sría., o por la publicación del nombramiento del Sr. Pardo, quién es el que lo delega"[362].

*Panorama sombrío para los "**ultra**"*

Hasta el 31 por la mañana todo parecía negativo y desconsolador, pues aunque se decía que Brid había renunciado, todavía seguían los cismáticos celebrando en la iglesia mayor. Esto, unido al sometimiento que aparecía en el acta, que se había hecho circular con profusión desde la noche anterior, alentaba a los enemigos masones, para asegurar rotundamente que no sólo el arreglo había sido realizado con entera prescindencia de Vera, sino también que su persona había quedado destituida de toda autoridad como prelado, pues para ello había recibido el nuncio facultades especiales en los mismos momentos de la negociación[363].

Línea del Ejecutivo

En los citados enfoques e interpretaciones –a pesar de una prevención en los ultradefensores de la autoridad, que ya parecía congénita en Rafael Yéregui y otros–, se divisa una clara línea del Ejecutivo: el nuevo gobernador debía presentarse tanto en su nombramiento como en su actuación totalmente desligado de Vera, línea que no debía desagradar al interesado.

La **prescindencia del vicario**, difundida con pertinacia durante toda la misión Castellanos, parecía tomar consistencia oficial con los nuevos hechos.

Si antes había alarmado hasta a los más prudentes (entre ellos al Dr. Requena), ahora, con la tácita anuencia de Pardo, los indispondrá furiosamente.

---

[360] Ibíd., c 4-5, 6895-17
[361] Ibíd.
[362] Ibíd., c 4-4, 6859-54
[363] "Esto último –escribía Nicasio del Castillo el 31 de enero– no crea S. Sría. que lo dicen sólo los enemigos. Yo mismo se lo he oído a personas caracterizadas que han venido de Buenos Aires: y me aseguran que también lo ha dicho el muy desgraciado y digno de lástima Dr. Don Victoriano A. Conde, presunto cura de la Matriz" (Ibíd., va 16, c 4-5, 6895-17).

Difícil situación de Pardo

Pardo, que no debía poseer dotes especiales de gobernador y menos aún de negociador, como lo ratificarán su actuación y los hechos, se vio de improviso entre dos fuegos. De querer evitarlos no se debía elegir otro expediente que el **compromiso**, manejado ya con tanta altura y solvencia por Marini en aquella espinosa contienda.

Nacido, como gobernador, de una transacción, que dejaba sin resolver todos los problemas fundamentales, no entendió el motivo de ese su nacimiento, y, lo que es más grave aún, no supo ser fiel a su esencia de **hombre de compromiso**. Para esto había sido nombrado, y para esto debía servir.

El cometido, como era obvio, presentaba facetas irreconciliables y que, no obstante todo, debían coexistir pacíficamente.

Llegada del Gobernador Eclesiástico

El 28 de enero llegaba a Montevideo, en el vapor *Libertad*, el presbítero Pardo, investido del carácter de Vicario General de la Iglesia oriental.

"Los buenos católicos deben, pues, felicitarse –se publicaba- del desenlace de la cuestión que por especio de quince meses ha tenido el país en la ansiedad continua, porque, si bien ese desenlace no tiene otro carácter que el de provisorio, viene, sin embargo, a sacar nuestra Iglesia, del estado de anormalidad en que se encuentra. El Sr. Pardo se ha alojado en la casa habitación del Sr. Vicario Vera"[357].

La recepción oficial del dignatario eclesiástico había sido programada para el día siguiente, invitándose a ella todo el clero. Pero hubo una contraorden, desconociéndose su causa, por lo menos a nivel del gran público[358].

Claudicaciones de Pardo en el juramento

El anunciado acto del juramento tuvo lugar el día 30, a las dos de la tarde, con la asistencia de todo el clero.

Antes del mismo, el presbítero Castro le había pedido a Pardo que salvase las prescripciones del derecho canónico, lo que hizo. Pero el segundo pedido, de leer oficialmente su título, recibió una negativa, fundada en que se debía publicar todo en Buenos Aires[359].

---

[357] País, en. 29 de 1863
[358] AEM, va 31, c 7-4, 6861-69
[359] Ibíd., va 16, c 1 1, 6859 54

En la redacción del acta, se prescindió de la salvedad que Pardo había hecho de viva voz, o sea que "juraba y reconocía el Patronato, etc., en todo aquello que no se opusiese al espíritu de las Leyes Canónicas"[360].

Este modo de proceder o, más bien, aquella persistencia por parte del Gobierno en escatimar todo lo que podía contribuir a dejar bien definidos los derechos y prerrogativas de la Iglesia, no satisfacía ni agradaba[361].

"Estos farsantes –interpretaba pocas horas después Rafael Yéregui– han dado al acto todo el aparato del recibimiento de un Vicario Apostólico y tienen sumo cuidado en que no aparezca sino el Nuncio y el Gobierno en el asunto. Mi pobre opinión y la de los amigos es que el pueblo debe saber o bien por boca de S. Sría., o por la publicación del nombramiento del Sr. Pardo, quién es el que lo delega"[362].

*Panorama sombrío para los "**ultra**"*

Hasta el 31 por la mañana todo parecía negativo y desconsolador, pues aunque se decía que Brid había renunciado, todavía seguían los cismáticos celebrando en la iglesia mayor. Esto, unido al sometimiento que aparecía en el acta, que se había hecho circular con profusión desde la noche anterior, alentaba a los enemigos masones, para asegurar rotundamente que no sólo el arreglo había sido realizado con entera prescindencia de Vera, sino también que su persona había quedado destituida de toda autoridad como prelado, pues para ello había recibido el nuncio facultades especiales en los mismos momentos de la negociación[363].

Línea del Ejecutivo

En los citados enfoques e interpretaciones –a pesar de una prevención en los ultradefensores de la autoridad, que ya parecía congénita en Rafael Yéregui y otros–, se divisa una clara línea del Ejecutivo: el nuevo gobernador debía presentarse tanto en su nombramiento como en su actuación totalmente desligado de Vera, línea que no debía desagradar al interesado.

La **prescindencia del vicario**, difundida con pertinacia durante toda la misión Castellanos, parecía tomar consistencia oficial con los nuevos hechos.

Si antes había alarmado hasta a los más prudentes (entre ellos al Dr. Requena), ahora, con la tácita anuencia de Pardo, los indispondrá furiosamente.

---

[360] Ibíd., c 4-5, 6895-17
[361] Ibíd.
[362] Ibíd., c 4-4, 6859-54
[363] "Esto último –escribía Nicasio del Castillo el 31 de enero– no crea S. Sría. que lo dicen sólo los enemigos. Yo mismo se lo he oído a personas caracterizadas que han venido de Buenos Aires: y me aseguran que también lo ha dicho el muy desgraciado y digno de lástima Dr. Don Victoriano A. Conde, presunto cura de la Matriz" (Ibíd., va 16, c 4-5, 6895-17).

El gobernador eclesiástico será reputado, en consecuencia, **un avivado suplantador**.

El primer día de su llegada, Yéregui le pedía el Señor que le concediese fortaleza y acierto[364], después de la presentación oficial, deseará de todo corazón que cometa los mayores desatinos, para que se termine de una buena vez aquella "**farsa**".

*Se levanta el entredicho y se rehabilita a los "**suspensos**"*

El día 30, Francisco Mayesté dimitía en mano de Juan José de Herrera, Ministro de Relaciones Exteriores, del cargo de fiscal eclesiástico, por haber caducado la curia anterior de Fernández. Sólo ahora se viene a saber que el excomulgado ex jesuita integraba como fiscal la curia legal instituida por el católico Berro[365].

El último día de enero, sábado, el "buen sacerdote" Brid entregaba las llaves de la iglesia Matriz, a las que tanto apego parecía tener.

El delegado del Vicario, como primer acto oficial, levantaba, por mandato de Vera, el entredicho en que estaba la mencionada iglesia. Al día siguiente, domingo, los fieles podían ocurrir a este templo para cumplir con el precepto de la misa dominical[366].

Contemporáneamente habilitaba, "porque así lo quería el Gobierno"[367], a los sacerdotes que tanto escándalo habían dado en Montevideo[368].

*Desagrado por la rehabilitación de los "**suspensos**"*

Los que hasta el sábado 31 de enero habían despreciado el entredicho y se habían burlado públicamente de las amonestaciones y censuras[369], el domingo 1° de febrero, celebraban absueltos en la misma Matriz.

La generalidad del pueblo recibió con sumo desagrado la precipitación con que se había procedido en ese negocio. Pero semejante disgusto se convirtió muy pronto en aversión y odio, cuando se publicaron las instrucciones de Vera, desconocidas hasta la fecha.

Francisco Castelló, ex secretario de Vera, que debía colaborar con Pardo, el 5 de febrero quería saber si aquellas instrucciones habían sido dadas para no separarse de ellas, o si eran solamente puras indicaciones para usarse *ad*

---

[364] Ibíd., va 27, c 6-15, 6862-73
[365] AGN, mg, c 1160
[366] País, feb. 1° de 1863
[367] ASV, ss ae, a 1864, R 251, 28v
[368] Los presbíteros Brid y Giralt eran habilitados poco después.
[369] ASV, Ibíd., 28

libitum[370]. Vera, enviándole una copia de las mismas, le aseguraba que no eran meras indicaciones[371], sino verdaderas imposiciones.

Para justificar su proceder, Pardo empezó a invocar instrucciones verbales del nuncio[372], asegurando que dicho monseñor le había aconsejado aquellos actos en el caso de que no surtiesen efecto las instrucciones de Vera[373].

Era el último empujón que faltaba para que el arzobispo de Palmira cayera en total desgracia (si todavía no había caído) a los ojos del clero y laicado montevideano.

¿Tenía Pardo instrucciones secretas de Marini?

Vera quiso apurar la certeza de tal aserción y dos sacerdotes, paisanos de monseñor, "de conocida probidad y sensatez"[374], estuvieron prontos a jurar y declarar lo que había acontecido el 31 de enero, en la sala de la casa sita en la calle 25 de mayo, número 14, mientras estaban juntos con el delegado eclesiástico.

"Hablando de los padres suspendidos –certificaban–, nosotros dijimos que era necesaria una humillación pública y algunos días de ejercicios para borrar el escándalo dado: el Sr. Pardo nos respondió que aquellos Padres no querían, y que el Nuncio **habría dicho** que en tal caso para evitar mayores males y para que no fracasase el arreglo era necesario pasar por encima de todo; y habiendo nosotros insistido repetidas veces que sucedería un escándalo, el Sr. Pardo respondió, que se había de usar indulgencia, y que necesitando Padres para llenar las necesidades de los fieles, era preciso habilitarlos a todos.

Es éste el verdadero sentido de todas las palabras que pronunció el Sr. Pardo en aquella ocasión en la que se refirió siempre al Sr. Nuncio y nunca al Sr. Vicario Apostólico. Presbíteros Luis Graffigna y Luis Taddei"[375].

Con esta declaración escrita, Vera podía estar cierto, a la par que los demás, que ésas eran las palabras pronunciadas por su delegado, ignoraba, sin embargo, lo que habría de verdad en ellas.

Enfado de Vera

Enfadado por todas las noticias que llegaban diariamente de Montevideo, le escribía el 7 de febrero a Castelló: "Conviene que usted permanezca en su puesto mientras no se comprometa su conveniencia. Vea de

---

[370] AEM, va 16, c 4-4, 6859-55
[371] Ibíd., va 33, c 7-10, 6379-18
[372] Ibíd., va 16, c 4-5, 6895-19
[373] ASV, Ibíd., 28v
[374] Ibíd., a 1863, R 251, 125
[375] Ibíd., 119-122

averiguar si hay frecuente comunicación [de Pardo] con el Sr. Nuncio y si ocurre a él por dispensas.

Si le parece hacer una visita en mi nombre al Ministro Sienra y mostrarle las instrucciones, hágalo. Averigüe si además de los PP. Graffigna y Taddei hay algún otro en cuya presencia ha dicho Pardo haber procedido a la rehabilitación de los sacerdotes rebeldes por consejos o mandato del Sr. Nuncio…

P.D. Acabada de escribir ésta, cuando me llega la noticia de su renuncia, y las causas que la motivan. Tiene razón"[376].

Dificultad de Pardo en los nombramientos

El 5 de febrero, pues, Pardo estaba decidido a nombrar a Antuña de notario interino, pero luego de hablar con la gente, se había inclinado a favor de Sánchez, contrariamente a lo indicado por Vera.

En vista de tanto embrollo, Francisco Castelló le había presentado su renuncia irrevocable de secretario, pues no quería poner la firma en ese nombramiento ni en ningún otro del delegado.

"Supongo —escribía Rafael Yéregui el 6— que le aceptará la renuncia y nombrará algún pillo para que todo marche [viento] en popa y en seguida nombrará a Sánchez de Notario eclesiástico"[377].

Acto continuo se reconfirmaba oficialmente en su cargo de notario mayor al escribano público Manuel Sánchez, nombrado por el intruso Juan Domingo Fernández.

"A mi modo de ver —seguía escribiendo Yéregui— lo que quieren estos hombres, es inculpar a S. Sría. ante el Pontífice, por haberse hecho bajo la capa de su delegación las estupendas barbaridades que hemos visto. Pero Dios ha de querer que la perfidia de los hombres se engañe y no llegue a su objeto"[378].

Castelló estaba muy contento de que Vera hubiese aprobado su renuncia.

En el ínterin Conde había sido invitado para secretario, pero recusaba el ofrecimiento. Se decía también que Castro no había querido aceptar la fiscalía.

Este vacío creado alrededor del nuevo prelado era impresionante, pero Pardo no parecía muy afectado por ello.

Luego de habilitar también a Brid, sin alguna previa reparación, se paseaba juntamente con él, comprando muebles, porque quería mudarse de casa, como efectivamente lo hizo, trasladándose a la calle Wáshington, el 9 de febrero[379].

---

[376] AEM, va 33, c 7-10, 6379-18
[377] Ibíd., va 16, c 4-5, 6895-22
[378] Ibíd.
[379] Ibíd., 6895-27

¿Acta labrada entre el nuncio y Castellanos?

Como si todo esto fuese poco, para aumentar la tensión, ya a punto de explotar con insospechada peligrosidad, se afirmaba, por persona que se creía bien informada, que existía en poder del Ministro de Relaciones Exteriores un acta labrada después del arreglo entre el nuncio y Castellanos, en la que el primero se comprometía a impedir que el vicario Vera retirase las facultades al delegado Pardo.

Que existiese tal documento, no le cabía ninguna duda al informante Rafael Yéregui, esperaba sólo poder saber cuáles eran los términos en que estaba concebido.

"Yo preguntaría –le escribía a Vera el 9- si estos negocios tapados y ocultos son juegos limpios y dignos del Nuncio de Su Santidad. Acaso esperarían poder impedir la acción de S. Sría. apelando a los jueguitos aquellos de facultades extraordinarias venidas de Roma –de que el Nuncio asumirá el gobierno de esta Iglesia- etc."[380].

En una carta del día siguiente se volvía sobre el acta labrada en la capital argentina: "Lo que le dije en mi última sobre un acta labrada entre el Sr. Nuncio y Castellanos, es verdad, pues se lo dijo el Sr. Ministro de gobierno al Presidente. Sucede que Sienra le observaba al Presidente que en el caso en que Pardo se apartase de las instrucciones de S. Sría., se vería S. Sría. en el deber de retirarle las facultades, y entonces vendría un conflicto terrible.

A esto contestó Berro que esto estaba previsto, pues se había labrado el acta de que le hablé, la que vería en el Ministerio, y que por lo tanto nada podía hacer S. Sría."[381].

Esta incorrección informativa nunca fue enmendada, y sólo unos días después de la tormenta se corregía semejante fabricación dolosa: "He sabido que el Sr. Nuncio se comprometió con el Presidente a hacer que S. Sría. no retire la delegación a Pardo, **pero no ha contraído un compromiso escrito**"[382].

Era ya demasiado tarde para que la debida rectificación pudiese reparar los daños ocasionados.

Vera y sus consejeros jesuitas

Abrumado por muchas de estas comunicaciones alarmantes, Vera se apresuraba a pedir consejos a los jesuitas Sató y Coris[383].

---

[380] Ibíd., 6895-25
[381] Ibíd., 6895-27
[382] Ibíd., va 27, c 6-15, 6862-28
[383] Ibíd., va 21, c 5-7, 6268-6

Sin conocer la opinión de dichos padres, podemos adivinarla considerando la actitud asumida por el Vicario. Al instante que había sido avisado de estos atentados, quiso y determinó retirar la delegación conferida a Pardo[384].

Igual temperamento habían sugerido otros dos padres jesuitas, interpelados por el prelado con una carta del día 4 de febrero.

Desde Santa Fe, el jesuita Joaquín María Suárez le escribía que su carta lo había afectado profundamente, pero no sorprendido desde el momento que nunca le había gustado el tal arreglo.

Ya desde su inicio había tenido un extraño presentimiento; cuando llegaban noticias de que el arreglo avanzaba sentía pena, mientras que cuando se propalaba su abandono, involuntariamente se consolaba. Nunca había tenido confianza en sus efectos, atendiendo el modo con que habían procedido las tramitaciones.

También el padre Parés, enterado del contenido de aquella carta, opinaba con él que, a ser ciertos los hechos, o sea la conducta seguida por el delegado Pardo en Montevideo, y los pasos dados para rehabilitar a los infelices sacerdotes del cisma contra su expresa voluntad, debería retirarle inmediatamente toda autoridad, y declararlo así, aun cuando fuese "certísimo" que no sólo concurría para ello la aprobación de Marino, sino **aun suponiendo que dicho monseñor lo hubiese autorizado expresa y directamente para ello.**

A este punto cabe hacer una brevísima consideración de carácter crítico.

La contradicción en el pensamiento y conducta de Vera y de sus consejeros los jesuitas, no podría ser más palmaria. El hombre que, sin ningún titubeo, había afirmado (en ocasión de los rumores que circulaban sobre su entendimiento con Flores) que "ellas [sus convicciones] habían pertenecido siempre a los principios, y **el de autoridad nunca había dejado de ser el objeto de su respeto y decisión**", ahora, cuando se trataba de acatar y respetar la autoridad de su superior inmediato Mons. Marini, parece olvidar esas convicciones.

En lugar de recurrir a él, como superior y amigo, confía más bien en los padres jesuitas, sus formadores y mentores ideológicos, y ellos, sorprendentemente, lo aconsejan dejar de lado la autoridad del nuncio y obrar a su manera. Todo esto no deja de ser asombroso y desconcertante al mismo tiempo, si se piensa que estos personajes se consideraban los moralizadores del pueblo y los paladines del Sumo Pontífice.

Si bien los pareceres de estos dos padres llegaron después de los acontecimientos, manifiestan una vez más —como en el caso del primer nombramiento y en los sucesos posteriores- **la posición contradictoria de los rígidos ultradefensores de la autoridad y ortodoxia.**

---

[384] ASV, ss ae, a 1863, R 251, 125

Una parecida inflexibilidad, muy poco ilustrada y coherente, (sustentada por los padres jesuitas), se alardeaba también en *El País* que, por un celo mal entendido avivaba las llamas.

"Se nos quiere llevar de nuevo a otro conflicto –publicaba el 11 de febrero-, sin dudarlo más grave y trascendental que el que hemos atravesado, en la malhadada cuestión eclesiástica. El instrumento elegido para esa obra, por muy doloroso que sea creerlo, es el nuevo Delegado o Gobernador Eclesiástico. Hasta el sábado de la pasada semana, nos asistía la duda de si el Sr. Gobernador Ecl. se prestaría, sin sospecharlo, a esa desgraciada empresa. Hoy, la duda ha desparecido y tenemos ya la triste convicción de que el Sr. Pardo concurre a sabiendas al nuevo conflicto a que se nos quiere conducir; empezando por falsear las instrucciones que recibió escritas de S. Sría. Rma. el Sr. Vicario Apostólico, Don Jacinto Vera, en consecuencia de la delegación que le confiara…

Siguiendo en esa vía, no tardará el retiro de facultades otorgadas por el Vicario Apostólico al Sr. Pardo…

Cuando este triste momento llegue, *como infaliblemente llegará*, se habrá perdido todo el camino andado".

El retiro de las facultades se preconizaba como inevitable y su llegada infalible.

Precipitado viaje de Marini a Montevideo

El mismo Vera, como ya se observó, confiesa que monseñor Marini hizo un viaje precipitado a Montevideo en momentos en que él se disponía a retirar la delegación confiada a Pardo.

Es fácil imaginar la aprensión y preocupación del diplomático pontificio, juntamente con su esfuerzo para detener las **iras de Vera**, calmar la agitación de los adictos montevideanos, **y encaminar debidamente al descarriado Pardo que se atrevía a invocar instrucciones verbales suyas.**

El día 11, por indiscreciones extraoficiales quizás, a las cinco y media de la mañana Pardo, Brid y Mayesté se fueron al muelle para recibir al nuncio, pero se encontraron con que no había llegado.

Esto, como era natural, dio lugar a comentarios nada favorables.

"Sólo los tres: Pardo, Brid y Mayesté –se decía- son los sacerdotes dignos de recibir al Sr. Marino Marini, pues el Sr. Delegado no había invitado a ninguno de los que estamos por acá, ni aun a los más caracterizados como son los Señores Curas. Ha sido una suerte, pues nos hemos librado del chasco que ellos han sufrido y de tener que alternar con algunos de ellos"[385].

---

[385] Ibíd., va 27, c 6-15, 6862-25

Inesperadamente, el viernes 13 de febrero a las 11 y media de la mañana, desembarcaba en Montevideo Marini, llegado de Buenos Aires en un vapor paraguayo[386].

Nadie lo esperaba, porque a nadie había sido participada su llegada, evitándose así las ya numerosas habladurías que asqueaban a cualquiera.

Esta visita, memorable por sus motivos (debían ser muy graves si Marini se decidió realizarla en momentos en que los "filoverianos" ya se alegraban de que ni apareciese en Montevideo, cuando antes lo habían invocado repetida y aturdidamente) y por sus efectos (logró impedir un segundo y más grave conflicto), es relatada por diversos testigos oculares, que la juzgan y enfocan de acuerdo a sus propias categorías. En este juicio se definen a sí mismos como informantes.

La exposición de tales relaciones, al tiempo que iluminará la compleja situación con sus profundos contrastes, brindará valiosos elementos para valorar críticamente el peso de las afirmaciones de dichos testigos[387].

No deja, además, de ser significativo, que los juicios críticos de las fuentes (v.g. Marini, Vera, Requena, Maillefer, Rafael Yéregui, etc.), recogidos en la presente obra, resulten casi uniformemente confirmados en este capítulo.

Relación de Maillefer

Maillefer, en su comunicado del 16 de febrero de 1863, decía que el delegado de Vera había sido instalado hacía poco, como vicario general y gobernador eclesiástico. La catedral, el párroco dimitente Brid y otros interdictos habían vuelto al estado de gracia.

Sobre la visita del día 13 informaba: "El Delegado Apostólico Mons. Marini, Arzobispo de Palmira, vino personalmente a Montevideo, para confirmar esos arreglos y quizá también para apaciguar escrúpulos, y la **disconformidad de los más católicos que él**, respecto a la ejecución de un pacto que, interpretado como lo hace el Sr. Berro, bien pudiera no devolver una larga paz a la Iglesia. Por otra parte este prelado sólo pasó aquí 24 horas y su presencia no ha producido sino una sensación mediocre"[388].

Dicho observador desconoce el motivo fundamental, que no era tanto la confirmación de los arreglos de Buenos Aires, cuanto lo que propone como probable, o sea apaciguar los escrúpulos y la disconformidad de los más católicos que él (los llamados *ultradefensores* de la autoridad), y sobre todo encaminar a Pardo y evitar una nueva escisión entre el clero por las amenazas de Vera.

---

[386] País, febr. 14 de 1863; AEM, va 27, c 6-15, 6862-26
[387] El valor crítico de algunos de ellos ya se subrayó en los capítulos anteriores, aunque no de manera sistemática. Para los informes de Marini se había remitido a una conferencia dictada en el Instituto de Cultura Católica de Montevideo.
[388] In.d., Ibíd., 417

La interpretación del pacto por parte de Berro no era algo caprichoso, dejado al azar del momento o del genio, sino algo plenamente coherente con su concepción liberal, enmarcada en coordenadas católicas.

La sensación mediocre, en fin, producida por la estadía de *30 horas* de Marini, es producto de una auscultación superficial y unidireccional de la realidad.

Enfoques de Rafael Yéregui

El **ultra Yéregui**, el mismo día 13, le comunicaba a Vera: "Nosotros hemos ido a visitarlo y hablamos largo con él sobre estas cosas; todo su empeño es que nos unamos al Sr. Pardo y a los que están con él, a lo que le hemos contestado con claridad y franqueza. Nos dijo que había aconsejado al Sr. Pardo que pidiese a S. Sría. la revalidación de los actos de dicho Señor.

El Señor Nuncio nos dijo también que sabía que *nosotros habíamos escrito a S. Sría.* diciéndole que Pardo invocaba instrucciones del Sr. Nuncio. ¿No habrá habido en esto algún soplón que haya leído y oído leer la carta escrita a S. Sría.? Le contestamos que el Sr. Pardo había dicho a personas autorizadas eso mismo.

Nos aseguró que él no había dado al Sr. Pardo instrucciones verbales ni por escrito. También nos dijo que iba a decir al Sr. Pardo que nos llamase y nombrase a uno de nosotros de Secretario. Le contestamos que eso sería inútil, pues por nuestra propia dignidad no podíamos alternar con ciertos hombres que han estado y están escandalizando a todo el pueblo"[389].

El día siguiente, agregaba en una nueva carta: "Por lo que se ve *el hombre* [el nuncio] vino con mucha precipitación, se explica esto porque nada bueno podía traer y su presencia debía ser necesaria para ciertos manejos. Hablemos claro. Dicho Señor ha venido sólo a hacer amasijos, a hacer una fusión de los Sacerdotes fieles a la Iglesia con los rebeldes, fusión indigna que ha sido rechazada como ella se merece.

Lo que el hombre quiere, como se colige por todo lo que ha hablado, es que pretende que queden parados Pardo, Mayesté, Brid…, pues con la apariencia de unión en el Clero (lo que no conseguirá del modo que lo quiere) cree calmar los ánimos e irá diciendo a S. Sría. que no hay lugar ya para proceder contra Pardo, porque ha hecho esto y el otro, etc., etc., ha nombrado a fulano de Cura, etc., para conseguir que los pasos de Pardo queden como *hechos consumados* y S. Sría. no dé el golpe y así la responsabilidad ante Roma cae sobre S. Sría, pues son actos de su Delegado.

Todos lo hemos cargado, pero a algunos les ha dicho que no quiere oírlos, porque eran ya muchas las verdades que se veía precisado a oír. Le aseguro a S. Sría. que no ha de ir muy contento con *las adulaciones* ni *zalamerías* recibidas del clero fiel a S. Sría. y a la Iglesia…

---

[389] AEM, va 27, c 6-15, 6862-26

El se irá muy creído que paró el golpe. Verá como va diciendo a S. Sría. que todos estamos conformes con todo lo que pasa, que deseamos la paz (como ellos la entienden), etc., etc.; pero si tal dice, faltará a la verdad, pues nos gustan las cosas claras y no somos amigos de pasteles…

Hoy según entiendo ha dado muy buenos consejos al Sr. Pardo delante de Castelló y Pérez, pero no pasaran de consejos para alucinar.

Le dijo que suspenda a Tiscornia, que amoneste a Conde y Prado, por su conducta moral; pero nada de Brid, nada de Fernández, nada de Mayesté, y si le dice que proceda contra esos hombres no es por los negocios presentes, por la cuestión eclesiástica, sino por su conducta moral.

Esto es un embrollo; pero cuente S. Sría. siempre con los mismos que estuvieron a su lado en los momentos de mayor conflicto"[390].

Como se verá por cartas de otros adictos a Vera, Rafael Yéregui no dice toda la verdad, y la afirmada tiende a presentar al delegado apostólico, como amigo y favorecedor de los rebeldes, y esto para que el Vicario retire sus facultades al extraviado Pardo.

Impresiones de Castelló

También el ex **secretario Castelló** comunicaba su punto de vista a Vera. "Ayer –le escribía el 14– en la primera entrevista que tuve con el Sr. Nuncio, en compañía de Letamendi, me dijo: que admitiera [el cargo de cura párroco de la Matriz], que sería bien visto de todos este nombramiento…" le contesté que a pesar de mi inutilidad para el caso, aceptaría, con tal de que no entre algún *lobo*.

Hoy me repitió lo mismo delante de Martín Pérez y Pardo, añadiendo que el Sr. Presidente estaba muy conforme… También manifestó deseos de que se nombrara al Dr. Castro de Fiscal; y éste le contestó que estaba siempre pronto para ayudar con sus fuerzas a la *autoridad*. Esta palabra equívoca no se le pasó al Sr. Nuncio, preguntándole en el acto si el Sr. Pardo no era autoridad, a cuya interpelación contestó Castro del modo que él sabe cuando le apuran, y me encarga encarecidamente se lo escriba a S. Sría. porque solamente sabiendo que S. Sría. aprueba este nombramiento, lo admitirá. No se olvide de contestar sobre este punto.

Todo el conato del Sr. Nuncio es amalgamar, según nos ha repetido varias veces. Yo creo que si no conseguimos lo que debíamos esperar, al menos lograremos neutralizar la acción de la mala cizaña, atendidos estos nombramientos…

No quiero dejar de decirle lo que S. Sría. ya sabe, y es que ha repetido aquí lo que ya había dicho en Buenos Aires el Sr. Nuncio: que él por su oficio de Nuncio Apostólico, y por encargo especial de Roma podía haber arreglado la

---

[390] Ibíd., va 16, c 4-4, 6860-10

cuestión; pero que ha querido salvar el principio. Si acaso en otra le diré lo que aquí falta; porque es ya hora de comer y Letamendi anda apurado.

Los disidentes no están al parecer muy satisfechos, y a Pardo especialmente le ha reprendido delante de mí y Martín y antes delante de todos le ha dicho: *que él no le había dado ningunas instrucciones, a lo que Pardo se ha callado*"[391].

El anciano ex franciscano, con menos arrebato y más equilibrio que el anterior, ya no pinta al nuncio tan amigo de los extraviados, ni quiere fomentar divisiones, sino que prudentemente se presta para ser cura de la Matriz, rompiendo ese vacío, que ya se había hecho repudio, alrededor del neogobernador.

Se divisan, además, los esfuerzos del nuncio (no ya tan mal interpretados) para convencer a los "**ultra**", más reacios y rebeldes que los otros.

Equilibrio de Requena

La cuarta relación sobre la controvertida visita de Marini a Montevideo es de **Requena**, que responde a una carta de Vera del 13 de febrero.

Con la mencionada, el prelado desterrado, después de un largo silencio, le confirmaba su aprecio por los nuevos servicios agregados a tantos y de tan marcada importancia.

Requena por su ciencia, experiencia y generosidad podía disculpar aquel silencio, comprendiendo perfectamente la causa que lo había motivado.

"La serie de sinsabores –le confiaba Vera, abriendo su corazón-, que Dios ha querido reservarme en estos últimos tiempos, le hablo con ingenuidad, me ha quitado todo gusto. No dudo me hará justicia en persuadirse que tales disgustos no provienen de nada que atañe a mi persona. Pues a mí nada me falta. Habito una celda humilde y en ella estoy contentísimo.

Me afligen sí las tristes peripecias por que pasa esa Iglesia. Su desconsoladora situación me abate... ¡Dios no abandona nunca a los suyos! Sus ausencias son apariencia y de pocos momentos"[392].

El buen Requena, con fecha 16, contestaba: "Por la última carta de V.S.Rma. comprendo cuánto le afecta el estado lamentable de nuestra Iglesia; pero, gracias a Dios parece que el mal se va remediando gradualmente, hasta conseguir extinguirlo, en el regreso y reinstalación de nuestro legítimo Prelado.

La provisión del Curato de la Matriz y Fiscalía eclesiástica, según las indicaciones del Sr. Nuncio, son un buen principio, y confío en que no sufriremos nueva decepción, porque los sentimientos del Sr. Ministro de Gobierno [Sienra] son rectos y su voluntad muy decidida, a favor de la causa de

---

[391] Ibíd., va 31, c 7-4, 6861-79
[392] AyB pba, Ibíd.

la Iglesia, que, en este caso, es la de los principios más esenciales del Estado, y ello justifica que moderen los procedimientos anteriores en hostigar al Prelado.

Vuelto sobre sus pasos el Señor Pardo, **y bien amonestado y prevenido por el Sr. Nuncio, él puede ser útil; y, como con su revocación no remediaríamos lo que ya hizo**, me ha parecido prudente que V.S. Rma. haya demorado la revocación y espere los sucesos, que no pueden ya tardar, porque la organización de la Curia es urgente"[393].

Luego de algunas observaciones sobre el arreglo de Buenos Aires, añadía: "Y S.S.Ilma. [el nuncio], dijo al Sr. Pardo, que presenció mucha parte de la conversación, que se aconsejase con el doctor Requena, que éste debía ser su consejero.

Yo observé al Sr. Delegado Apostólico que no conociéndome el Sr. Pardo, no podría tener confianza en mis opiniones; y, sobre todo, él ya habría comprendido que tal vez no se ajustaban a la dirección que ya tuviese.

Brid se encontró con nosotros, es decir, con el Nuncio y yo, y a presencia nuestra y del Sr. Pardo… **le exigió una retractación pública**; puesto que él había sido la causa de los males de su Iglesia.

Urgido el Señor Brid por el Nuncio, tomó su sombrero y se retiró sin ofrecer, y menos comprometerse, a publicar nada.

El resultado es que ese señor y el Sr. Mayesté han perdido terreno relativamente al Sr. Marini; y que este señor ha reconocido, al fin, que casi todo el Clero reprobaba los errores del Sr. Pardo.

El Nuncio ha pedido disculpa por sus errores [de Pardo]; y asegura que en lo sucesivo, el proceder del Sr. Pardo será más conforme con las verdaderas exigencias de la autoridad.

Ha pedido a los señores Curas que rodeen y asistan al Sr. Pardo; y con el Sr. Cura Ojeda, recordó el Nuncio la polémica que había tenido conmigo, pero agregando que no había pasado de polémica entre amigos…*Las decepciones que he experimentado* me inclinan a no volver a tomar una parte tan activa en estos negocios"[394].

¡Admirable este hombre! Reconoce haber sido engañado por su excesivo buen celo (decepciones experimentadas), admite la diversidad de convicciones en el manejo de los asuntos eclesiásticos entre sí y el Sr. Pardo ("él ya habría comprendido que tal vez no se ajustaban [sus consejos] a la dirección que ya tuviese").

No obstante todo esto, Requena desaconseja a Vera respecto a la revocación ("con la revocación no remediaríamos lo que ya hizo"); le asegura que Pardo, después de la visita de Marini, puede ser útil y, por fin, le dice la verdad sobre el proceder del nuncio relativamente a los rebeldes ("Pardo, bien amonestado y prevenido"; a Brid "le exigió una retractación pública"; éste,

---

[393] SALLABERRY, La personalidad…, 49
[394] Ibíd.

urgido, había tomado su sombrero alejándose sin comprometerse a publicar nada).

No menos caballero había sido Marini con el ecuánime jurisconsulto. Había recordado su polémica, que no había pasado de polémica "entre amigos", lo había hecho asistir a las conferencias con Pardo, indicándoselo como consejero, y el 7 de febrero desde Buenos Aires le había escrito que levantaba, por fin, el entredicho en que hasta el momento había estado con él.

Hubiera querido hacerle mayores confidencias de lo que las ocupaciones se lo permitían, mucho más habiendo sido Requena tan fino con él, que a pesar de su silencio le había escrito varias cartas, por las que le quedaba muy agradecido no sólo por las repetidas pruebas de amistad, cuanto por su contenido.

Se había propuesto tener con él una larga conferencia en Montevideo, pero ciertas medidas "que sé que se han tomado –finalizaba diciendo- me hacen privar del placer que hubiera tenido visitando a Usted y demás amigos"[395].

Sin poder ir a su casa, por el brevísimo tiempo tenido y por las muchas entrevistas realizadas, no por eso, como se vio, dejó de retribuirlo con finura y cariño.

Prudente consejo del ministro Sienra

Unos ocho días después de esta histórica visita, en los que Vera no había todavía depuesto sus iras y cambiado sus propósitos de retirar las facultades a Pardo, el **Ministro de Gobierno Sienra**, amigo y condiscípulo del Vicario, le escribía: "Comprendo, como Usted, que el Sr. Pardo anda descaminado y esquiva con harta tenacidad entrar en la buena y fácil senda, que le señalan sus deberes.

Pero le aseguro, que no es el Gobierno quien lo descamina, sino otras influencias, que se han empeñado en jugar un rol que debiera ser prudente, y cristiano, pero que no es ni una cosa ni otra, sino diplomático y de mala diplomacia [se refiere seguramente a Florentino Castellanos].

Usted puede estar seguro de que tanto el Ministerio de Gobierno, como el hombre a quien se ha conferido ese alto puesto, han de gravitar siempre en el sentido de los legítimos intereses de la Iglesia.

Acaso con esa mi buena voluntad no pueda alejar los males que no es imposible que sobrevengan, cuando tal suceda, dejaré el puesto que ocupo, y llevaré la conciencia de que la mala situación no podrá explicarse ni por mis trazas ni por mi voluntad.

Comprendo perfectamente los deberes que a Usted incumben; y no seré yo quien le pida su sacrificio, con ningún propósito. Lo que sí, no puedo dejar de observar es que si la situación se complica, inevitablemente traerá una suma de males de tal magnitud, que, de veras su sola posibilidad me asusta.

---

[395] AyB pba, Ibíd.

Si Usted lanza el cese prometido, o mejor dicho, anunciado, tenemos en casa un cisma: el Sr. Pardo, rodeado por el Clero malo y separado del Clero bueno. Las posiciones importantes ocupadas por aquéllos y abandonadas por éstos; y el Gobierno de parte del Sr. Pardo. Por supuesto, que yo me retiraría; y, por consiguiente, el que me sucediese no podría dejar de venir con las vistas del Gobierno.

¿Cuándo cesaría ese mal estado? ¿Quién puede calcular la suma de males que traería esa situación a la Religión y a la Patria? Dios solamente.

Usted comprende perfectamente que todo esto sucedería. Y por eso, yo **espero que no lo abandonará la prudencia**; y que sólo obrará enérgicamente cuando sus delicados deberes no le permitan producirse de otro modo"[396].

Carta equilibrada, en que campean, según Sallaberry, soberanas las dotes del estadista, le energía cristiana, que es a un mismo tiempo ultimato y consejo saludable. Debió hacer efecto en el ánimo de Vera, para no precipitarse en deponer a su Vicario General[397].

Los coloquios de Marini ¿no habrán creado o por lo menos favorecido este clima de distensión y prudencia, así en Sienra como en Requena y otros?

Juicio de Vera sobre la actuación de Marini

Cuando ya habían transcurrido varios meses del hecho, en una relación al card. Antonelli con fecha 23 de julio, **Vera** escribía: "Lo que puedo asegurar es que Monseñor hizo un viaje precipitado a Montevideo en momentos en que yo me disponía a retirar la delegación que confiaba al Sr. Pardo, y que allí hizo grandes esfuerzos para calmar los ánimos en gran manera alarmados de todos los buenos, en presencia de los procedimientos del Sr. Pardo, y **nada** se reparó de lo hecho.

Todos los Sacerdotes escandalosos quedaron habilitados incluso el intruso Sr. Fernández y el Sr. Don Juan José Brid, quien motivó todos los males que vinieron a la Iglesia de Montevideo, sin que precediese reparación alguna pública de los escándalos cometidos"[398].

En otra anterior (22 de marzo) dirigida a su amigo Eyzaguirre, añadía: "Monseñor... en presencia de algunos individuos... decía públicamente que tenía encargos de Roma para arreglar a cualquier modo la cuestión eclesiástica con el Gobierno prescindiendo de la persona del Vicario Apostólico y que todo [lo] estipulado en el arreglo a favor de éste, a él se le debía, pues era árbitro en este negocio"[399].

---

[396] SALLABERRY, Ibíd., 51
[397] Ibíd.
[398] ASV, ss ae, a 1864, R 251, 28v
[399] Ibíd., a 1863, R 251, 125v

El Vicario reconoce los grandes esfuerzos hechos por el arzobispo de Palmira para restablecer la calma, pero no puede perdonarle el hecho de no haber impuesto y exigido a todo trance una reparación pública a todos los rebeldes excomulgados.

¿Quién no advertía la necesidad de una sumisión y arrepentimiento público? Pero si esto era resistido por los escandalosos (Brid, urgido por el Sr. Nuncio, para que diese una retractación pública, había tomado su sombrero, retirándose sin ofrecer y menos comprometerse a publicar nada), e impugnado por el Gobierno (que no permitía ninguna pena visible para aquellos sacerdotes) ¿era prudente y cristiano mostrarse inflexible en ese punto y desatar un nuevo conflicto, que hubiera traído "una suma de males de tal magnitud" que su sola posibilidad asustaba al ministro de gobierno Silvestre Sienra?

Con las facultades concedidas por la Secretaría de Estado ¿no podía Marini proceder de una manera más tolerante y condescendiente?

El mismo delegado apostólico, en un acto de mucha humildad, ¿no había pedido pública disculpa por los yerros cometidos por aquellos insubordinados? **Por otra parte, Vera jamás reconocerá sus intemperancias e excesos y mucho menos pedirá disculpa por ellos.**

A Vera, en fin, le dolían muchas las afirmaciones (que nunca reputó verdaderas, siendo, en consecuencia, injusto con el diplomático ascolano **porque lo consideraba un mentiroso**) de que Marini tenía encargos de Roma para arreglar de cualquier modo la cuestión eclesiástica con el Gobierno, prescindiendo de su persona.

Informe del delegado Marini

En el informe n° 159[400], **el delegado Marino Marini**, residente en Buenos Aires, daba cuenta de su viaje a Montevideo al cardenal Secretario de Estado.

Algunas resoluciones –relataba- tomadas con poca ponderación por el sacerdote Pablo María Pardo, entre ellas la precipitada absolución de los sacerdotes censurados y el mal humor que las mismas habían producido en los otros, lo indujeron a ir a Montevideo.

Complacía también de este modo al Gobierno oriental, que con palabras las más corteses lo había invitado.

En las pocas horas de su permanencia, logró dar un encauzamiento regular a las cuestiones eclesiásticas, apaciguando los ánimos.

"Me pareció –decía a continuación- haber conseguido el *objeto* de mi viaje. Con todo *el Sr. Vicario* Apostólico, que todavía *permanece en Buenos Aires,*

---

[400] Es el único documento de este período de Marini en el Río de la Plata (relativo al Uruguay), que sufrió las injurias del tiempo, habiendo perdido por el agua, al parecer, la parte inferior izquierda, y resultando por tanto mutilado.

por sus imprudencias[401], fomentando quizás sin quererlo, la discordia, dificultará la ejecución del acuerdo estipulado con su intervención entre el Gobierno de aquella República y esta Delegación Apostólica; **me obligará a intimarle que renuncie** a su cargo en conformidad con las instrucciones, que la Eminencia V. Rma., se dignó comunicarme con su venerable despacho n° 24722"[402].

En las dos conferencias tenidas con el presidente Berro, el delegado advirtió que el primer magistrado se mostraba favorable a la Iglesia, y que los dos funestos decretos habían sido fraguados por los malos consejeros. Si bien era hombre de muchas letras y de buen juicio –acotaba Marini- no siempre percibía los engaños y enredos, que le tendían los más astutos.

Solamente un falso punto de honor, que en su ánimo podía mucho, le impedía revocar los citados decretos.

Le había prometido, sin embargo, reparar el mal ocasionado, haciendo de parte suya todos los esfuerzos para obtener de las cámaras legislativas, cuya reunión estaba fijada para el 15 de febrero, los medios necesarios para la erección de un obispado en la República oriental, suplicando con esa finalidad a Su Santidad.

Marini pensaba que cumpliría su promesa, porque en el mensaje que acababa de dirigir a la Asamblea, había manifestado este compromiso.

El delegado subrayaba, además, la acogida recibida por el mismo Gobierno que había puesto a su disposición una casa espléndidamente adornada, lo había tratado suntuosamente, brindándole muchas otras demostraciones de reverencia y honor[403].

El diplomático pontificio, luego de exponer el motivo de su precipitada ida a Montevideo (resoluciones desconsideradas de Pardo, exaltación de los ánimos y también invitación del Gobierno), manifiesta su impresión sobre el éxito de la misma, que le parece positivo, por haber encauzado de una manera regular los negocios eclesiásticos. Apunta a una dificultad, no hipotética por cierto, en la ejecución del arreglo, originada por las **imprudencias de Vera** que sin quererlo, quizás, fomentaba la discordia.

Tres meses de tensión con el vicario eran resumidos con una fórmula tan lacónica.

---

[401] El subrayado indica una probable reconstrucción del texto. El original italiano suena así:
"di acquietare gli animi; e mi parve d'aver conseguito lo --------- del mio viaggio. Contutto ciò ------------------------ Apostolico, che tuttora ri ------------------------ sue imprudenze",
[402] ASV, ss ae, a 1863, R 251, 112-112v
[403] Ibíd., 112v-113v

En este segundo y único juicio negativo sobre el prelado montevideano, ya no se hace hincapié en el origen y causa de ese proceder: su carácter y modalidad –sino en los efectos del mismo, o sea en las imprudencias.

El ministro Sienra, condiscípulo de Vera, esperaba que a éste no lo abandonara la prudencia, con la revocación de las facultades a Pardo. **Esta hubiera sido la última y fatal imprudencia de Vera, que hubiera determinado su cese en el cargo de Vicario Apostólico.**

Con todo el delegado le hace justicia a su enjuiciado, afirmando (no sin una leve duda en el "quizás") que obraba convencido de proceder rectamente.

Agregamos que en el caso de Vera, así como en el caso del Presidente, el influjo de consejeros poco avisados y nada sagaces[404] había tenido un peso preponderante.

No hubo igual caballerosidad en Vera, reconociendo una recta intención y sustancial sinceridad, sea en las afirmaciones como en los procedimientos de Marini; por el contrario, se creyó siempre en la deformación de los hechos[405] y en las malas intenciones de la delegación apostólica[406].

---

[404] En el caso de Vera estos consejeros eran los conocidos jesuitas y los ya nombrados ultradefensores de la autoridad.

[405] Nicasio del Castillo el 5 de mayo le escribía a Vera desde la ciudad de Las Piedras: "Comprendo lo muy importante que es, el que la verdad se haya abierto paso hasta las altas regiones del Vaticano [se refiere a una carta de Eyzaguirre que le comunicaba a Vera el nombramiento de prelado doméstico] por conducto de S. Sría. y por otros conductos fidedignos que no sean los del Sr. Marino Marini. Nada bueno deberíamos esperar si tuviésemos la persuasión de que S. Santidad no recibiera otros conocimientos que los que le diese su Delegado Apostólico en estas regiones. Después de todo lo que ha pasado no me parece aventurado pensar que el Sr. Marini ha obrado en todo este asunto *con habilidad*, pero dejando así mismo traslucir una marcada prevención a la persona de S. Sría.; y esto que hace su proceder tanto más irritante para ante las personas sensatas, lo colocaría, sin duda en una posición muy difícil con el Pontífice, si S. Santidad llega a percibirse de ello…

Repito que yo tengo mucha confianza, pero no sucede lo mismo con algunos de nuestros mejores amigos. Hace muy pocas noches que hablando con el Dr. Requena me dijo que él temía mucho a los informes desfigurados que haya podido dar el Sr. Marini; y que esas mismas distinciones con que el Pontífice ha condecorado a S. Sría, indican (a su juicio un premio a los buenos servicios prestados y a las virtudes reconocidas, pero no significan que se continuará reconociendo siempre en S. Sría la investidura, de Vicario Apostólico" (AEM, va 16, c 4-4, 6859-41).

[406] El sacerdote José Letamendi, que llevó a Roma el pedido del presidente del senado en ejercicio del poder ejecutivo, Atanasio Aguirre, para la erección del vicariato en obispado, al relatar su primera entrevista con el papa, tenida el 15

Marini, después del regreso de Vera a Montevideo, instruía a Requena sobre los antecedentes y datos importantes del conflicto, para que apreciaran sus procedimientos durante el mismo.

A Requena le había sido agradable trasmitirlos a varias personas que habían tomado el mayor interés en el asunto. Le aseguraba a Marini, con fecha 7 de setiembre, que debe primar "la verdad sobre todo y a la par de ella el respeto que se debe a los Prelados de la Iglesia[407]. No parece haber sido muy grande el efecto de "aquella verdad", comunicada por el sensible Requena como si fuese un deber de conciencia.

La nueva curia eclesiástica

El ordenamiento eclesiástico, como anunciaba el delegado apostólico, parecía entrar por los rieles de la regularidad.

El mayor problema debía surgir, evidentemente, de la elección del nuevo cura de la Matriz. Todos los propuestos al Gobierno por Pardo habían

---

de Julio de 1864, entre otras cosas, decía: "Aproveché bien el tiempo para hablar de Ud. [Vera] y sobre la cuestión eclesiástica, los motivos que el Gobierno tuvo para volverlo del destierro el recibimiento que tuvo en su vuelta, el palo que con esto le dio el pueblo al Presidente que lo desterró, al oír esto no puede Ud. figurar las carcajadas de risa que larga de gusto y me decía de vez en cuando, ¡A! La mano de Dios defiende su casa. ¿Y el Nuncio? He, he, he, no se ha portado bien, no, no, no, no, ahora debe venir aquí, sí, sí, debe venir ya debe estar en camino, este lenguaje es de Su Santidad, con un aspecto incomodado y no de risa y carcajadas, como antes, yo me callé la boca porque no me parecía prudente en la 1ª vez decirle nada, en otra si me busca le vomitaré todo…

A las doce y media he estado en el Quirinal con Monseñor Franchi, quien con mucho gusto oye hablar de Ud. tres cuartos de hora hemos hablado sobre Ud., y la cuestión Eclesiástica, al referir todos los casos que han ocurrido entre Ud. y Marini, (sin embargo de que la conducta del último está aquí del todo perdida) extrañó Franchi que llegase a tanto extremo el Sr. Marini y dice que sin conocerlo lo quiere mucho a Ud., por la firmeza con que se ha manejado y ha hecho muy bien en responder al Sr. Marini de ese modo, que Roma nunca le ha dado facultades de ningún género para elegir otro Vic. ladeándolo a Ud. antes bien Su Santidad le encargaba lo sostuviera a todo trance y en vista de la comportación buena de Ud. en la cuestión por mayor abundamiento le condecoró con el nombramiento de Prelado Domestico" (AEM, va 25, c 6-4, 6834-33).

El examen crítico de esta relación llevaría muy lejos. Habla, sin embargo, muy claramente de la consistencia y persistencia de la *leyenda negra* sobre Marini.

---

[407] AyB pba, Ibíd.

sido rechazados, excepto José Gabriel de Zúñiga, de quien, sin embargo, se esperaba una rotunda negativa[408].

El 30 de enero llegaba de su viaje a España, Francisco Castelló[409]; al segundo día de su arribo el gobernador, apremiado por las negativas gubernamentales, le había hablado en el sentido de admitir el curato de la Matriz. El mismo día volvía a la carga el ministro Sienra, expresándole que no se quería nombrar a ninguno de los que habían figurado mucho en la cuestión, tanto en uno como en otro bando.

Castelló le contestaba lo mismo que a Pardo, o sea que se consideraba incapaz para ese puesto.

Cuando ya creía que nadie se acordaría de él para ese fin, máxime después de su renuncia de secretario, el 11 por la noche Pardo le salía, "con la misma cantinela", agregando que su nombramiento era de la aprobación del Presidente. Insistiendo en arrancarle un sí, Castelló le mostró la cartita de Vera, con lo que se aprobaba su renuncia de secretario.

Luego de muchas insistencias consentía en hacerse cargo contando con la ayuda de sus amigos[410], y por un breve período de tiempo.

Marini en su visita quebró la última resistencia, confirmándole que ese nombramiento sería bien visto por todos[411].

El anciano sacerdote esperaba que Vera no desaprobara su resolución, porque lo había hecho con el único fin de que no entrasen lobos[412], y le suplicaba que escribiese a Estrázulas e Inocencio Yéregui, para que lo ayudasen, de otro modo le hubiera sido imposible cumplir, especialmente en orden al púlpito[413].

El 17 se le entrega el título de cura de la Matriz[414], y al día siguiente con la anuencia del Gobierno se hacía cargo de la iglesia[415], terminándose así aquella escandalosa anormalidad que se había iniciado el 11 de setiembre de 1861

Estando suspendido el notario mayor eclesiástico Estanislao Pérez y dependiendo la solución de su caso del tribunal de justicia, seguía funcionando como interino Manuel Sánchez[416].

La secretaría abandonada por Castelló y renunciada por Victoriano Conde, por consejo de Marini fue ofrecida a Rafael Yéregui. "Sé que [Marini] ha dicho a Pardo –le confiaba el joven sacerdote a Vera el día 14 –que me nombre

---

[408] AEM, va 31, c 7-4, 6861-30
[409] Ibíd., va 16, c 4-4, 6859-54
[410] Ibíd., va 31, c 7-4, 6861-30
[411] Ibíd., 6861-79
[412] Ibíd., 6861-30
[413] Ibíd., 6861-79
[414] Ibíd., va 27, c 6-15, 6862-23
[415] Ibíd., 6862-58
[416] Ibíd., va 16, c 4-4, 6859-38

a mí de Secretario, puede que lo haga, pero bien puede colegir S. Sría. cuál será mi respuesta, a un hombre que ha procedido como ese Señor falseando todo, e inspirándose de las ideas de los hombres más malos que ha podido hallar a la mano, cuyas ideas seguiría aunque me tuviese a su lado; y si me llama será con el único objeto de tenerme de tapadera, con la idea de guardarse de mí, y de engañar al clero bueno, al pueblo católico, a S. Sría., dando a entender que vuelve sobre sus pasos"[417].

El secretario Rafael Yéregui

El 16 de febrero se extendía el nombramiento de secretario para Rafael Yéregui, y de fiscal para el Dr. Castro.

El primero, luego de recibir el parecer positivo de Vera con respecto a la aceptación de ese cargo, le aseguraba que era un verdadero sacrificio para él, después de todo el proceder irregular de Pardo.

Por otra parte sabía bien que no podría desempeñarlo como se debía. "Sin embargo –agregaba-, la voz de S. Sría. es la única que debemos oír en estos asuntos y en las actuales circunstancias. Por tanto haré este sacrificio deseoso de contribuir en alguna manera al bien de la Iglesia"[418].

La presencia de Yéregui no le resultaría agradable al Gobernador; más que en una colaboración, en efecto, se resolvía en un entendimiento con Vera, y en una continua delación en perjuicio de su persona.

Para que esta última expresión quede aclarada en todo su alcance, se transcribirán unos conceptos emitidos por Yéregui. "Deseo –le escribía a Vera el 18 de febrero- que S. Sría. me diga algo para mi gobierno. Por ejemplo ¿Qué debo hacer en caso que este hombre [Pardo] pretenda proceder en todo, como hasta aquí, con prescindencia de S. Sría.? ¿Deberé autorizar sus actos? Se dice que piensa nombrar a Sturlesi de cura de Pando. No creo que esté autorizado para eso por S. Sría., en tal caso ¿Qué debo hacer? Deseo, pues, que S. Sría. me dé algunas instrucciones; porque tengo motivos para creer que el Sr. Pardo no piensa sino entenderse con el Nuncio; pues dice que S. Sría. le ha dado al delegarlo, todo lo que tenía S. Sría.

Esto mismo ha querido hacer creer el Nuncio a varios haciendo hincapié en el artículo primero del arreglo, pues él lo interpreta como una verdadera abdicación por parte de S. Sría.

Si esto dice el Nuncio a los que son nuestros amigos ¿Qué no habrá dicho a Berro? ¿Qué no habrá metido en la cabeza a Pardo?"[419]

Como Vera en Buenos Aires consideraba a Marini como un simple ejecutor de sus órdenes, de igual manera consideraban ahora Yéregui y Vera al Gobernador Eclesiástico Pardo.

---

[417] Ibíd., 6860-10
[418] Ibíd., va 27, c 6-15, 6862-28
[419] Ibíd., 6862-24

No podía dar ningún paso sin previo permiso del desterrado, y el secretario, celoso delator, se encargará de recordárselo a diario.

Algunos le estaban indicando a Pardo la conveniencia de nombrar un provisor. "Yo no creo que S. Sría. piense tal cosa –le notificaba Yéregui al prelado- pues que esto tiende a organizar las cosas de modo que el Sr. Pardo aparezca como Vicario Apostólico, independiente de S. Sría., y no se note la falta de S. Sría."[420].

Con o sin razón, se temía en la prescindencia de Vera y en la perfecta organización de la curia, una confinación indeterminada del legítimo Vicario.

Dudas de Pardo

Dado el crecimiento, a veces enojoso, de esta situación anómala, el Gobernador Eclesiástico del Estado, se encontró asaltado, como él mismo confiesa, por dudas, que ponían en conflicto su conciencia.

Pensó, por tanto, que a nadie podía recurrir con mejor éxito para hallar la norma de su conducta en los actos más delicados de su autoridad, que al Delegado Apostólico, cuya sabiduría y prudencia eran bien conocidas.

Con fecha 21 de febrero, pues, recurría al consejo de Marini, a quien reconocía como su único superior en el Río de la Plata, esperando que lo ilustrara en el caso de encontrarse en error.

De acuerdo al arreglo de diciembre no veía en el ex Vicario Vera, sino al delegante de aquellas facultades de que estaba investido por la Santa Sede, y que podía delegar.

Ese carácter de delegante pensaba que no lo obligaba a reconocer en él una autoridad superior a la suya en el gobierno de la Iglesia oriental, con derecho a exigirle dependencia y a retirarle unas facultades ya delegadas.

Según tenía entendido, el gobierno de la República tenía sobre el particular la misma persuasión.

"¿Debo considerar –le preguntaba luego- al Sr. Vicario Presb. Vera como mi superior en el desempeño de las facultades que me ha delegado en virtud del nombramiento hecho por S.S.I. en mi persona para Gobernador de esta Iglesia? ¿Tengo en el expresado Sr. Vicario mi superior a más del que reconozco en la persona de S.S.I.?"[421].

Creía, en efecto (estando a la letra del arreglo de diciembre, y a la forma en que había sido hecho su nombramiento) ser el único, por el momento, que tenía el derecho y las facultades para gobernar la iglesia del vicariato. Podrían ser muy graves las consecuencias, si se establecían principios muy ajenos a los que habían servido de base al arreglo expresado, siendo muy difícil su posición y el cumplimiento de sus deberes[422].

---

[420] Ibíd., 6862-28
[421] AGN, mg, curia 1863-1881
[422] Ibíd.

Solución de Marini

El delegado contestando, con fecha 28 de febrero, reconocía en el escrito del gobernador dos consultas fundamentales.

Respondiendo a la primera sobre la extensión de la autoridad que le había delegado el Vicario Apostólico en el acto del nombramiento, le decía que aquella autoridad estaba expresada con palabras tan claras y terminantes que con sólo leerlas se podía comprender su extensión.

Sin embargo, para que procediese seguro en el uso de su autoridad, podía tomar por regla la razón por la que se le había hecho la delegación.

Con ese acto se había querido proveer al gobierno de la iglesia oriental en el estado en que ella entonces se encontraba. Mas en aquel tiempo dicha iglesia tenía, como al presente, un prelado en el Vicario Vera, a quien una fuerza mayor impedía el ejercicio de su autoridad. Por lo mismo la referida iglesia quedaba sin gobierno efectivo. Para suplir, pues, esa falta, se había convenido que el Vicario delegase su autoridad, cuyo ejercicio era obstaculizado, en un eclesiástico que pudiese ejercerla libremente, para que la Iglesia tuviese el gobierno que de hecho le faltaba.

Tal delegación se había realizado en el acto de nombramiento del Gobernador Eclesiástico. Pardo, por tanto, tenía toda aquella autoridad del Vicario, que había quedado impedida, y que necesitaba para el gobierno de la Iglesia.

Con respecto a la segunda consulta, o sea si Vera podía revocar a su arbitrio la delegación hecha, se observaba que la mencionada delegación no pertenecía a la categoría de las delegaciones comunes, que se hacen espontáneamente por los delegantes, y cuya duración dependía únicamente de la voluntad de ellos.

La delegación cuestionada se había realizado ante el arzobispo de Palmira, a consecuencia de un arreglo acordado entre la Delegación bonaerense y el Gobierno oriental, siendo, además, autorizada con la firma de Marini. Habiendo, por tanto, intervenido el diplomático pontificio, era muy natural que ella no se revocase sin previo conocimiento suyo y sin que ocurriesen causas suficientes y bien justificadas[423].

Esta consulta hecha de acuerdo con el gobierno de la República (¿no habrá sido sugerida por el mismo?), con la correspondiente respuesta de la Delegación, era remitida por Pardo, con fecha 10 de marzo, al ministro de gobierno Sienra, para que se sirviese hacerla llegar a conocimiento del Presidente[424].

---

[423] Ibíd.
[424] Ibíd.

Quedaban desmentidas así, una vez más, las voces que corrían sobre un compromiso escrito contraído por Marini con Castellanos o Berro, para que Vera no pudiese retirar a su arbitrio las facultades al gobernador.

Facultades para Pardo

Alrededor de la misma fecha de la consulta de Pardo, y precisamente el 20 de febrero, el Ministro de Relaciones Exteriores Juan José de Herrera, con el fin de regularizar lo más acabadamente posible la situación nacida del arreglo del 19 de diciembre, y de quebrar la amenaza que se lanzaba contra el nuevo orden establecido, solicitaba de la Delegación apostólica, que concediera al gobernador todas las facultades indispensables para el perfecto ejercicio de su cargo.

Marini accedía gustosamente a tal solicitud, autorizando, con el breve correspondiente, al sacerdote Pablo María Pardo, para que administrara el sacramento de la confirmación, delegándole, además, las otras facultades requeridas[425].

De una manera jurídica y plenamente ortodoxa se rompía así aquella vinculación, reputada necesaria por el partido de los "**ultra**", entre el Gobernador y el Vicario desterrado.

Por derecho, Pablo María Pardo estaba facultado para proceder, después de su nombramiento, independientemente de Vera; **de hecho**, sin embargo, por consejo del mismo Marini, era conveniente que actuase secundando los puntos de vista de aquél.

Tirantez entre Vera y Marini

Esta solución, en realidad muy recta, prudente y casi salomónica, no fue entendida ni compartida por el desterrado, que le manifestará al card. Antonelli; "Monseñor Marino Marini concedió al Sr. Pardo, no obstante su conducta, la facultad de *confirmar*, y todas las demás facultades que yo no podía delegar por su carácter *de no delegables*. Y aunque en todo lo concerniente a dispensas de los grados superiores de parentesco, puede con facilidad ocurrirse a Buenos Aires, adonde vienen y regresan los Vapores de Montevideo frecuentemente, y por otra parte no existe disposición alguna gubernativa que impida al Vicario Apostólico la concesión de estas gracias; sin embargo no lo ha permitido Monseñor Marino Marini, **y esto a pesar de haberlo yo reclamado con tres notas que dirigí a Monseñor**; ninguna de ella fue atendida, ni merecí que se me diese razón de estos procedimientos.

---

[425] Ibíd.

En presencia de la actitud expresada que asumió Monseñor en este negocio, creí de mi deber guardar silencio y abstenerme de la destitución que meditaba del Delegado Sr. Pardo.

Respeté al Representante de la Santa Sede y legué al tiempo, y a la determinación del Padre común de los fieles, la solución de todo, concretándome solamente a evitar los males que pueda desde Buenos Aires. Consigo no poco con el Sr. Ministro actual de Gobierno que es católico y está animado de los mejores deseos, y con quien estoy en perfecto acuerdo"[426].

Más o menos lo mismo se relataba en la carta al amigo Eyzaguirre, pero con una apreciación sobre el proceder de Marini. "No hay más obstáculo –se decía-, que el Sr. Marini, quien sin duda para lisonjear a un Gobierno mortal a la Iglesia, envía por conducto suyo dichas facultades al Sr. Pardo"[427].

¿Era posible que Vera, después de todos los acontecimientos protagonizados, en que campeaba la abierta hostilidad del Gobierno hacia su persona, no se hubiese dado cuenta que el único y verdadero obstáculo no era Marini, sino el Gobierno?

Era verdad que no existía disposición alguna gubernativa que impidiese al Vicario Apostólico la concesión de facultades, pero era cierto también que su continua actitud amenazante había dejado tan intranquilo al Gobierno, que había tenido que solicitar de la Delegación Apostólica la clara definición jurídica de Pardo, con la petición formal de todas las facultades necesarias para que obrara desligado del airado eclesiástico.

El auténtico óbice para la efectividad del arreglo estipulado y para una tolerante inteligencia entre ambos poderes, estaba constituido por la conducta de Vera, que, **guiado de un celo indiscreto e intransigente**, hubiera hecho fracasar toda negociación con carácter de compromiso. Tanto es así que el mismo arzobispo de Palmira habría confesado, si se debe creer a los escritos confidenciales de Florentino Castellanos a su gobierno, **que estaba arrepentido de haber escogido para el cargo de Vicario al párroco de Canelones.**

Si hasta la visita a Montevideo Marini se había conducido de una manera conciliadora y condescendiente, siendo el primero en tender la mano luego de la explosión de la primera mitad de diciembre, y humillándose al punto de pedir disculpa por los desaciertos de Pardo (y esto a pesar de las conocidas facultades), de vuelta a Buenos Aires, **asumió otra actitud, cansado ya de enfrentarse con una terquedad inexplicable.**

---

[426] ASV, ss ae, a 1864, R 251, 28v-29

Sólo ahora Vera se acuerda de respetar al Delegado Apostólico. La verdad es que estaba maniatado jurídicamente y no tenía otra alternativa. Además, cualquier paso en falso lo hubiera llevado a la pérdida del cargo de Vicario Apostólico, aunque él no lo creyera.

[427] Ibíd., a 1863, R 251, 126-126v

No respondió a las tres notas de Vera[428], que pedía razón de aquellos procedimientos, y más bien estaba dispuesto a intimarle que renunciara totalmente a su cargo en conformidad con el despacho n° 24722[429].

Con toda su diplomacia Marini no había logrado apaciguar y conformar al **Vicario de Montevideo**, que se rindió únicamente frente a la fuerza y dureza, como él mismo confiesa: "En presencia de la actitud expresada que asumió monseñor en este negocio, creí de mi deber guardar silencio y abstenerme de la destitución que meditaba del Delegado Sr. Pardo"[430].

Disculpa a la conducta de Vera

Si alguna disculpa merecía la persistencia de Vera en su conducta, era por el conocido error de confiar ciegamente en las apreciaciones y notificaciones no oficiales del amigo Eyzaguirre, y en los consejos de sus amigos jesuitas, recelando sistemáticamente de las indicaciones y resoluciones del delegado Marini.

El nombramiento del prelado doméstico es altamente ilustrativo. La Santa Sede que había extendido las instrucciones del 14 de noviembre (en las que se le indicaba a Marini que con los modales más benévolos, hiciese entender a Vera la dura condición de las cosas, invitándolo a hacer actos de abnegación por el bien de los fieles y renunciar al oficio de Vicario Apostólico), se reservaba el darle una prueba de su consideración. En cumplimiento de este último inciso, Su Santidad, para dar cabalmente una prueba de estimación al vicario, por la firmeza con que en los últimos tiempos había sabido sostener los derechos de la Iglesia, se había dignado nombrarlo su prelado doméstico[431].

Tan señalada bondad de Pío IX debía contribuir no poco a endulzar las amarguras y sinsabores de su espíritu[432], sobre todo en el caso doloroso de una renuncia obligatoria.

Eyzaguirre, desconocedor de las instrucciones, dio a ese nombramiento (como hará también Vera) un alcance y una significación que no tenía. Al notificárselo confidencialmente al prelado amigo, el 4 de febrero lo felicitaba con todo su corazón por la firmeza sacerdotal con que había resistido todos los embates dirigidos a vencer su constancia.

---

[428] "Por lo que dice S. Sría. —escribía Yéregui el 14 de abril- el hombre consabido [el nuncio] teme la lucha en el terreno legal y por escrito. El bien sabe que las palabras se las lleva el viento. ¡Que lámpara! ¿Y las extraordinarias que se hicieron? Acaso se le caerían al agua cuando se embarcó precipitadamente para ésta, como decía Tiscornia que le había sucedido a él con sus papeles" (AEM, va 16, c 4-4, 6860-44).

[429] ASV, ss ae, a 1863, R 251, 112v

[430] Ibíd., a 1864, R 251, 29

[431] Ibíd., a 1863, R 251, 265

[432] AEM, va 25, c 6-4, 6834-23

Rogaba a Dios que lo premiase con una corona inmortal, y que pudiese ver aquí en la tierra el triunfo de su iglesia, por cuya libertad no había rehusado sufrir el destierro a ejemplo de "los Tomás de Cantorbery".

En un *post scriptum* le advertía que dicho nombramiento le había sido mandado directamente, según manifestación del secretario de negocios eclesiásticos extraordinarios[433].

En una segunda confidencial del 19 de febrero, el prelado chileno le repetía que no se acobardara, teniendo paciencia en los trabajos por la defensa de los intereses de la religión. Suponía, además, que el nombramiento de prelado doméstico estuviese ya en sus manos[434].

Vera, jubiloso por estas palabras de aliento y por el aliciente del título, le decía a Requena: "En este último paquete recibí otra carta muy satisfactoria del Sr. Eyzaguirre, quien me trasmite un encargo del Sr. Cardenal Secretario de los Negocios Extraordinarios, encargándome la constancia y otras cosas"[435]. **No sospechaba, ni siquiera lejanamente, que las noticias de su amigo, a más de no ser oficiales, eran inexactas.**

La Secretaría de Estado, por intermedio del dicasterio correspondiente, sabiendo el valor y finalidad de aquella distinción, se la había mandado a Marini (y no directamente a Vera), para que la utilizara según la oportunidad. Esta se presentó con la reposición del prelado desterrado por parte del gobierno.

El Delegado Apostólico al felicitarlo el 20 de agosto de 1863, por la justicia que le había hecho su adversario, tenía la satisfacción de remitirle un breve, por el que Su Santidad, dándole un testimonio más de su paternal afecto y aprobación de su conducta, lo nombraba su prelado doméstico[436].

¿Habrá entendido entonces el **Vicario de Montevideo** que la Santa Sede obraba por medio de sus enviados y que aquel título tenía una significación un tanto diversa de la que él imaginaba?

Tal comprensión con una consiguiente conversión intelectual parece que nunca tuvo lugar plenamente en él, a pesar de que en una carta a Juan Benito, definidor general de los capuchinos, asomaba una duda. "Verdad es –le escribía- que en la presente cuestión podrá haberse cometido alguna falta por mi causa sin que yo la conozca, y de ella emana la determinación de que se ha hablado tanto en estos países; por esto y de cualquier manera y por cualquier motivo que se expida la Santa Sede… yo siempre estoy y estaré, Dios mediante, pronto a someterme con resignación a la decisión de la Santa Sede"[437].

Tal duda y su prontitud en el sometimiento a la Santa Sede lejana y no a su enviado cercano, quedaba ahogada por lo que se

---

[433] Ibíd.
[434] Ibíd., 6834-22
[435] AyB pba, Ibíd.
[436] ASV, ss ae, a 1864, R 251, 36
[437] Ibíd., a 1863, R 251, 120v

afirmaba en otros pasos de la misma: "Todo prueba que Su Santidad no ha reprobado mi proceder como ha querido hacerse entender por estas tierras por personas caracterizadas. Yo aunque nunca creí tal cosa, sin embargo estaba no poco disgustado… Nunca, decía, creí a estas voces. Conozco la energía y firmeza que en todos los tiempos ha desplegado la Santa Sede en el sostén de los derechos y prerrogativas de la Iglesia"[438].

Las persuasiones fundamentales de Vera (con sus confusiones entre una aprobación genérica y una confirmación de actitudes particulares) permanecen inalteradas durante todo su vicariato, así como su error fundamental en dar crédito y servirse de los informes de terceras personas.

Justificación de Pardo

Las circunstancias difíciles en que se había hallado, y los "barullos" que se habían producido después de su recibimiento le habían impedido al gobernador Pardo tomar la pluma y escribirle a su delegante. Pero sobrevenida la calma y quietud, cumplía con ese deber.

"Me fue muy desagradable –le escribía a Vera el 6 de marzo- haber sabido la mala impresión que hizo a S. Sría. mi procedimiento relativo a los Sacerdotes suspensos, pues nunca lo pensé así, desde que ya nos habíamos puesto en ese caso cuando estuve en ésa, y al separarme de S. Sría.

Yo quise poner en práctica desde luego, lo que acordamos a ese respecto, pero no pudo tener lugar, y para evitar mayores males procedí de aquella manera, como lo habría hecho S. Sría. en igual caso.

Por Monseñor el Nuncio Apostólico comuniqué a S. Sría. las razones que tuve para proceder así y las dificultades que había tenido para arribar a proveer al Curato de la Matriz"[439].

La causa última de su actuación no radicaba en razones circunstanciales o dificultades graves, sino en la proyección de la delegación que ejercía, **independiente para él y dependiente para Vera**.

Al comunicarle la composición de su nueva curia, con Castro de Fiscal y Rafael Yéregui de secretario[440], omitía una resolución tomada el día anterior. De conformidad con lo dispuesto por la ley, había resuelto nombrar para conjueces de las causas eclesiásticas a los presbíteros Martín Pérez, Buenaventura Borrás, Francisco Mayesté, Santiago Estrázulas y Lamas, Victoriano A. Conde, Juan José Brid[441], cuya aprobación le era notificada sólo el 1° de agosto[442].

---

[438] Ibíd., 120-120v
[439] AEM, va 16, c 4-5, 6895 45
[440] Ibíd.
[441] AGN, mg, c 1159
[442] Ibíd. "Como verá por el diario de ayer –escribía Rafael Yéregui a Vera el 3 de agosto-, recién le contesta el Gobierno a Pardo aprobando la propuesta que

Entre otras medidas tomadas por el Gobernador y controladas por Yéregui y Vera[443] se puede destacar el nombramiento del presbítero Menéndez, para el curato de Pando y aprobado poco después por el ministro de gobierno Silvestre Sienra[444].

Doble juego del secretario

La concesión de dispensas era vigilada incesantemente por Yéregui. El 22 de abril, con un comunicado de rutina, le decía al desterrado: "Hoy ha dispensado el Sr. Pardo un caso de segundo grado de parentesco expresando la autorización del nuncio y ya se ha labrado en esta Notaría otro expediente de tío con sobrina que dispensará con igual autorización"[445].

En la segunda mitad de mayo le caducaban al Gobernador las facultades para dispensar en segundo grado de consanguinidad con atingencia al primero. El secretario muy solícito, le advirtió que Vera había recibido facultades de Roma, pero Pardo le contestaba que las de dispensar de altos grados no eran delegables, y que por tanto recurriría al nuncio, pues no quería violar la praxis seguida hasta el momento[446].

---

hizo hace tiempo, y de que le di noticia a S. Sría, de los conjueces para las causas eclesiásticas. Es una salsa como de quien la hizo, y hubo de ser más lúcida, pues, pretendía poner algunos otros nenes colegas de Mayesté y Brid" (AEM, va 16, c 4-4, 6859-48).

[443] Sobre este control, baste citar el caso del nombramiento del cura de Pando: "Hoy —escribía Rafael Yéregui a Vera el 2 de marzo- ha propuesto el Sr. Pardo al Gobierno para Cura de Pando a Menéndez, deseo que me diga algo sobre este nombramiento de que le hablé en mi anterior" (Ibíd., 6859-24).

El día 7 le agregaba: "El Gobierno contestó aprobando el nombramiento de Menéndez; pero el Sr. Pardo no ha querido extender el título pues hoy se ha presentado otra solicitud de los vecinos disidentes de Pando pidiendo a Sturlesi, por manera que el hombre está medio decidido a dejar dormir el asunto. Me indicó que convendría que fuese un tercero. Estoy más bien por el aplazamiento, no sea que este hombre (lo tengo en frente) vaya a nombrar a algún otro peine, pues, según me insinuó había pensado algo sobre Solari. ¿Qué le parece? También me indicó algo sobre Inocencio y yo. ¡Qué vivo!" (Ibíd., va 31, c 7-4, 6861-11?)

[444] El 17 de abril todavía no se había solucionado el problema del cura de Pando. "Según me aseguran —consignaba la misma fuente-, Pardo persiste en nombrar a Julián de Cura de Pando, y viendo la resistencia del Ministro se ha dirigido a Berro, quien parece inclinado a acceder. Veremos en que paran estas misas" (Ibíd., va 16, c 4-4, 6859, 39).

[445] AEM, va 31, c 7-4, 6861-10

[446] Ibíd., va 16, c 4-4, 6860-57

El cura Madruga de San José, infringiendo el orden establecido, se dirigía a Vera, pidiendo lo facultara para dispensar de las tres proclamas, urgiendo realizar pronto un casamiento por las circunstancias. Esto mismo solicitaba para los matrimonios de Juan y José Larriera, que no podían demorarse en el pueblo, teniendo que salir rápidamente a campaña[447].

El 23 de abril se dieron por primera vez las confirmaciones[448]; se podía afirmar ya que los asuntos eclesiásticos iban corriendo por lo rieles de la normalidad. El mismo prelado confinado consignaba que Pardo afortunadamente se había contenido en sus avances, gracias a un ministro amigo suyo (Sienra) y de la Iglesia. Este le servía de obstáculo y a él se debían los nombramientos de personas buenas[449].

Revocación del decreto de extrañamiento

El éxito más considerable cosechado por dicho ministro fue la revocación directa del decreto de extrañamiento. Estando arreglada la cuestión eclesiástica y habiendo cesado las causales que habían motivado el extrañamiento decretado el 7 de octubre de 1862, el presidente de la República, el 10 de marzo decretaba sin efecto la disposición citada[450].

Constituía un gran paso para los amigos del Vicario, mientras que para los gubernamentales tenía una coloración política, debiendo iniciarse en aquel tiempo los trabajos electorales[451].

En concreto, su efecto era poco menos que nulo, mientras no se abrogase el primer decreto de octubre.

Se ignoraba si el Vicario Apostólico volvería a Montevideo. Parecía, sin embargo, que no le convenía residir en un lugar, en donde el Gobierno hubiera sin duda persistido en obstaculizar el ejercicio de su jurisdicción que, por otra parte, dejaba libre a su delegado.

Marini consideraba el mencionado decreto como un paso más, hacia el término de una cuestión que tanto y en todo sentido había agobiado la Delegación Apostólica. Reafirmaba una vez más que ésta había hecho cuanto debía y podía para salvar a la iglesia de Montevideo de un cisma y restablecer su legítima autoridad eclesiástica[452].

---

[447] Ibíd., 6860-12
[448] "Hoy dio por primera vez las confirmaciones el Sr. Pardo –escribía Rafael Yéregui-. Confirmó sólo seis u ocho; pues ya sea por no saberse por todos, ya también porque alguno no tiene simpatías por el Sr. Pardo, hoy han sido pocos los confirmados" (Ibíd., 6859-34).
[449] ASV, ss ae, a 1863, R 251, 126v
[450] Ibíd., 115
[451] AEM, va 16, c 4-4, 6859-53
[452] ASV, ss ae, a 1863, R 251, 114v

Proyecto de Requena

Requena, aprovechando la aparente buena voluntad del Presidente y las circunstancias políticas, azarosas en demasía por la invasión de Flores, redactaba un proyecto, que se proponía terminar con la delegación provisoria efectuada en Pardo.

Partiendo del convenio del poder ejecutivo con el nuncio, por el que se habían diferido al juicio y solicitud del mismo las gestiones respecto al arreglo definitivo y permanente de la diócesis de la República, se consideraba:

"Que por más que el P.E. desee ese resultado que definiendo con claridad y precisión lo conveniente a los asuntos eclesiásticos, evitará los motivos de duda y de disidencia, se ve en mayores dificultades para consagrarse a obtenerlos por la situación política que ha sobrevenido con motivo de la invasión armada de Don Venancio Flores, que reclama con especialidad y urgencia la dedicación del P.E. a las medidas que exige el mantenimiento de la paz y el orden público alterado por aquel caudillo.

Que tales circunstancias alejan la época del arreglo deseado y prolongan por consecuencia el provisorato de nuestra Iglesia, que no satisface todas las necesidades relativas, puesto que los tribunales eclesiásticos carecen de la organización que determina la ley. Que por el decreto del 10 de marzo ha sido expresamente derogado el de 7 de octubre de 1862, que impuso al Vicario Apostólico el extrañamiento del país como medida preventiva sujeta al juicio del P.E. y no como pena, que ha mantenido su dignidad, no ha dejado de tributar el merecido respeto a las virtudes del prelado.

Por estas consideraciones el P.E. ha acordado y decreta:

1° Invítese al Rmo. Sr. Vicario Apostólico Don Jacinto Vera a regresar al país, quedando desde este instante en el ejercicio de su jurisdicción.

2° El Ministro de Gobierno queda encargado del cumplimiento de este decreto"[453].

Posición irreversible de Berro

Tal proyecto redactado por el esforzado Requena y aceptado por el ministro de gobierno Silvestre Sienra, hacia fines de abril fue presentado a Berro, quien rehusó tomarlo en consideración, manifestando que ése era un asunto completamente terminado por parte del Gobierno[454].

Terminante, pues, la posición del presidente: **se iría al arreglo definitivo de la Iglesia, con la elección de un obispado, pero quedando apartado el Vicario Apostólico**.

El decreto del 10 de marzo, en la convicción del sector liberal del Gobierno, constituía simplemente **un acto de humanidad y filantropismo**,

---

[453] AyB pba, Ibíd.
[454] Ibíd.

que no entrañaba una reintegración del Vicario en el ejercicio de sus facultades, sino una vuelta del mismo a su patria, con funciones de simple sacerdote.

Pasos dados por Marini

Haciendo un balance de la situación, tal como se presentaba en los días postreros de abril, **Marini**, por los informes recibidos, **destacaba la tenaz aversión que el Gobierno oriental seguía manifestando en todos sus actos, con relación a la persona del Vicario.**

El diplomático, en conformidad con lo pactado en Buenos Aires, ya había adelantado gestiones ante Berro para la erección del obispado.

Para no entorpecerlas, comprometiendo su buen éxito, había creído oportuno diferir por algunas semanas la entrega a Vera del breve, con el que se le nombraba prelado doméstico, tanto más que el Gobierno de Montevideo en otra ocasión le había significado que tenía sospechas sobre inteligencias secretas de Vera con Venancio Flores[455].

El fundamento de esa sospecha era inconsistente para Marini, no así la **repugnancia gubernamental hacia el Vicario** y por esto aleja toda ocasión de mayor tensión.

Sin la conjunción de circunstancias políticas adversas al régimen constituido, se hubiera llegado al nombramiento de un obispo, que no hubiera sido, por supuesto, Vera, por lo menos en los propósitos de Berro que deseaba inaugurar un gobierno eclesiástico más ilustrado y menos intolerante, de acuerdo a la tradición oriental.

La invasión de Flores trastornó todos sus planes y previsiones[456].

Invasión de Flores

Dicho cabecilla el 16 de abril se embarcaba en Buenos Aires con diversos oficiales, rumbo a la República Oriental. El hecho, previsto con anterioridad, esparció la alarma general.

Quedando desconocido su paradero, se había introducido secretamente en el país, y se había puesto a la cabeza de sus partidarios, que lo esperaban para derrumbar el gobierno blanco[457].

---

[455] ASV, ss ae, a 1863, R 251, 311
[456] AURELIANO G. BERRO "Bernardo P. Berro. Vida pública y privada", Montevideo 1920 y "De 1860 a 1864. La Diplomacia. La Guerra. Las finanzas", Montevideo, 1921. ANTONIO H. CONTE "La cruzada libertadora", Montevideo, 1891.
[457] ASV, ss ae, a 1863, R 251, 311v

Nadie creía en le triunfo de los revolucionarios, y el mismo Marini dirá: "No es fácil que lo logre [derrumbar el gobierno], mientras tanto por su ambición se verá **aquel hermoso país** envuelto nuevamente en los horrores de una atroz guerra civil"[458].

Las gestiones iniciadas con las mejores esperanzas con el gobierno de Montevideo para la deseada erección, quedaron así inesperadamente interrumpidas.

Toda la atención, pues, del gobierno se dirigía con preferencia a su propia conservación amenazada por Flores.

Esta tentativa, juzgada intrascendente por muchos, había puesto al gobierno blanco en la necesidad de hacer gastos extraordinarios, que ya no le permitían por algún tiempo atender los otros indispensables para realizar la erección del obispado.

El delegado con fecha 25 de mayo creyó oportuno referir brevemente los hechos y motivos que desgraciadamente retardaban la mencionada erección.

Dando como probable el fracaso de la invasión[459], consideraba la enormidad de los daños que la misma ocasionaría, si el Gobierno no lograba detenerla en sus comienzos. Describiendo la táctica, afirmaba que, como de costumbre, se formarían bandas armadas, que haciendo correrías por la campaña, y disolviéndose al aproximarse un cuerpo de tropas regulares[460], para reunirse luego en un punto determinado, destruirían los sembrados arruinando el ganado, cosas ambas que constituían la riqueza del Uruguay *"cuya prosperidad despertaba en ese entonces la envidia de los vecinos"*[461].

---

[458] Ibíd., 311v-312

[459] Pocos días antes de la derrota de Lamas, Vera decía: "El orden civil de Montevideo, está algo alterado. Una revolución, que se ha levantado contra el Gobierno del Sr. Berro, ha turbado la paz de aquel territorio; empero esta revolución no ha adquirido creces, y decae diariamente. Se cree que pronto se restablecerá la quietud. Esto, y el término de la presidencia de Berro que está ya tocando a su fin, pues sólo le restan siete meses de administración, traerá precisamente un cambio en las cosas de la Iglesia tan deseado por la generalidad del país, que es católico de corazón"(ASV, ss ae, a 1864, R 251, 30-30v).

[460] Un contemporáneo escribía sobre la técnica del invasor: "Sobre el indio traidor Flores, sólo puedo decirle que según cartas que tenemos de Tacuarembó el 13 estaba en la Cuchilla Negra a ocho leguas del Ejército del General Lamas, y que por lo tanto allí se esperaba algún hecho de armas, si el vándalo Flores no hace lo que acostumbra, es decir disparar: puesto que hasta ahora no ha hecho otra cosa; así es que si el choque llega a tener efecto, del éxito no hay que dudar, por cuanto el Ejército del General Lamas se halla en buen pie de disciplina, bien armado y bien amunicionado" (AEM, va 21, c 5-7, 6268-44).

[461] ASV, ss ae, a 1863, R 251, 314-315

El tiempo pasaba lentamente, la guerra se prolongaba, y ya empezaban a sentirse los males de aquella situación desagradable[462].

La noche del 28 de julio circulaba por la ciudad de Montevideo la noticia de la derrota completa del general Lamas, quien, según se informaba, había quedado en el campo solo con la infantería[463].

Este hecho militar cambió repentinamente la opinión de muchos, sobre el éxito de la empresa colorada, haciéndolos tomar conciencia de la gravedad del momento.

El Delegado Apostólico, en un informe de agosto, le notificaba al card. Antonelli que la revolución estallada en Córdoba había sido sofocada; pero no se podía afirmar lo mismo de la iniciada en la República Oriental por obra de Flores, que, por el contrario, se iba consolidando cada día más.

Volviendo sobre la técnica de los revoltosos[464], y sobre los males inmensos que producía[465], agregaba que el gobierno estaba sometido a gastos enormes, que difícilmente sostendría por mucho tiempo. El centro de la revolución se encontraba en Buenos Aires, de donde se enviaban socorros de toda clase a Flores, que había prestado importantes servicios al gobierno de dicha provincia, en momentos en que se encontraba en guerra con la Confederación. "Pero éste –decía Marini- no es el modo de retribuir dignamente los servicios recibidos"[466].

Los progresos constantes del cabecilla colorado tenían su explicación no sólo en la táctica contemporizadora, sino también en el sistema utilizado para sublevar a los campesinos contra el Gobierno. Se lo pintaba, pues, muy hábilmente como enemigo de la Iglesia, por haber echado al Vicario Apostólico.

El sentimiento religioso, todavía vivo en las poblaciones rurales, tocado con artificio por el general invasor, le procuraba numerosos secuaces, poniendo en peligro al gobierno.

Para arrebatarle este medio de seducción de tanta eficacia, **Berro tuvo, muy a pesar suyo**[467]**, que dar marcha atrás, actitud desconocida en su política, e incompatible con su ideología.**

---

[462] AEM, va 16, c 4-4, 6858-76
[463] Ibíd., 6859-43
[464] "Nè deve far meraviglia, che il Governo –comunicaba el 10 de agosto-, che tiene un buon esercito, non abbia potuto finora battere, e disperdere i rivoluzionari, perchè questi hanno sempre scansato una battaglia decisiva, ma divisi in bande scorrono il Paese, senza mai fermarsi in un punto fisso, raccogliendo gente, e mezzi da per tutto, per dare poi il colpo, quando si presenti l'opportunità"(ASV, ss ae, a 1863, R 251, 330-330v).
[465] "Intanto cagionano danni immensi all'agricoltura e al commercio" (Ibíd.).
[466] Ibíd.
[467] Ibíd., a 1864, R 251, 46-46v

2. Regreso de Vera

Nuevo rumbo del Gobierno impuesto por las circunstancias

Lo que nadie había conseguido, lo obtuvo la invasión de Flores. Parecía que la naturaleza restablecía el equilibrio de las cosas. ¿Se habrá acordado Berro en esos momentos de su dicho casi profético (al hablar de la libertad de prensa): "**todo exceso lleva en sí mismo el correctivo**"?

El ministro de relaciones exteriores, con fecha 18 de agosto, se apresuraba a notificarle al Delegado Apostólico ante las Repúblicas del Plata, el nuevo rumbo de su Gobierno en los asuntos eclesiásticos, explicando las motivaciones desde su punto de vista.

Los desgraciados sucesos políticos sobrevenidos después del arreglo habían traído –se argumentaba- entre otras lamentables postergaciones de asuntos de alto interés público, el alejamiento del arreglo definitivo (erección del obispado) con que se había lisonjeado el Gobierno de la República.

El Gobierno, convencido asimismo de la conveniencia para la Iglesia y para el Estado que el provisorato imperfecto no tomase una prolongación indefinida, que los sucesos políticos hacían inevitable (¿no hubiera sido más bien una prolongación muy definida?) se había entendido con el Prelado, que antes desempeñaba el gobierno de la Iglesia oriental, y logrado un avenimiento con él, creía llegado el caso de volver las cosas a la antigua situación "**reponiendo al expresado Prelado en el ejercicio de sus funciones**".

Juan José de Herrera esperaba que Marini hiciera por su parte lo que correspondía a los fines que se proponía el Gobierno, con la seguridad de que el mismo Gobierno no abandonaría, para bien de la religión, la idea y el compromiso en que estaba de procurar la erección del obispado[468].

El 22 de agosto se decretaba sin efecto el convenio celebrado con el delegado de Su Santidad de fecha 19 de diciembre de 1862, cesando en el ejercicio de sus funciones el Gobernador Eclesiástico Pablo María Pardo, y reintegrándose en las suyas el Vicario Vera[469].

---

[468] Ibíd., 34-34v
[469] Ibíd., 32

Conformidad relativa de Marini

El arzobispo de Palmira que se complacía sumamente con el ministro Herrera por aquella resolución[470], le indicaba, sin embargo, a Requena que el Gobierno hubiera llenado mejor su deber con la simple revocación del decreto del 4 de octubre del año 1861[471].

Si bien el presidente Berro, por circunstancias contrarias a su voluntad, debió dar marcha atrás, no quiso hacerlo cumplidamente, o sea refiriéndose explícitamente a la revocación del primer decreto de octubre. Con todo, se había conseguido lo que se deseaba y ya no se debía hablar más de ese asunto. Sólo era muy de desear que no se repitiesen jamás tales conflictos y circunstancias tan aflictivos para la Iglesia.

Marini le agradecía mucho a Requena la parte que había tenido en ese feliz suceso y le rogaba quisiera continuar empeñándose para que se consolidara la más perfecta armonía que había de producir inmensos bienes.

Justificando su proceder y reprochando, aunque fuera veladamente, el de Vera y amigos, finalizaba diciéndole: "Está demás decir a Ud. que **los medios suaves saben ser siempre preferidos a los ásperos, siendo la mansedumbre el rasgo característico de la Iglesia**"[472].

Regreso de Vera

Requena había sido enviado, en calidad de comisionado especial, para solicitar el regreso de Vera, quien, antes de salir de la ciudad que lo había hospedado por casi once meses, recibía de manos de Marini el breve con que se le nombraba prelado doméstico de Su Santidad[473].

El 22 de agosto se alejaba, por tanto, del lugar de su destierro, acompañado del sabio jurisconsulto católico, llegando el día siguiente a Montevideo.

"Mi regreso a Montevideo, que fue el 23 del corriente –le comunicaba Vera al Secretario de Estado-, presentó un espectáculo tierno y verdaderamente católico. Para Montevideo ese día fue un día de júbilo.

Una multitud numerosa corrió al puerto. Cuando llegó la hora de mi desembarco ésta se agolpó al derredor de mi persona con demostraciones de excesivo contento. Se advertía la inmensa alegría y las felicitaciones recíprocas.

Quedaron en ese día completamente y más que recompensados todos los sinsabores y disgustos y las contradicciones que me trajeron las contiendas pasadas"[474].

---

[470] AMRE, in, c 9
[471] AyB pba, Ibíd.
[472] Ibíd.
[473] ASV, ss ae, a 1864, R 251, 36
[474] Ibiid., 26-26v

Interpretación del regreso par parte de Marini

La interpretación de este regreso[475] parecía fácil y obvia; fácil por los datos expuestos y obvia por los móviles que habían determinado al Gobierno a dar ese paso.

Sin embargo, ya desde su origen, tuvo sus interpretaciones.
"Fue ciertamente un motivo de alegría –expresaba Marini- el inesperado desenlace, que tuvo la larga y angustiosa controversia del Vicariato Apostólico de Montevideo; pero no se puede afirmar lo mismo de la razón que determinó al Gobierno a recobrar el sentido de su deber. Es dado esperar que no se repitan los choques funestos y escandalosos entre el Vicario Apostólico y aquel Gobierno"[476].

No se le escapaba evidentemente al diplomático pontificio el frágil motivo que había producido el restablecimiento del orden anterior. El mismo Gobierno declaraba con sinceridad que "creía llegado el caso de volver las cosas a la antigua situación" por "los sucesos políticos".

Como en el caso del entierro del masón Jakobsen, así ahora quedaban sin resolver los debatidos problemas jurídicos, de competencias, etc., y presentándose una nueva ocasión, hubieran podido repetirse hechos análogos.

Nada se había conseguido (por lo menos de lo que se perseguía); **por el contrario se había ensanchado la zanja que dividía los movimientos** ("catolicismo masón" y "catolicismo ultramontano") **y las personas** (Berro y Vera).

---

[475] "En medio de estas escenas de revolución y de guerra –interpretaba Maillefer el 29 de agosto de 1863-, sorprendió mucho el ver volver con gran pompa al Vicario Apostólico, quien, llamado con todo apremio del exilio por un mensajero especial del Sr. Berro, desembarcó el domingo al son de las campanas, en brazos del Ministro del Interior y del Capitán del puerto, quienes lo esperaban con un cortejo de doce coches. Y lo más extraño de todo es la declaración hecha por la prensa oficiosa de que el Gobierno al restablecer al reverendísimo Don Jacinto Vera, había tenido por fin principal arrebatar al vándalo Flores esta restauración católica que se sabía era uno de sus medios de guerra y de popularidad. El Vicario Apostólico no estaría pues obligado a una gratitud muy profunda, aunque en el apremio por tenerlo de nuevo, dicen que le abandonaron todos los derechos de patrocinio laico, causa o pretexto de la querella. Por eso en la pastoral que publicó el 25 mismo, para anunciar a los fieles ese triunfal retorno, se limitó a recomendarles que rezaran por el restablecimiento de la paz, sin atacar muy enérgicamente, parece, la empresa de Flores" (In. d., Ibíd., 456).

[476] ASV, ss, ae, a 1864, R 251, 47

Interpretación de Vera

Por su parte el prelado restituido declaraba "que ninguna exigencia" había habido de parte del Gobierno, para expedir el mencionado decreto del 22 de agosto. "**Fue obra** –decía– **exclusiva de su *espontaneidad*,** honrándome, además, con el envío de un comisionado *ad hoc* para que solicitase mi regreso al territorio de mi jurisdicción... Hoy estoy ya en posesión pacífica del Vicariato, acatado y apoyado por el mismo Gobierno del Sr. Berro, sin haber yo accedido a ninguna de las pretensiones, que ocasionaron mi destierro y más afianzado en este país el principio de la autoridad eclesiástica"[477].

¿Cómo podía afirmar que no había habido ninguna exigencia por parte del Gobierno, cuando tuvo que asegurarle concretamente que no castigaría, al menos con penas visibles, a ninguno de los sacerdotes que había acompañado al Gobierno en la pasada contienda; que no permitiría en la celebración de su regreso y reposición, se profirieran pláticas recriminativas u ofensivas al Gobierno; y, lo que era más sustancial, que en los casos **en que debía o acostumbraba el Gobierno, o en que tenía interés**[478], procuraría previamente entenderse con él de una manera confidencial y conciliatoria, para evitar desinteligencias, sin perjuicio de la forma oficial, en los casos acostumbrados, en que tenía intervención el ejecutivo?[479].

¿Cómo podía sostener que su regreso había sido "obra exclusiva de la espontaneidad" del gobierno, cuando Berro se había visto forzado a ese paso por la invasión de Flores?

¿Qué sentido tenía esa posesión pacífica del vicariato, y el ser acatado y apoyado por el mismo gobierno de Berro?

La interpretación de su reposición quiere ser una clara apología de su proceder frente a la curia romana, declarándose un triunfador (como lo había hecho en la imposición de su nombramiento) al no haber tenido que reponer a Brid y afianzando así en el país el principio de autoridad eclesiástica.

La no reposición de Brid no era fruto de su firmeza o "resistencia", sino del arreglo de Buenos Aires, que él hubiera querido hacer fracasar y que los "ultra" impugnaban acerbamente, y el principio de autoridad estaba afianzado más bien en su convicción que en la de los liberales.

En síntesis: **la interpretación de un desenlace triunfal por parte de Vera es explicable pero no ajustado a la verdad.**

Significado de ese regreso

A un siglo de distancia Arturo Ardao escribía: "El conflicto abierto en setiembre de 1861 con la destitución de Brid y cerrado en agosto de 1863 con el

---

[477] Ibíd., 25v-26v
[478] Formulación más amplia y elástica que las anteriores.
[479] SALLABERRY, El Siervo..., 52

regreso de Vera, se resolvió con un triunfo de la tendencia jesuítica. Ese triunfo no sería ocasional, sino definitivo históricamente.

El catolicismo masón, como tendencia organizada y militante, sale del episodio herido de muerte. Se le ve desangrarse ya en el curso del mismo.

Es significativo que en diciembre de 1862 el enviado de Berro a Buenos Aires sea el doctor Florentino Castellanos, la figura más prominente del laicado católico masón –Gran Maestre de la Orden en esos momentos-, mientras que en agosto de 1863 su enviado es el doctor Joaquín Requena, la figura más prominente del laicado católico pro-jesuita.

Vera regresó como un triunfador en un sentido más profundo que el que a primera vista pudiera parecer"[480].

Si por triunfo ("en un sentido más profundo") se entiende la división de la sociedad en dos corrientes (del ultramontanismo "veriano" la primera y del liberalismo masónico la segunda), división no ocasional, sino definitiva históricamente, la interpretación no ofrece reparos, siendo más bien la única acertada; si por el contrario se quisiese apuntar a una supremacía de Vera sobre las facciones en pugna, eliminando las tensiones existentes e imponiendo la suya, entonces el juicio sería inexacto.

Reorganización de la curia y nuevo espíritu

Vera, que no estaba por la ociosidad[481], luego de su regreso reorganizó prontamente su curia, nombrando a Francisco Castelló de Provisor y Vicario General, sustituyéndolo en el curato de la Matriz Inocencio Yéregui, el mismo sacerdote que dos años atrás había sido nombrado cuando la separación de Brid[482], y esto con la aprobación del Gobierno.

Rafael Yéregui ocupó la secretaría, volviendo a ser notario mayor eclesiástico Estanislao Pérez.

Se efectuaron otros nombramientos, que tuvieron el beneplácito del Gobierno[483].

---

[480] ARDAO, Racionalismo…, 188-189
[481] AEM, va 16, c 4-5, 6895-114
[482] AyB pba, Ibíd.
[483] Nombramientos del Vicario Apostólico Vera del 1° de setiembre de 1863:
Para el curato de Colla, José Chantre en lugar de Carlos Costanilla.
Para el curato de Mercedes, José Letamendi en lugar de José Amilivia.
Para el curato de San Eugenio de Cuareim, Bollo en lugar de B. Baldovino.
Para el curato de Florida, *Pablo María Pardo*, en lugar de José Letamendi. (AGN, mg, c 1160).

Con fecha 15 de setiembre comunicó el Gobierno al Vicario haber concedido el pase al breve por el cual Pío IX lo nombraba prelado doméstico.

El día 1º de noviembre, fiesta de Todos los Santos, ostentaba por primera vez las vestiduras correspondientes al mencionado honor, con motivo de la solemne bendición de la nueva capilla llamada *rotunda* del cementerio público (el que había sido puesto en entredicho)[484].

El 7 de noviembre la junta económico-administrativa del departamento de la capital, solicitaba del Gobierno, que como patrono de la Iglesia oriental se sirviese recabar del Vicario el permiso para que en la capilla del cementerio se pudiese rezar misa los días domingos y festivos de precepto. El Ministro de Gobierno Nin Reyes solicitaba el parecer del Vicario, quien, con fecha 21 del mismo, accedía al pedido de la junta, en el sentido estricto de los términos y con la precisa condición de que nunca pudiese usarse con perjuicio de derecho alguno parroquial[485].

Nombramientos y acontecimientos que hacen creer en una vuelta a la **antigua situación**. Materialmente se había restaurado el orden anterior, no así espiritualmente.

La sociedad uruguaya acababa de asistir a un doble parto doloroso (ultramontanismo y liberalismo), alimentado en su seno en las décadas anteriores y que marcará profundamente su rostro en el curso posterior de su historia.

---

[484] PONS, Biografía…, 143-144
[485] AGN, mg, c 1157

CAPITULO XII

Obispado y conclusión

1. Obispado

Erección de un obispado

La erección de un obispado en la República Oriental había sido el sueño de los dirigentes políticos, una vez alcanzada la independencia y jurada la constitución.

Su aplazamiento a los largo de más de treinta años respondía, como se vio, a factores de diversa naturaleza.

El artículo quinto del arreglo del 19 de diciembre de 1862 resolvía muy genéricamente que "los derechos que puedan pertenecer a ambas potestades, Eclesiástica y Civil, no quedan perjudicados por el presente arreglo, el cual durará hasta que *Su Santidad suplicado por el Gobierno Oriental provea lo conveniente*"[486].

Dicha súplica que el Gobierno dirigiría al Santo Padre para proveer a las necesidades de la Iglesia de la República, consistía, aunque no se hubiese expresado, en la petición que el mismo Gobierno presentaría a Su Santidad para erigirse un obispado en la República[487].

La iniciativa correspondía, por tanto, al poder civil, quien debía apresurarse en la búsqueda de una sistematización estable de los asuntos eclesiásticos; pero se asistió a un fenómeno curioso: Roma, cuyo interés en la erección del obispado había sido mínimo en el pasado, por la situación general del país, pasó a la ofensiva, abandonando su proverbial lentitud, aunque no sus exigencias fundamentales.

Presupuesto indispensable para un obispado

Marini, con fecha 3 de abril, en una confidencial al Ministro de Relaciones Exteriores Juan J. de Herrera, le proponía un proyecto acerca del presupuesto indispensable para un obispado. Tal presupuesto le parecía aceptable, siendo moderado y sencillo[488].

La invasión de Flores invirtió prioridades (pasaron a un primer plano los asuntos militares y a un segundo los eclesiásticos) y frustró finalidades (no

---

[486] ASV, ss ae, a 1863, R 251, 285v
[487] Ibíd., 283
[488] AyB pba, Ibíd.; AMRE, in, c 9

ya el obispado con **un personaje más al día con las ideas del siglo**, sino el mismo vicariato con el antiguo Vicario).

Una solución tan circunstancial y obligatoria para Berro, era considerada provisoria e insuficiente por la Secretaría de Estado.

Insistencia de la Secretaría de Estado

Al felicitarse ésta con Marini del inesperado desenlace de la controversia montevideana, en un comunicado del 3 de noviembre, le manifestaba un deseo diplomático, que traducido al lenguaje ordinario equivalía a una orden.

Con su conocido tacto, el Delegado no dejaría de hacer las prácticas necesarias ante el Gobierno oriental, empeñándose en favor de la deseada erección, que proporcionaría grandes ventajas espirituales a los fieles[489].

El mismo dicasterio romano en su contestación a Vera, fechada el 15 de diciembre, le expresaba su satisfacción por los últimos sucesos.

Habían sido muy graves las dificultades que por las intrigas de los opositores se habían creado para impedir el ejercicio de su ministerio. Superadas con firmeza, el prelado se había procurado una mayor estimación entre todos los buenos, mereciéndose una acogida tan calurosa.

Se reputaba inútil insistirle para que aprovechara el prestigio que justamente gozaba en la República, para trabajar cada vez más en provecho de los asuntos religiosos ante el Gobierno de Montevideo.

"No es ciertamente desconocida –se agregaba- la petición hecha por el mismo Gobierno, hace ya muchos años, para la erección de un obispado.

La Santa Sede suministró a su tiempo las oportunas instrucciones a Mons. Marini, Delegado Apostólico, acreditado también ante el Gobierno Oriental, para establecer las bases necesarias con tal finalidad.

Por diversas circunstancias, que ahora no es el momento de recordar, este asunto no tuvo hasta el presente su culminación. Usted en su celo podría ver si las circunstancias son tales como para dedicar útilmente sus esfuerzos con la finalidad de inducir al Gobierno a entablar negociaciones con Mons. Marini para tan importante objeto, asegurándole que el Santo Padre tendría no leve satisfacción, en el caso de que tal cosa se verificara"[490].

El prelado reputaba aquellos momentos inoportunos –como notificaba el 14 de febrero de 1864- en orden a tales diligencias, atendidos los pocos días que le restaban al Gobierno para el término de su administración.

Vera entonces, cumpliría "*gustosísimo*" el encargo, y abrigaba fundadas esperanzas de que, no obstante la guerra que afligía al país, se llenarían los deseos del Santo Padre, puesto que eran los mismos de todos los hombres más

---

[489] ASV, ss ae, a 1864, R 251, 48
[490] Ibíd., 38-39

conspicuos del vicariato. Opinaba, además, que la erección deseada sería de fácil realización[491].

Empeño de Marini en la erección del obispado

El Delegado Apostólico no perdía ocasión; el 21 de enero le agradecía a Requena la conferencia tenida con el Ministro Nin Reyes sobre la erección del obispado.

Al mismo tiempo que aplaudía aquel interés, tenía el sentimiento de decirle que no podría conformarse con lo que le insinuaba sobre capellanías y derechos de fábrica para erigir y sustentar un obispado.

Le indicaba otros medios más seguros y más honrosos para la Iglesia y el Estado, y de muy fácil ejecución[492].

Finalizado el primero de marzo el cuadrienio legal del presidente Berro, Marini le preguntaba al jurisconsulto católico si en aquellas circunstancias era oportuno reanudar las negociaciones suspendidas.

En caso afirmativo, esperaba encontrar con brevedad el camino más corto para llegar legalmente al resultado.

"Aunque el actual Presidente –insinuaba luego- es interino, sería tal vez el más a propósito para llevar a cabo este asunto, principalmente que acaso será fácil prever cuánto durará su gobierno interino.

Allanadas en ésa las dificultades, si el Sr. Presidente sin pérdida de tiempo se dirigiese a la Santa Sede, o me enviase todos los papeles, para que estuviésemos ciertos de que no pudiese haber tropiezo en Roma, no dudo que antes de medio año estaría erigido el obispado"[493].

La guerra civil que aún mantenía dividida y trastornada la República Oriental –se comunicaba al Secretario de Estado por la delegación bonaerense- había impedido que se reuniesen los colegios electorales de la campaña para integrar la Cámara de Representantes, que, juntamente con el Senado, debían proceder al nombramiento del nuevo presidente.

No habiendo podido, por este motivo, nombrarse al sucesor de Berro, había asumido provisoriamente el gobierno **don Atanasio Aguirre**, presidente del Senado, como prescribía la constitución.

No era fácil prever el fin de la mencionada guerra, sostenida con encarnizamiento por ambos partidos.

El delegado confesaba que no conocía personalmente al señor Aguirre; sabía, sin embargo, que era un hombre moderado y de bien, aunque de mediana capacidad. Pertenecía al partido blanco y daba la impresión de querer continuar la política de su predecesor.

---

[491] Ibíd., 40v
[492] AyB pba, Ibíd.
[493] Ibíd.

Relativamente a la erección del obispado, aseguraba que tenía siempre presente la orden que se le había comunicado con el despacho del 3 de noviembre de 1863, y estaba esperando la ocasión oportuna para reanudar las negociaciones, interrumpidas por la infausta circunstancia de la guerra.

Cualquier apresuramiento hubiera resultado inútil, y quizás, también dañoso[494].

También Vera, a pesar de sus antiguas relaciones con el nuevo magistrado, todavía no había querido dar pasos con relación a la Iglesia –no obstante el encargo que tenía del card. Antonelli- por ser aún muy reciente el tiempo de la administración de Aguirre[495].

Dentro de este clima de prudente expectativa, tanto Marini como Vera y Requena, trabajaban incansablemente para sondear el ánimo del nuevo presidente y las disposiciones de sus ministros.

Consideraciones de Marini sobre la erección

Ya a principios de mayo de 1864, le constaban a Marini, por intermedio de Requena, las favorables disposiciones del primer magistrado relativas a la erección del obispado.

En la carta 6 de mayo, se resolvía hacerle presente al ministro Herrera algunas consideraciones que allanarían los posibles obstáculos.

Los gastos que exigía tal erección, ya detallados en su anterior del 3 de abril de 1863, no podían ser, en manera alguna, gravosos para el Uruguay, que contaba con rentas suficientes.

En un principio esos mismos gastos no serían tantos, en razón de que el escaso número de sacerdotes no posibilitaría la formación completa del cabildo eclesiástico. *Con todo, esa dotación debía incluirse en la ley general de los gastos*, que tendrían lugar en la progresiva complementación del obispado.

Era de absoluta necesidad la fundación de un seminario desde el principio, con todo cuanto pertenecía a la curia eclesiástica.

Todas las dotaciones y gastos debían quedar sancionados por una ley.

Era muy fácil, por consiguiente, que se realizaran los deseos del presidente Aguirre, pues ni éstas ni otras indicaciones anteriores ofrecían mayores dificultades.

Se le aseguraba al ministro que la feliz terminación del asunto dependía únicamente de su Gobierno, quien sabría encontrar los medios más convenientes y prontos para llegar a ello.

---

[494] ASV, ss ae, a 1864, R 251, 50-51
[495] AEM, va 28, c 6-17, 6314-7

Lejos de ver obstáculos en los círculos romanos, Marini sabía que el Santo Padre tenía ardientes deseos de proporcionar este bien a la Iglesia oriental[496].

Carta del presidente Aguirre

Muchos otros conatos similares y convergentes contribuyeron para que el presidente, el 14 de mayo, firmara una carta, redactada por Joaquín Requena, en la que se pedía oficialmente al Papa el arreglo definitivo de la Iglesia nacional.

La erección de un obispado, se exponía en la misma, se hacía cada día más exigente, y el Presidente tenía la firme resolución de procurarlo, no obstante la guerra, que absorbía con preferencia la atención de su administración.

Por el ministerio respectivo se darían los pasos oficiales correspondientes; mientras tanto se adelantaba que una vez erigido el obispado, **ningún sacerdote de la diócesis hubiera sido tan digno de ser elevado a la dignidad episcopal como Vera, cuyas virtudes eran ejemplares.**

Hasta tanto no se alcanzara aquella meta, Aguirre se permitía impetrar del Santo Padre la gracia de que condecorara al Vicario con la mitra de obispo *in partibus*, como premio a su distinguido mérito y como un paso previo que aproximara al arreglo definitivo.

La Santa Sede conocía perfectamente las cualidades que adornaban al Vicario de Montevideo y estaba perfectamente informada sobre su conducta. Ese conocimiento anticipado hacía innecesaria toda nueva información e investigación sobre el particular.

El Presidente, sin embargo, se complacía en añadir a esos antecedentes su testimonio individual, que en su calidad de Jefe Supremo de la República, había de merecer de la Santa Sede la mayor consideración.

Vera, cura de la parroquia de Canelones por más de 16 años, se había hecho recomendable por su modestia, por su celo a favor de sus feligreses, por su desprendimiento de todo interés material y por su incansable caridad para con los pobres.

Su acrisolada virtud no había podido dejar de ser reconocida y aplaudida, y cuando había llegado el caso de proveer el vicariato, había sido general la manifestación a la que se había unido el Gobierno, designando para tan honrosa comisión al expresado Vera.

La corte romana, exactamente informada, lo había nombrado Vicario, siendo recibido con íntimo júbilo en su nuevo destino.

En su desempeño se había mostrado y se mostraba perseverante en sus virtudes y en su celo por el bien espiritual de sus fieles y la mejora del clero.

---

[496] AMRE, in, c 9

Por eso, y hasta cuando pudiese fundarse en Montevideo un seminario, costeaba él la educación y enseñanza, en el colegio de Santa Fe, de doce jóvenes orientales, que serían con el tiempo el ornamento de la iglesia.

El voto elevado por el Presidente era el de la mayoría de las personas religiosas y sensatas del país, no sólo por la erección del obispado, sino porque Vera fuera su primer pastor.

"Con arreglo a las constituciones políticas del Estado –concluía la súplica presidencial-, mi Gobierno deberá terminar el 1° de marzo de 1865; mi período legal es, pues, corto y esta circunstancia creo ha de influir para que la Santa Sede apresure sus resoluciones en el sentido indicado"[497].

La República Oriental, anteponiendo siempre en sus actos el deseo del obispado, pero no pudiendo o no queriendo realizar su erección por los gastos que demandaba, se replegaba hacia el compromiso de un título, despojado de todos sus anexos sustanciales, como el seminario, el cabildo eclesiásticos, etc.

¿Este pedido, además, sin la firma previa de un concordato que definiera el derecho de patronato, no implicaba volver al punto de partida?

Marini había instado en el sentido del obispado, mientras que en la carta del presidente, redactada por Joaquín Requena, se abogaba a favor de una persona: Vera. **Este, engalanado con una aureola de santidad *ante mortem*, olvidando sus serios defectos, se presentaba como el único y el más digno para el cargo.**

En concreto, por las circunstancias bélicas y por la oposición liberal, que no podía faltar, se buscaba recompensar al Vicario, elevándolo a la dignidad episcopal, mientras que la Delegación bonaerense habría deseado el arreglo definitivo de dicha Iglesia.

La solución adelantada por el gobierno, no resolvía en definitiva ni satisfacía las exigencias fundamentales de la Iglesia uruguaya.

Negociación directa con Roma

La brevedad de la presidencia de Aguirre y el desligamiento de la representación pontificia de Buenos Aires, jugaron un papel preponderante en el nuevo rumbo de los acontecimientos.

Con el envío de un gestor especial a Roma, por parte de la República, la Delegación Apostólica quedaba separada del asunto, negociándose directamente con la Santa Sede.

El particular tiene su peso por varios motivos. Marini no era partidario, como tampoco la Secretaría de Estado, de un arreglo con un obispo *in partibus*; es muy probable también que el Delegado no mirase con ojo complaciente aquella candidatura, presentada en términos tan encomiásticos.

---

[497] AyB pba, Ibíd.

Pero si el gobierno pedía ahora oficialmente a Vera y él lo había escogido antes para Vicario y **Pío IX** (sin conocer las angustias diplomáticas sufridas por su representante) **lo estimaba por su firmeza y coraje en sufrir el destierro**, ¿cómo podía frenarse aquel inevitable ascenso hacia la silla episcopal? Ya no tenía sentido, puesto que en los informes anteriores casi nada había traslucido del carácter irascible y de la actitud inflexible del Vicario.

Requena y el Presidente, amigos personales de Vera –queriendo su triunfo definitivo, **que consagrara una dirección determinada en oposición al movimiento laico de los liberales**- en el pedido al Papa destacaban únicamente los aspectos positivos del prelado montevideano: modestia, celo, desprendimiento de todo interés material y su incansable caridad, sepultando definitivamente en el olvido los hechos y las causas de la pasada contienda.

Roma se quedará con este retrato incompleto de Vera (siendo el único que nos legó la historia hasta el momento) **y sobre ése colocará apresuradamente la mitra.**

Envío a Roma de Letamendi

El presbítero José Letamendi llevó al Santo Padre los documentos relativos al pedido, entrevistándose con él, por primera vez, el 15 de julio de 1864[498].

Las gestiones se hubieran prolongado enojosamente y, con mucha probabilidad, estancado, sin la ayuda de buenos eclesiásticos y religiosos, y sin el ardiente deseo del Papa de concluir rápidamente el asunto[499].

---

[498] AEM, va 25, c 6-4, 6834-33

[499] El nombramiento de Vera parecería obra personal de Pío IX, no contando probablemente con el apoyo entusiasta de Antonelli.

El padre Juan Benito, definidor general de los capuchinos, le confiaba a Vera: "Mons. Franchi me dijo también a mí: -El Santo Padre hubiera hecho ya este nombramiento, y sólo lo ha diferido con la esperanza de poderlo constituir Obispo Titular de Montevideo-. Luego el S. Padre en su residencia de campo, por medio de Franchi, llamó de nuevo a Letamendi, al que anunció de palabra que en el primer Consistorio Mons. Jacinto Vera, Vicario Apostólico sería proclamado obispo *in partibus*. Con este nombramiento el Santo Padre entiende recompensar un fiel Ministro de la Iglesia, por los servicios prestados y por las penas sufridas en provecho de la Iglesia y constituirlo en condiciones de prestar servicios aún mayores y extender siempre más el reino de Jesucristo en esos países" (AEM, va 28, c 6-17, 6314-32).

Se recordará que en una nota anterior (nota 406) se había relatado la entrevista de Letamendi con el Papa, en donde el nuncio era presentado en una luz muy negativa. De estos indicios se podría deducir que había dos líneas muy claras en Roma: la diplomática flexible sostenida por Antonelli e Marini, y la intransigente conservadora del "**non possumus**" seguida por el Papa y otros

El punto que ofreció mayores obstáculos fue el relativo al sustentamiento y dotación por parte del gobierno.

Cuando se le aseguró a mons. Franchi, Secretario de la Congregación de Negocios Eclesiásticos Extraordinarios, que la dotación de renta establecida por la ley del Estado con que contaba la curia eclesiástica de Montevideo, era de 4140 duros anuales para el Vicario Apostólico, de dos mil para el Provisor y Vicario General, de mil para el secretario, de mil para el fiscal, etc., cayeron las barreras y se allanó el camino.

Las otras aseveraciones –que los sueldos siempre habían sido pagados con puntualidad mensualmente, que el Gobierno de Montevideo había dejado siempre a la Iglesia en su libertad de acción, etc.-[500] no habrán inclinado mucho la balanza, por tener poco o ningún sustento en la realidad.

Nombramiento y consagración de Vera

En el brevísimo lapso de veinte días, el asunto se podía dar por concluido. El 4 de agosto Pío IX le comunicaba oficialmente al presidente Aguirre, que en el próximo consistorio nombraría al Vicario Vera obispo *in partibus infidelium*, pero le instaba a que proporcionara, no bien lo permitiese la situación del país, todos los medios necesarios para la erección de una sede episcopal[501].

---

dirigentes vaticanos. La que prevalece en este asunto es la segunda. Evidentemente este tema, enunciado como simple hipótesis de trabajo, debería ser profundizado. Esto nos alejaría de nuestro objetivo inmediato.

[500] ASV, ss ae, a 1864, R 251, 80

[501] "Dilecto Filio Illustri et Honorabili Aguirre Praesidi Reipublicae Montis Videi, Die 4 Augusti 1864.   n. 31550
Pius PP. IX –Dilecte Fili. Nuper Nobis redditae sunt Nobilitatis Tuae Litterae die 14 proximi mensis Maii datae. Ex iisdem autem no levi certe voluptate intelleximus quibus catholicis sensibus egregiis sis animatus. Namque significas, ac testaris, Te omnino exoptare, ut catholica religio, quae istius Reipublicae status est religio, istic quotidie magis floreat, ac dominetur. Hinc tuis in votis est, ut Episcopalis Sedes istic erigatur, et confirmas tuam omnem operam esse impensurum, ut omnibus superatis difficultatibus, haec tan salutaris res ad optatum exitum adducatur, ac Nos vehementer precaris, ut rei eidem suprema Nostra Pontificia Auctoritate occurrere velimus. Nobis quidem, Dilecti Fili, de animarum salute vehementer sollicitis nihil gratius esse potest, quam ut Episcopales Sedes, quoad fieri potest, mutiplicentur, cum probe noscamus utilitates, quae in fideles ex proprii Episcopi vigilantia redundant. Verum antequam novum episcopatum istic erigamus, opus omnino est, *ut primum congrua et plane libera ac tecta dos pro Episcopo, pro Canonicorum Collegio, pro episcopali Clericorum Seminario constituatur.* Itaque tuum est omni studio eniti et efficere, ut hujusmodi tantopere necessaria statuatur dos, quo a Nobis Episcopalis Sedes

En el proceso canónico (para efectuar la elección episcopal) efectuado en la ciudad eterna, declararon como testigos Luis del Vecchio, canónigo de la catedral de Frascati y ex secretario de Mons. Marino Marini, y José Letamendi, cura de Nuestra Señora de la Merced en la ciudad de Mercedes[502].

El apuro es manifiesto en la confección del mismo; los testigos deponen sin estar en posesión de los datos exactos sobre el Vicario[503]; la línea adoptada es netamente laudatoria, silenciándose las asperezas y ensalzándose las virtudes[504].

---

erigi possit. Etenim ubi eadem praesertim dos fuerit assignata, et alia omnia comparata, quae ad novam Episcopalem Sedem statuendam requiruntur, Nos novum istic Episcopatum iis omnibus servatis, quae servari oportet, quam libentissime erigimus. Eisdem autem tuis litteris Nos impensissime obsecras, ut interim istum Vicarium Apostolicum Dilectum Filium Hyacinthum Vera Episcopum in partibus infidelium eligere velimus, quo aditus facilius muniatur ad Episcopatum istic erigendum. Hisce tuis desideriis enixisque precibus perlibenter obsecundabimus prae oculis habentes tum catholicos tuos sensus, tum loculentas pollicitationes, quibus asseris, Te ea omnia esse peracturum, quae ad mayorem sanctissimae nostrae religionis utilitatem, ac splendorem conducere istic possunt. Itaque scito, Nos eundem Dilectum Filium Hyacinthum Vera Episcopum in partibus infedelium in Consitorio esse electuros. Te autem, Dilecte Fili, summopere excitamus, ut omnia tua studia, auctoritatemque in id potissimum conferas, ut in ista Republica, magis in dies catholica Ecclesia omni sua libertate fruatur..." (ASV, ss ae, a 1864, R 251, 52-53).

[502] ASV, pd, a 1864, vol 226, 6

[503] "Ad secundum: Sappiamo che il medesimo nacque nella città di S. Caterina, Imperio del Brasile...
    da leggitimi Cattolici ed onesti Genitori nel
    di ... agosto... il suo Padre chiamavasi Gerardo Vera e la sua Madre...
Ad tertium: Che venne battezzato...
Ad quartum: Sicchè è chiaro che il suddetto Sacerdote percorso l'anno..."
(ASV, pd, a 1864, vol 266, 6).

[504] "Ad quintum: Sappiamo altresì che è sacerdote e molto edificante. Ordinossi per la mani di Mons. Mariano Medrano Vescovo in allora di Buenos Aires.
Ad Sextum: Che è molto versato nelle Sacre Ceremonie.
    Divoto e frequente nel celebrare l'incruento Sacrificio della S. Messa, ed in tutte le altre funzioni Sagre, che esercita nel suo Ministero.
Ad septimum: Integerrimi sono i suoi costumi, e dà molta edificazione di modo che gode presso le persone dabbene che lo conoscono una ottima stima, ed eccellente riputazione.
Ad octavum: Questo zelante Sacerdote si è sempre mantenuto nella purità della fede, essendo di massime eccellenti, e di sana dottrina, avendolo addimostrato in tutti gli Offizi Ecclesiastici che ha esercitato.

Luego que Vera recibió la bula de nombramiento, la presentó al Presidente de la República y se empezó entonces la tramitación oficial, que duró hasta el 29 de abril, en que le fue devuelta por decreto del Gobierno del general Flores[505].

El 16 de julio de 1865, en la iglesia Matriz de Montevideo, Vera era consagrado Obispo por Mons. Mariano Escalada de Buenos Aires[506].

Finalización de la delegación de Marini

El 1° de enero de 1865, mons. Marini le participaba al Ministro de Relaciones Exteriores del Uruguay, Antonio de las Carreras, que por disposición del Santo Padre quedaba terminada su misión apostólica en el Río de la Plata.

En su regreso a Roma llevaría consigo los más gratos recuerdos por las distinciones recibidas por su Gobierno, y le aseguraba por su intermedio al Presidente, que conservaría la más decidida voluntad de servirle en todo tiempo y ocasión, tanto por lo que respectaba a su digna persona, como al ilustre Gobierno que presidía[507].

¡Curiosa coincidencia! El mismo ministro de las Carreras que había recibido las credenciales del delegado Marini en enero de 1858, recibía ahora la comunicación de su alejamiento.

Estos hechos pueden considerarse como la conclusión natural del tormentoso período estudiado.

Ad nonum: Il medesimo è adornato di Singolare prudenza e gravità nel trattare gli affari, specialmente ecclesiastici ed infatti attualmente con lode esercita l'ufficio di Vicario Apostolico in Montevideo.
Ad decimum: E quantumque non sia fornito di Laurea Dottorale pure possiede l'opportuna y necessaria scienza e dottrina per l'esercizio di sì importanti cariche che gli sono state affidate..."
(ASV, pd., a 1864, vol 226, 6).

[505] ASV, ss ae, a 1864, R 251, 87-88
En esta conclusión, se indican únicamente los momentos salientes, sin historiar el período.
[506] PONS, o.c., 149
[507] AMRE, in, c 9

2. Conclusión

Consagración de una situación

Con la consagración episcopal de Vera, **más que consagrar a una persona, se consagraba una situación y una dirección eclesiástica bien determinada**, iniciada con la imposición de su nombramiento de Vicario y vislumbrada en la lucha entablada entre jesuitas y masones.

Vera, al igual que los jesuitas, hubiera sucumbido frente a sus adversarios, sin el auxilio de Marini y circunstancias favorables.

Los masones, con su infiltración liberal a todos los niveles, habían sacudido la vida religiosa y civil del país, y en su choque con Vera **habían provocado conjuntamente la división de la sociedad con una virtual división entre Estado e Iglesia**.

En rigor de términos ya no se podría hablar del **Uruguay católico,** aunque rigiese la misma constitución de la República y rigiesen las mismas estructuras con sabor colonial.

La unidad católica nacional, débil, inconsistente y quizás algo ficticia antes, se había quebrado ruidosamente durante el vicariato de Vera.

Si no fuese un atrevimiento, y sólo a manera de esclarecimiento, tal ruptura se podría comparar con la escisión originada por Martín Lutero en Alemania (1517), que acababa definitivamente con la unidad católica europea.

Como con la paz de Augsburgo de 1555 se sellaba oficialmente la división religiosa de Alemania, así en la Republica Oriental del Uruguay, durante los períodos presidenciales de José Batlle y Ordóñez y de su inmediato sucesor, se consumaron las últimas etapas de la separación entre Estado e Iglesia, proclamándose la **laicización total** de la sociedad.

Rumbos de la masonería y Universidad

Después del retorno de Vera, la masonería uruguaya sancionaba su Código. "Una profunda evolución ideológica había ya comenzado a operarse en el seno de la masonería uruguaya. *Como consecuencia de ella, dejaría de ser un sector avanzado del catolicismo para convertirse cada vez más en una fuerza distinta y adversaria suya*"[508].

La Universidad emprendía su camino. "Con el magisterio espiritualista del aula de Don Plácido Ellauri y la propagación de las ideas de Bilbao por la prensa y el opúsculo, confluían la corriente liberal que desde 1861 Carlos de Castro propagaba desde el aula de Economía, *donde postulados como la libertad de pensamiento y la separación de la Iglesia del Estado*, junto a la crítica de las directivas

---

[508] ARDAO, Racionalismo..., 189

de aquélla, eran de exposición diaria en la cátedra. Y bajo estas tres directivas madurará en la década del 60 la conciencia racionalista y liberal de la Universidad de Montevideo.

En 1864, un núcleo de jóvenes orientales –estudiantes y egresados de la Universidad de Montevideo- desterrados entonces en Buenos Aires, escribía "*La profesión de fe en la Joven América* –con las mismas palabras de Bilbao- encerrando en su proclama un desafío a la Iglesia al afirmar **que la revolución religiosa se había iniciado en el Río de la Plata**"[509].

"El gran tránsito es el que tiene lugar entonces: la aparición del racionalismo propiamente dicho marca el momento en que se lleva a cabo en el país –protagonista entonces en pequeño y a su manera de las vicisitudes religiosas del siglo XVIII europeo- **la ruptura con la revelación bíblica.** Marca el momento en que se produce la crisis de fe"[510].

Iglesia oriental incapacitada

Estuviese o no la mayoría de la población con Vera, la Iglesia había perdido irremediablemente su batalla en los frentes más importantes: en el cultural (Universidad), y en el político (masonería), formadores y dirigentes de la sociedad.

Las relaciones entre la Iglesia y la sociedad se interrumpían así abruptamente, culminando en un divorcio y repudio, pudiéndose definir con toda justeza tal ambiente como laico y liberal.

Surge espontánea una pregunta: ¿hubiera sido posible la evolución de la sociedad en otro sentido? ¿Podía la Iglesia evitar una separación que se presentó con caracteres tan marcadamente anticlericales?

Indudablemente Vera no era el hombre del momento, porque Montevideo antes que un prelado pastor (o juntamente con un prelado pastor) necesitaba un prelado conductor intelectual y religiosamente; más que un enfrentamiento y un choque, precisaba un acercamiento inteligente, que tendiera un puente de mutua colaboración siguiendo cánones nuevos y ajustados a la realidad histórica nacional, y proyectara un porvenir menos belicoso y más constructor.

Por supuesto que un prelado así no hubiera sido suficiente, siendo el clero del vicariato, mal preparado, y moralmente dudoso.

Era toda la Iglesia, en sustancia, la que se hallaba incapacitada para encarar y resolver positivamente los problemas de su época. Elementos eclesiásticos y del laicado, **abiertos a las nuevas aspiraciones de independencia y libertad,** y **deseosos de dialogar con todas las tendencias** que agitaban la sociedad para encontrar una solución compartida a los

---

[509] PARIS DE ODDONE, o.c., 109
[510] ARDAO, Racionalismo…, 193

inmensos problemas que la afligían, probablemente hubieran deparado otro porvenir a la Iglesia oriental.

A la luz de estas consideraciones se pueden interpretar las expresiones de varios escritores, que hablan del regreso de Vera, como de un triunfo, y del catolicismo ultramontano y filojesuita, como de un triunfador.

¡Triste triunfo, en realidad, el que consagraba la ruptura definitiva y el alejamiento progresivo de la Iglesia de la sociedad!

Objetivos de los masones

Con la presentación, en virtud del derecho de patronato, del candidato **Santiago Estrázulas y Lamas** se optaba por una **Iglesia tradicional, complaciente y tolerante frente al movimiento liberal**.

La designación de **Brid** para el curato de la Matriz, a la vez que subsanaba en algo la frustración del objetivo perseguido, **constituía el talón de Aquiles del nuevo vicario**.

Se le movió entonces una *guerra decente* para echarlo abajo, enfrentándolo escandalosamente con la misión franciscana, comprometiendo seriamente su persistencia en el cargo con el episodio de Jakobsen e inutilizándolo a raíz de la destitución de Brid.

Con la misión del Dr. Florentino Castellanos se volvía al proyecto inicial de **un Vicario o Gobernador, cuyas doctrinas estuviesen más en armonía con las ideas de la época**, lográndose un Pablo María Pardo, fruto no despreciable del país.

A partir de este momento los masones no podrán encauzar los hechos hacia el logro de su finalidad primordial: conducir a la Iglesia por la senda del liberalismo. Circunstancias adversas favorecieron el retorno de Vera y la prolongación de su corriente.

La derrota de los masones fue sólo aparente. No llegaron a dominar la Iglesia desde adentro, con un candidato de su paladar, pero la divorciaron del sector intelectual y dirigente, separándose ellos mismos y apartándola paulatinamente de la sociedad.

Resultados de la lucha

Es probable que ni los mismos masones pensaran en un resultado tan sorprendente al iniciar la lucha. Como **católicos** trabajaban en trillar la senda del progreso de la familia humana, **mientras que la Iglesia se volvía oscurantista y retrógrada, y sus jefes se oponían a toda clase de reformas o progresos**.

Ellos nada querían conceder, ningún progreso querían introducir en los cánones, bulas o decisiones, cuya vigorosa aplicación se consideraba casi impracticable y pocos fieles cumplían a la letra.

Contra el empecinado enemigo (Vera) de todo progreso, no pudieron reformar o mejor dicho crear una nueva iglesia de acuerdo a sus categorías ilustradas; no les quedó otra alternativa que abandonarla, inaugurando la división religiosa en el país.

Como **liberales**, consecuentes con sus principios, empezaron a hostilizarla, porque se daban cuenta que **en esa persecución se jugaba**, como afirmara Bilbao, **la independencia total de América**.

La independencia religiosa, no contemplada directamente en su vasto plan reformador, **era un efecto lógico de sus premisas liberales**. Si ellos se atribuyen la independencia política americana, obstaculizada por la Iglesia, nosotros no podemos negarles la independencia religiosa del Uruguay, que traería aparejadas **la secularización y laicización del país**, ya anunciadas precozmente en la querella del cementerio y en el proyecto de matrimonio civil.

La masonería, que de labios afuera proclamaba no ser hostil a la religión, no ocuparse de cuestiones religiosas en sus reuniones, y que los católicos que se afiliaban a esas sociedades puramente humanitarias y fraternales no dejaban de ser tan cristianos como el primer día en que habían recibido el agua bendita del bautismo, convulsionó "**en la malhadada época de la Prelacía del Sr. Vera**" la vida religiosa nacional, enarbolando una bandera de guerra encarnizada contra todo lo que sabía a catolicismo o a jesuitismo, como se vociferaba.

Quizás no sea exagerado recalcar nuevamente lo que al principiar este estudio se afirmó de los jesuitas y masones, pero con una referencia especial a los segundos. Aunque no todo el proceso histórico en cuestión debe considerarse como fruto y resultado exclusivo de la **corriente masónica, ésta, sin embargo, queda como la categoría privilegiada, juntamente con las personalidades protagonistas responsables inmediatas de los hechos, que vuelve fundamentalmente inteligible su intrincado desarrollo.**

Si fuera lícito, al concluir, dejar un retrato histórico de la masonería uruguaya del siglo XIX, no dudaríamos en afirmar que fue **la forjadora y realizadora de la secularización y laicización total de la sociedad**, herencia que, enriquecida por corrientes sucesivas, configura el rostro del Uruguay hasta 1960.

APENDICE

1. Carta de Maria Chiara Podestà a Juan Benito definidor general de los capuchinos.

"Viva Gesù e Maria. M.to R.do. Gian Benedetto Amatissimo in G.C.

Buenos Ayres 14 Febbraio del 1963

È circa un mese che io mi trovo qui, dove mi recai onde regolare tutte le cose concernenti le nuove case che siamo per aprire nella città del Rosario e di Santa Fe. Io bramava poter prolungare ancora alcuni mesi dette fondazioni ma mi è affatto impossibile essendo tutti impazienti di vedere stabilire quanto prima le suddette opere.

È indicibile l'impegno che tutti hanno di porre sotto la nostra direzione ogni sorta di stabilimenti sia di Beneficenza come particolari, poichè le Figlie di Maria sono preferite a qualunque altra Instituzione.

Ci vorrebbero delle centinaia di Sorelle per poter abbracciare tutte le opere che ci si presentano. La Madonna SS. Nostra Amatissima Madre ci protegge d'un modo singolarissimo; possiamo dire che ricaviamo da Essa continui miracoli, in ciascheduna delle nostre case, le quali seguitano benissimo sotto la protezione della nostra Carissima Madre.

I nemici più esaltati della Religione e del bene, sembra restino incantati avvicinandosi a noi e molti che erano nostri avversari dopo essere stati annoverati fra i membri delle Amministrazioni delle nostre Case, si fecero nostri Protettori de' più accesi; di modo che ne restiamo noi stesse maravigliate e non possiamo se non che rendere umili grazie al Signore che si degna servirsi del nostro amato Instituto per operare tanto bene in favore di queste care popolazioni.

Qui abbiamo la consolazione di vedere ogni giorno il nostro Venerato M. Vicario Apostolico di Montevideo il quale nel suo esilio, la sua maggior consolazione è di essere vicino alle sue Care Figlie di Maria, e noi lo rimiriamo con la Venerazione che suscita una virtù veramente eroica, e lo amiamo come un nostro vero Padre.

Con il maggior piacere faccio consapevole V.P.R.ma degli avvenimenti che accadono nella nostra cara Montevideo, che sembra sia data per un gioco in potere allo spirito delle tenebre.

Prego a far pervenire queste notizie a S. Santità, polchè quantunque credo giungeranno costì per altri condotti ciò non ostante temo siano alterate in alcuna parte dalle persone che sono interessate, in sacrificare la Chiesa e il Venerato Prelato di detta Repubblica il nostro R.mo Sig. Vicario Don Jacinto Vera, il quale è fatto bersaglio de' nemici della Chiesa, e quel che più affligge tutti i buoni Cattolici si è, che in tutti questi intrighi vi è mischio il S.r Nunzio Apostolico. M. Marino Marini Arcivescovo di Palmira che con iscandalo di tutti, invece di sostenere i diritti della Chiesa sacrifica tutto all'interesse e alla politica.

Dopo l'esilio del nostro R.mo Sig. Vicario, e de' passi che diede il Governo per formare un vero scisma, appoggiando potentemente i membri ribelli del Clero, cadde il Ministero che aveva commesso tutte quelle iniquità, che già le son note; e dopo alcuni mesi, sembrò che il Presidente della Repubblica volesse finalmente eleggere un Ministerio Cattolico, però i nuovi Ministri non vollero ammettere, prima che si accomodasse la questione Eccclesiastica, perciò il Presidente inviò, un certo Sig. Fiorentino Castellanos, Presidente della Camera de' Rappresentanti e Grande Oriente della Massoneria, incaricato di trattare col suddetto Mons. Nunzio un aggiustamento di questa questione.

Stettero in trattati più di due mesi, e il Nunzio fece tutti i tentativi possibili onde indurre il Sig. Vicario Don Jacinto Vera, a spogliarsi della sua autorità, e lo trattò con molta asprezza e solo non fece di più per non potere assolutamente farlo.

Finalmente indusse con mille raggiri il Sig. Vicario Vera, a nominare un Delegato che facesse provvisoriamente le sue veci nella Repubblica, però nessuno dei Sacerdoti che nominò il Sig. Vicario furono ammessi, nè dal Governo, nè dal Nunzio suddetto; finalmente gli fu proposto da quest'ultimo un certo P. Paolo Maria Pardo, il quale fu presentato al Sig. Vicario come buono, e che sarebbe fedele a suoi ordini ecc., e questi sarebbe anche stato accettato dal Goberno.

In questi termini si stabilirono le basi del Convegno fra il Governo e il Sig. Vicario, per mediazione del Sig. Nunzio, cioè che il Governo avrebbe riconosciuto l'autorità del Sig. Vicario nel Delegato che lui inviava, e che detto Delegato starebbe in tutto agli ordini del Suo Prelato come un Vicario Generale o un Provvisore.

In pochi giorni tutto fu stabilito, il Delegato Don Paolo M. Pardo, venne qui a ricevere gli ordini del Sig. Vicario, prestò il giuramento competente, e quindi ritornò a Montevideo dove fu riconosciuta dal Governo l'autorità del Sig. Vicario nel suo Delegato, e tutto sembrava fosse per finere, essendo con questo passo facilitato anche il prossimo ritorno del Sig. Vicario alla sua Chiesa.

Però tutto questo no fu che una vera illusione che dopo tre giorni scomparve. Il nuovo Delegato appena rientrò nelle sue attribuzioni tradì in tutto le instruzioni ricevute del Sig. Vicario Apostolico; tolse senza nessuna clausola la sospensione della Messa a tutti quanti i ribelli che fino a quel giorno avevano fonzionato nella Chiesa interdetta, si unì intimamente con tutti loro, e si vale dell'autorità ricevuta per commettere ogni sorta di scandali; nominò tutti gli impiegati della Curia addetti alla Massoneria, di modo che è un trionfo completo dello scisma e dell'iniquità.

Tutti i Sacerdoti buoni rimasero sbigottiti alla vista di questi fatti, e rappresentarono al Delegato i gravissimi mali che cagionava alla Chiesa, e Lui rispose loro, che tali erano le istruzioni che aveva ricevuto da M. Nunzio Marino Marini.

Egli contravvenne in tutto alle istruzioni ricevute dal Sig. Vicario, ed è totalmente unito e diretto dai ribelli, ed in particolare dal perverso D.r Magesté ex Gesuita, che è un vero Lutero ed anche dei Capi della Massoneria. Il P. Magesté dice la Messa e predica contro il Sig. Vicario nella Catterdrale. Brid che era il Parroco scandalosissimo, è tutto trionfante con tutti i suoi partigiani.

Il Nunzio fece in questi giorni, una gita a Montevideo con pretesto di fare una visita al Presidente della Repubblica. Appena giunse colà, furono a riceverlo alcuni de' Sacerdoti ribelli e fra questi il D.r Magesté; quindi furono a visitarlo anche tutti i sacerdoti buoni, e gli rappresentarono vivamente lo stato affliggente in cui si trovava la Chiesa; la indegnazione generale della popolazione sensata, che è ormai stanca di vedere tante iniquità, il pericolo imminente d'un nuovo e più terribile conflitto, e la obbligazione in cui era di sostenere i diritti della Chiesa come rappresentante di S. Santità, e non di prestarsi vilmente a servire la politica infame delle sette con grandissimo scandalo di tutti i Cattolici, che il Sommo Pontefice non l'aveva inviato qui per vendere e tradire la Chiesa di Cristo ecc.

Ma lui si sdegnò fortemente a tali giuste querele e quasi gli scaccia dalla sua presenza. Disse loro cose insolenti del Sig. Vicario incolpandolo di tutti questi disordini, e che Lui aveva facoltà di nominarne un'altro in sua vece; il che disse anche a me in una visita ch'io gli feci nella quale mi parlò pure molto male del nostro Sig. Vicario, e mi rimproverò perchè io lo proteggeva mostrandosi di questo molto risentito.

Quindi disse a suddetti Sacerdoti, che Essi erano la causa dello scandalo che formavano lo scisma; e che dovevano unirsi cogli altri ecc. Sicchè uscirono tutti dalla visita altamente scandalizzati ed afflitti.

Fu quindi a visitarlo il Ministro di Governo che è un certo Sig. Silvestre Sienra il quale è molto buono e parlò molto forte al Sig. Nunzio come pure varie altre persone di distinzione. Egli fece a tutti la stessa accoglienza.

Si trattenne a Montevideo solo un giorno e mezzo ed ebbe due conferenze col Presidente della Repubblica. Poche ore prima di partire pare che cambiasse alquanto d'intenzione, forse vedendo lo sdegno generale che vi era contro di Lui, incolpandolo tutti l'autore di questi nuovi mali.

Egli fece nominare un buon sacerdote per Parroco della Cattedrale e pare si sia separato da' Preti ribelli però li lascia continuare a celebrare, solo sospese due che sono scandalosissimi, ma non sono de' più impicciati in questa disgraziata questione, e i capi come sono il D.r Magesté, Brid e Fernández Don Gian Domenico che era l'intruso che aveva messo il Governo e alcuni due o tre altri che seguitano ribelli al loro Prelato pertinaci ne' loro scandali, tutti celebrano in pace la Santa Messa contro l'ordine espresso del Sig. Vicario.

Il Sig. Vicario è veramente un martire. Egli vive in gradissima afflizione nel suo esilio povero e abbandonato, tradito pazienza da' malvagi ma quel che è peggio dallo stesso Nunzio anzidetto, che dovrebbe essere tutto il suo appoggio e sostegno.

Noi lo attendiamo quanto possiamo, gli inviamo tutto il bisognevole di vitto, vestito ecc. Egli è quasi sempre in alcuna delle nostre Case, ci confessa, ci predica e ci ama come sue vere figlie.

Io mi trattengo un poco più in questa città onde non abbandonare il nostro buono Sig. Vicario in mezzo a tante pene. Ora in Montevideo vi è un buon Ministro, il quale solo accettò con la condizione di porre un termine alla questione ecclesiastica, e lavora incessantemente a questo fine.

Particolarmente il Ministro di Governo, è intimo amico del Nostro Sig. Vicario ed è risoluto di rimediare ai mali della Chiesa, o di abbandonare il Ministero. Egli, e il Ministro di Finanze sono parenti d'una nostra Sorella che professò lo scorso Novembre, molto buona, ed anche instruita, essendo d'una famiglia molto distinta; il primo è suo cugino, e il secondo è suo cognato; entrambi sono a noi molto affezionati, e ci favoriscono quanto possono.

Io sono sempre più ansiosa di compiere il mio viaggio in Italia, e spero non passerà questo anno seza ch'io abbia la sorte di baciare il Santo piede al Nostro SS. Padre. Ah! Quanto bramo potere almeno una volta manifestare ad Esso gli affettuosi sentimenti di umilissimo e tenero affetto che gli professano le povere Figlie di Maria che quantumque molte di noi sì lontane, non cessiamo d'innalzare i nostri deboli voti al cielo per la sua conservazione e piena prosperità.

Prego la P.V.R.ma a presentargli i nostri sinceri omaggi, e a chiedergli per noi la Apostolica sua Benedizione. Tutte le sorelle di qui, como pure quelle di Montevideo y di Córdoba, tutte italiane e americane, le presentano mille affettuosi rispetti, e si raccomandano alle sue orazioni.

Le invio pure unita a questa lettera del nostro Sig. Vicario. Gradisca infine mille rispetti, e raccomandi molto al Signore questa sua figlia che bacia la S.P.R.   Um.ma aff.ma figlia in Cristo
 S. Maria Chiara Podestà Superiora"
(ASV, ss ae, a 1863, R 251, 298-301v)

2. Carta de Jean Carmel Souverbielle a Su Santidad Pío IX

"Très Saint Père,

Je suis long temps resté dans l'indécision, avant de m'autoriser à écrire ces quelques lignes à Votre Sainteté.

Il ne me paraissait pas convenable, qu'un pauvre serviteur, osât élever la voix, lorsque tant de personnes, plus savantes, plus sages, plus experimentées, et partant plus autorisées, pouvaient faire parvenir, a la connaissance de votre Sainteté, la véritable relation de ce qui se passe, dans ce pays où la corruption prend tous les jours un si grand Empire, tandis que la religion est l'objet des plus injustes poursuites.

Votre Sainteté n'ignore pas tout ce que Monseigneur Vera, Vicaire Apostolique de Montevideo, a du souffrir, de la part des sociétés maçonniques, qui se multiplient d'une manière èpouvantable, dans les Amériques du Sud ; dans tous les cas, j'en ferai un exposé succint à votre Sainteté, pour rendre plus facile à saisir l'objet de ma lettre.

Par un concours de circonstances dont je ne connais pas bien les détails, un Prêtre, nommé Brid, était devenu curé de la Matris à Montevideo. L'immoralité et le dévergondage de ce prêtre, était devenus proverbials.

On l'accusait, trés publiquement, et d'une manière qui ne laissait pas des doutes sur la vérité du fait, qu'il allait jusqu'à faire rougir la pudeur des jeunes chrétiennes, au sein même du sanctuaire, par ses regards, par ses paroles, par ses gestes, on prétend, même qu'il en avait touché certaines de manière a se faire apostropher. Nous avions, dans toute sa realité, l'abomination de la désolation dans le lieu saint.

Un pareil homme, ne pouvait qu'exciter des plaintes générales, chez ceux là même qui n'étaient que médiocrement chrétiens.

Mons. Vera, fatigué, sans doute, de tant de réclamations, et ne voulant plus laisser propager les scandales, que donnait le curé Brid, entreprit de lui retirer la cure de la Matris, quoiqu'il sut les dangers auxquels il s'exposait par cette démarche.

Le gouvernement dont les ministres étaient maçons soutinrent Brid, que l'on dit aussi être maçon. Les choses en vinrent au point, que M. Brid fut suspendu, l'eglise de la Matris interdite ; et Mons. Vera, en chatiment d'avoir fait son devoir, fut condamné à l'exil, qu'il accepta comme une récompense, et avec une joie qui nous remplit d'admiration.

Six ou sept Prêtre, dont les principaux étaient, le curé Brid et un autre nommé Fernández, meprisérent l'interdit de l'église dans une cérémonie, qu'ils donnèrent en présence de quelques Italiens, partisans éffrenés de *la Italia unita*, et de quelques Montevidéens, qui avaient admiré la valeur sauvage de Garibaldi, pendant son sejour à Montevideo, Brid, distribua publiquement, et de sa propre main, le catéchisme de Garibaldi, dans l'interieur même de l'Eglise. Fernández, qui avait accepté du gouvernement la titre de provicaire apostolique, et qui on avait exercé le fonctions, dans la même église interdite de la Matris, fut déclaré excommunié par Mons. Vera, qui du lieu de son exil, écrivit à ce sujet une lettre pastorale, à tous les curé de son vicariat, avec ordre je crois, de la lire en chaire.

Je ne vous dirai pas, très-Saint Père, le deuil, qu'occasionèrent de pareils scandales, a tous les vrais catholiques de Montevideo, et l'horrible joie qu'ils causèrent à nos adversaires les maçons. Tous les affiliés, qui avaient concouru à l'élévation du ministère, qui protegea le curé Brid, montèrent d'un degré, dans la hierarchie maçonnique.

Les choses en étant à ce point, on eut naturellement recours à Mons. Marino Marini, Archevêque de Palmyre et Nonce de votre Sainteté.

Les Catholiques, s'attendaient à voir le représentant du Saint Siège, approuver Mons. Vera, pour le zèle courageux, avec lequel il avait préféré l'accomplicement de son devoir à ses commodités personnelle. Nous nous rappelions, avec bonheur, le *non possumus*, avec le quel votre Sainteté, tient en échec l'Europe entière secondée par l'Enfer. Les Maçons, de leur coté, envoyèrent pour les représenter auprès de Mons. Marini leur grand Orient le docteur Castellanos.

Ils disaient publiquement, que le Nonce du Saint Siège etait accesible aux arguments pécuniaires, et qu'ils sauraient bien, moyenant quelques onces, lui persuader de condanner Vera.

Je n'ai pas su ce qui se passa, Très Saint Père, entre Castellanos et Mons. Marini. Ce que je sais, c'est que Mons. le Nonce, dans un voyge qu'il fit à Montevideo, désapprouva à plusièurs reprises et devant plusièurs témoins, même laïques, la conduit de Monsieur Vera, qu'il avait antérieurement louée, dans une lettre devenue publique, il alla même jusqu'à faire peser le blame sur su personne, le traitant d'orgueilleux de grossier. Mons. Brid, au contraire, qui avait distribué naguère de su main le catéchisme de Garibaldi, reçut le pouvoir de dire la messe, sans retractation aucune.

Mons Fernádez, qui était *excommunicatus vitandus*, sous le poid de dix ou douze excommunions mayeures, bien connues de tous, reçut aussi le pouvoir de célébrer, san qu'il fit d'aucune manière, connaitre le termes, ni même le fait de sa retractation.

A cette nouvelle, j'allai, moi même, demander, avec un autre ecclesiastique, à Mons Marini, si l'on puvait communiquer avec Fernández. Son excellence parut dabord surpris de ma question. Je lui fis observer que peu de temps auparavant il avait été publiquement dénomé, par le vicaire apostolique, comme ayant encouru l'excommunication mayeure, il me dit alors de ne point parle de cela, de communiquer librement avec Fernández, et que lui même rémédierait à tout.

Puis, il voulut me montrer, que Mons. Vera était detesté dans son vicariat. Ces paroles, dont je connaissais parfaitement l'inexactitude exciterent dans mon coeur une profonde tristesse, mélée d'un peu d'indignation.

Je ne pus m'empêcher de rappeler à ma mémoire, le souvenir de S. Athanase et je repris confiance, en pensant que l'injustice et la fourberie, ne triomphent jamais définitivement dans l'Eglise.

Mons Marini croyait avoir tout arrangé, il n'avait fait que couvrir, sous son autorité, la plaie profonde, qui devorait l'Eglise de Montevideo. Les résultats logiques d'un pareil arrangement, se sont bientôt montrés : les méchants ont pu confirmer le bruit que le nonce s'était vendu, et que les excommunications n'étaient qu'une comédie cléricale et hors de saison ; les catholiques, qui avaient soutenu les droits du vicaire apostolique, tombèrent dans le découragement, et les membres du clergé purent reconnaître le péril qu'il y aurait à faire son devoir, et la sécurité avec la quelle on pourrait le violer.

Le mécontentement devint si géneral, que les ennemis du pouvoir, jugèrent l'occasion favorable pour le renverser. Les soldats du gouvernement refusèrent de combattre la revolution, si l'on ne rappelait le Vicaire du lieu de son exil, et Mons. Vera, rentra dans son vicariat apostolique, à la grande satisfaction de tous ceux qui avaient conservè quelque amour pour l'Eglise.

Ce que je vien d'écrire, s'était passé il y a dejá quelques mois, et quoique j'eusses en la pensée d'en écrire à Votre Sainteté, malgré le peu de confiance que peut inspirer un pauvre et jeune prêtre, sans antécédent, et presque sans instruction j'y avais définitivement renoncé, lorsque, un de ces jours, j'ai été dans l'obligation de faire une visite au representant de votre Sainteté il m'a parlé de Mons. Escalada comme d'un homme opiniatre, et sans tact, de Mons. Vera, comme d'un orgueilleux et d'un grossier. Je crois savoir que le mot de tyran, a été proféré, par Mons. Marini a propos de Mons. Escalada, et celui de salteador a propos de Mons. Vera dans le sein même de certaine famille en présence de jeunes gens, qui s'empressent de le confier a leurs amis, et ceux ci le confient à d'autres.

Je me suis retiré bien triste de voir le représentant de votre Sainteté s'attachant de la sorte, á jeter le discrédit, sur ceuxla même, qui ont besoin de toute la consideration pour faire fructifier leur saint ministères, et aux quels on peut sans doute reprocher des fautes, parce que *errare humanum est*, mais dont la vertu et le zèle pour la salut des ames, et hors de tout soupçon, et j'ai cru devoir, en conscience faire pervenir ces details à la connaissance de Votre Sainteté.

Cette lettre, Très Saint Père, je l'ai écrite sans consulter personne, sous ma propre responsabilité, cela m'a paru plus charitable, et moins compromettant pour tout le monde ; et si Dieu m'accorde la grace d'être fidèle à mes resolutions, ce secret descendra avec moi dans le tombe, à moins que Votre Sainteté, entre les mains de la quelle je me met en tout confiance, n'en dispose autrement.

Il me semble que j'ai agi, pour veiller aux intérêts de l'Eglise, si cruellement attaqueé de toute part. Tout ce que je viens de dire, je l'ai écrit, en presence du compte terrible qu'un jour, je devrai rendre de toutes les actions de ma vie.

Votre Sainteté me permettra donc, afin de me mieux preparer au jugement de Dieu, que je me proterne humblement a vos pieds sacrés, pour les baiser et vous demander votre Sainte Benediction.

J'ai l'honneur d'être avec le plus profond respect, de votre Sainteté, le très indigne fils.

Jean Carmel Souverbielle, membre de la congrégation du Sacré Coer de Jésus, vulgairement appelée société des prêtres auxiliaires de Bétharram du diocèse de Bayonne, en France ; actuellement en mission à Montevideo et Buenos Aires, Ameriques de Sud.

Buenos Ayres, 8 novembre 1863 »[511]

---

[511] ASV, ss ae, a 1863, R 251, 305-306v
Estas dos cartas son reproducciones de los documentos originales.

FUENTES

Archivos consultados:

    I.- En Roma:

1.- ***Archivio Segreto Vaticano***.- El 1° de enero de 1967 se abrió para los investigadores, en el Archivo Secreto Vaticano, el período relativo al pontificado de Pío IX (1846-1878), sin que el enorme material quedara orgánicamente estructurado.

    Bajo denominaciones no apropiadas y en legajos que no llevaban el año correspondiente, se halló, después de muchos esfuerzos, el abundante material, en su casi totalidad desconocido, objeto de la presente investigación.

2.- ***Archivio di Propaganda Fide***.- El material de las secciones consultadas: "Scritture riferite nei Congressi – America Meridionale" (volúmenes correspondientes al período en cuestión), "Udienze di Nostro Signore" (volúmenes correspondientes) y "Lettere" (volúmenes correspondientes), es de escaso interés, tratándose de algunas relaciones privadas al card. Prefecto de Propaganda Fide, y de facultades concedidas periódicamente al prelado de Montevideo.

    II.- En Montevideo:

3.- **Archivo Eclesiástico de Montevideo.-** Carece, lamentablemente, de mucha documentación oficial con el Estado.

    Las relaciones epistolares, a pesar de ser numerosas, experimentan deficiencias relevantes.

4.- **Archivo General de la Nación**.- En la sección "Ministerio de Gobierno" se encuentra la documentación eclesiástica mezclada con el abultado material político.

    En las muchas cajas revisadas (más de 100), aparecieron documentos oficiales de algún interés.

5.- **Museo Histórico Nacional – Colección de Manuscritos – Archivo y Biblioteca Pablo Blanco Acevedo**.- Se entregó últimamente a este Archivo un legajo que contenía cartas de Marini, Vera y Requena.

    Material precioso y totalmente desconocido, utilizado por primera vez para este trabajo.

6.- **Archivo del Ministerio de Relaciones Exteriores.**- Material importante y, al parecer, nunca utilizado, sobre la misión confidencial del Dr. Florentino Castellanos ante el delegado apostólico, residente en Buenos Aires, y otras misiones.
Hay, además, otros documentos sueltos relativos a la Iglesia nacional.

7.- **Archivo de la Suprema Corte de Justicia.**-Material también no utilizado sobre el recurso de fuerza de fray Cándido de Nonántola y demás frailes de la misión franciscana.

8.- **Archivo de la Sede Central de la Masonería de Montevideo.** No se permitió su utilización.

III.- En Canelones:

9.- **Archivo de la Catedral de Canelones.**- Entre el material que puede interesar, hay circulares del vicariato de Montevideo a los párrocos.

IV.- En Río de Janeiro:

10.- **Archivo de la Nunciatura de Río de Janeiro.**- Contiene el material del vicariato apostólico del Uruguay desde 1830 hasta 1857, período en que la iglesia oriental dependía de la nunciatura de Brasil.
Aunque no directamente relacionado con el período estudiado (1859-1863), esclarece muchos problemas y asuntos posteriores.

V.- En Buenos Aires:

11.- **Archivo de la Nunciatura de Buenos Aires.**- En el año 1858 el vicariato apostólico del Uruguay empezó a depender de la nueva delegación apostólica en el Río de la Plata, con sede en Paraná.
Hacia fines de 1862, el mismo primer delegado apostólico mons. Marino Marini pasó a residir en Buenos Aires.
Consultada oficialmente la nunciatura de Buenos Aires sobre la documentación de este período relativa al Uruguay, con carta N° 27546, contestaba: que nada se encontraba en sus archivos[512].

---

[512] "Buenos Aires, 30 de septiembre de 1968. Reverendo Padre, esta Nunciatura Apostólica ha recibido su amable carta del 23 del corriente mes, averiguando acerca del período relativo al Vicariato Apostólico de Monseñor Vera (1859-1864).

Dichos documentos tampoco se encuentran en la **nunciatura de Montevideo**, ignorándose por consiguiente su paradero definitivo.

VI.- Entre las fuentes se colocan también:

12.- Informes Diplomáticos de los representantes de Francia en el Uruguay (1859-1863), publicados en REVISTA HISTORICA, tomo XIX, Montevideo, 1953.

13.- Diario de Sesiones de la Honorable Cámara de Representantes, Tomo VI, año 1859.

Al respecto comunico a Vuestra Reverencia que los documentos del período indicado no se encuentran en los archivos de esta Nunciatura. Dios guarde a Vuestra Reverencia.

Luis Gentile, Encargado de Negocios".

BIBLIOGRAFIA

a.- **Bibliografía Específica**

ALGORTA CAMUSSO, RAFAEL.- Mons. D. Jacinto Vera, Notas biográficas, Montevideo, 1931.
ARTICULOS DEL VICE POSTULADOR extra Urbem de la Causa de Beatificación y Canonización del Siervo de Dios JACINTO VERA, Primer Obispo de Montevideo para el Proceso Ordinario Informativo sobre la fama de santidad de vida, virtudes y milagros de dicho Siervo de Dios. Montevideo, 1935.
PONS, LORENZO A.- Biografía del Ilmo. y Revmo. Señor don Jacinto Vera y Durán. Montevideo, 1904.
SALLABERRY, JUAN F.- Actividades Apostólicas de Monseñor Jacinto Vera, Montevideo, 1938.
SALLABERRY, JUAN F.- Diplomacia pontificia en el Uruguay (1826-1852), en "Razón y Fe", 354-379. Madrid, 1935.
SALLABERRY, JUAN F.- El siervo de Dios Don Jacinto Vera. Montevideo, 1938.
SALLABERRY, JUAN F.- La Iglesia en la Independencia del Uruguay. Montevideo, 1930.
SALLABERRY, JUAN F.- La Personalidad de Monseñor Jacinto Vera. Conferencia en el Instituto Histórico y Geográfico del Uruguay.

b.- **Bibliografía general**

ACEVEDO, EDUARDO.- Anales Históricos del Uruguay. Montevideo, 1933-1936.
ARDAO, ARTURO.- Espiritualismo y Positivismo en el Uruguay. México, 1950.
ARDAO, ARTURO.- Filosofía pre-universitaria en el Uruguay. Montevideo, 1945.
ARDAO, ARTURO.- Racionalismo y liberalismo en el Uruguay. Montevideo, 1962.
BAUZA, FRANCISCO.- Estudios Constitucionales. Montevideo, 1887.
BERRO, AURELIANO G.- Bernardo Prudencio Berro, Vida pública y privada. Montevideo, 1920.
BRUNO, CAYETANO.- Historia de la Iglesia en la Argentina. Buenos Aires, 1966.
CASTELLANOS, ALFREDO R.- Contribución al estudio de las ideas del Pbro. Dámaso A. Larrañaga. Montevideo, 1952.
DURA, FRANCISCO.- Misión para Hispano América. Buenos Aires, 1924.

FAVARO, EDMUNDO.- Dámaso Antonio Larrañaga, su vida y su época. Montevideo, 1950.
LETURIA, PEDRO DE, S.I. – Relaciones entre la Santa Sede e Hispano-América.
  I. Época del Real Patronato, 1493-1800. Roma-Caracas, 1959.
  II. Época de Bolívar, 1800-1835. Roma-Caracas, 1959.
  III. Apéndice, documentos, índices. Roma-Caracas, 1960.
LOPETEGUI, LEON; ZUBILLAGA, FELIX.- Historia de la Iglesia en la América Española. Madrid, 1965.
MARTINA, GIACOMO.- Pio IX e Leopoldo II. Roma, 1967.
ODDONE, JUAN A.- Tablas Cronológicas. Montevideo, 1967.
PARIS DE ODDONE, MARIA B.- La Universidad de Montevideo en la formación de nuestra conciencia liberal. Montevideo, 1958.
PEREIRA, GABRIEL A.- Correspondencia confidencial y política del Sr. Don Gabriel A. Pereira desde el año 1821 hasta 1860, acompañada de algunos documentos históricos. Montevideo, 1894-1896.
PEREZ, RAFAEL, S.I.- La Compañía de Jesús en Sudamérica. Barcelona, 1901.
PIVEL DEVOTO, JUAN E.- Historia de los partidos políticos en el Uruguay (años 1811-1863). Montevideo, 1942.
PIVEL DEVOTO, JUAN E.- Las ideas constitucionales del Dr. José Ellauri. Montevideo, 1955.
PIVEL DEVOTO, JUAN E.- Las ideas políticas de Bernardo Prudencio Berro. Montevideo, 1951.
PIVEL DEVOTO, JUAN E.; RANIERI DE PIVEL DEVOTO, ALCIRA. Historia de la República Oriental del Uruguay, Montevideo, 1956.
THOMAS, EDUARDO.- Compendio de Historia Nacional. Montevideo, 1943.
TOME, EUSTAQUIO.- El Vicariato Apostólico de Don José Benito Lamas (1854-1857) en REVISTA HISTORICA, Tomo XIII, Montevideo, 1941.

c.- **Periódicos de Montevideo**

NACION (LA), 1859.
PAIS (EL), 1862-1863.
PRENSA ORIENTAL (LA), 1861-1862.
REPUBLICA (LA), 1859.
REVISTA CATOLICA (LA), 1860-1862.

d.- **Periódico de Buenos Aires**

RELIGION (LA), 1859

ABREVIATURAS DE LAS FUENTES

ASV, ss ae, a..., R...,...
Archivio Segreto Vaticano, Segretaria di Stato, Affari Esteri, anno..., Rubrica..., ...(=numeración del folio).

ASV, pd, a..., vol..., ...
Archivio Segreto Vaticano, Processus Darariae, anno..., volume..., ... (=numeracioón del folio).

APF, src, am. vol...
Archivio di Propaganda Fide, Scritture Riferite nei Congressi, America Meridionale, volume...

APF, udns, vol...
Archivio di Propaganda Fide, Udienze di Nostro Signore, volume...

AEM, va..., c..., ...
Archivo Eclesiástico de Montevideo, Vicariato Apostólico..., carpeta..., ...(=numeración del folio).

AGN, mg, c...
Archivo General de la Nación, Ministerio de Gobierno, caja...

AyB, pba, ms, d...
Archivo y Biblioteca Pablo Blanco Acevedo, Manuscritos del Museo Histórico Nacional, documento...

AMRE, da, c...
Archivo del Ministerio de Relaciones Exteriores, Delegaciones Apostólicas, caja...

AMRE, in, c...
Archivo del Ministerio de Relaciones Exteriores, Iglesia Nacional, caja...

ASC, a..., vl

Archivo de la Suprema Corte de Justicia, año..., varios legajos   n.1.

ANRJ, c...
Archivo de la Nunciatura de Río de Janeiro, caja...

In. d.
Informes Diplomáticos.

ABREVIATURAS DE LOS PERIODICOS

Nac. = La Nación

País = El País

Pr. O.= La Prensa Oriental

Rel. = La Religión

Rep. = La República

Rev. C.= La Revista Católica

NOTAS

1.- Los textos citados entre comillas reproducen los originales, con algunas correcciones ortográficas y de puntuación.

2.- Gracias al interés y patrocinio del señor **Juan E. Pivel Devoto**, esta investigación histórica fue publicada por primera vez en la Revista Histórica, Nos. 124-126 y 127-129, Montevideo 1971 y 1972.

3.- Con este trabajo el autor consiguió, en 1970, su título de Doctor en Historia Eclesiástica (**Universidad Gregoriana de Roma**).

www.ingramcontent.com/pod-product-compliance
Lightning Source LLC
Chambersburg PA
CBHW020759160426
43192CB00006B/382